21, rue Moret – 75011 Paris
Tél. : 01 43 38 77 32
Fax. : 01 43 38 27 12

e-mail : maisondennour@yahoo.fr

Dépôt légal : premier trimestre 2006
ISBN 2-7524-0002-0

**Claude Coulibaly**

# Le prophète de l'islam : envoyé de Dieu ou imposteur ?

**Editions Maison d'Ennour**

# Table de translittération

| Lettre arabe | Nom de la lettre | Symbole translittération | Lettre arabe | Nom de la lettre | Symbole translittération |
|---|---|---|---|---|---|
| ء | *hamza* | ’ | ض | *ḏâḏ* | *ḏ* |
| ا | *alif* | *a* | ط | *ṯâ’* | *ṯ* |
| ب | *bâ’* | *b* | ظ | *ẕâ’* | *ẕ* |
| ت | *tâ’* | *t* | ع | *‘ayn* | ‘ |
| ث | *thâ’* | *th* | غ | *ghayn* | *gh* |
| ج | *jîm* | *j* | ف | *fâ’* | *f* |
| ح | *ẖâ’* | *ẖ* | ق | *qâf* | *q* |
| خ | *khâ’* | *Kh* | ك | *kâf* | *k* |
| د | *dâl* | *d* | ل | *lâm* | *l* |
| ذ | *dhâl* | *dh* | م | *mîm* | *m* |
| ر | *râ’* | *r* | ن | *nûn* | *n* |
| ز | *zây* | *z* | هـ | *hâ’* | *h* |
| س | *sîn* | *s* | و | *wâw* | *w* |
| ش | *chîn* | *ch* | ي | *yâ’* | *y* |
| ص | *s̱âd* | *s̱* | | | |

« Ô hommes, la promesse de Dieu est vraie. Ne vous laissez pas abuser par la vie de ce monde, que le séducteur (Satan) ne vous induise pas en erreur au sujet de Dieu » (Coran : 35, 5)

## Préface

De souche chrétienne, Claude Khadidja Coulibaly, dès son jeune âge, ne trouvait pas concevable certains concepts tels que : « l'homme fils de Dieu ! » ; « la trinité ! » ; « le salut assuré pour l'homme par une simple croyance sans l'accomplissement de son œuvre ! »

Claude Khadidja Coulibaly en est arrivée logiquement à s'interroger sur le but de l'existence humaine, question à laquelle sa religion d'origine ne lui apportait pas de réponse satisfaisante.

C'est ainsi qu'elle entreprit des recherches dans d'autres religions en quête de réponses qui lui soient acceptables. A cet effet elle étudia les écrits Mormons et Bouddhistes entre autres pour enfin aboutir à l'islam où elle fut frappée par le caractère unique et pure de la relation entre Dieu et l'homme sa création.

Il s'agit d'une relation logique et juste dans laquelle Dieu le Créateur enjoint à l'homme de Lui exprimer sa reconnaissance durant sa vie pour les bienfaits qu'il lui a prodigués : en se soumettant à Lui, en faisant le bien et en évitant le mal. Ce pourquoi l'homme sera récompensé après sa mort ou, dans le cas contraire, il sera châtié.

Car Dieu dit : **« Je n'ai créé les hommes et les Djinns que pour qu'ils m'adorent ! »**

Voilà le sens véritable de la vie que Claude Khadidja Coulibaly découvrit dans l'Islam qu'elle embrassa et pratiqua assidûment toute sa vie.

Elle consacra les dernières années de sa vie à écrire ce livre sur le prophète Muhammad dans le but de contribuer humblement à la compréhension du Coran et de l'islam, victimes de nos jours de tant de déformations et d'hypocrisies, en aidant les âmes sincères à discerner la voie droite conduisant au seigneur des mondes : Dieu !

Car Dieu dit : « ….**Que celui qui veut prenne donc refuge auprès de son seigneur**. » (Coran : 78, 39)

Vous y découvrirez des vérités insoupçonnables et surtout les fondements du monothéisme clé de voûte de l'islam qui, en vérité, est né depuis le premier homme Adam qui s'est soumis à Dieu dès sa création.

Puisse Dieu agréer l'œuvre de Claude Khadidja

Coulibaly et que son âme repose en paix ! Amen !

Issa COULIBALY

## Points de repères

L'astérisque après un nom de personne, renvoie à la partie « Figures de l'Islam ». Placé après un nom commun ou propre autre qu'une personne, il renvoie au glossaire.

Les références coraniques sont de la forme : « S. x, y », **S.** signifiant sourate*, **x** correspondant au numéro de la sourate et **y** à l'emplacement du verset. Par exemple :

S.2, 15 renvoie à la sourate 2, verset 15 ;

S.3, 12/15 à la sourate 3, versets 12 à 15 ;

S.8, 13.15 à la sourate 8, versets 13 et 15

S.8, 5.13/14 à la sourate 8, verset 5 et versets 13 à 14.

Les traductions du Coran les plus couramment citées sont celles de M. Muhammad Hamidullah et M. A. de Kasimirski. Ce dernier ayant adopté le découpage des versets selon la numérotation européenne de Flügel, j'ai rajouté un « K » après le verset lorsqu'il s'agit de sa traduction. Il existe parfois un écart d'un à six versets entre cette numérotation et la numérotation égyptienne classique. Les versets correspondants dans les traductions relevant de la numérotation arabe, sont notés après la barre oblique qui suit la lettre K. Par exemple : S.38, 3K/4 signifie que le verset 3 dans la numérotation européenne correspond au verset 4 dans la numérotation arabe, la sourate étant bien entendu la même. Dans le cas où les numéros de versets sont identiques, il n'est pas ajouté de nombre après la lettre K comme ce fut le cas pour S.36, 36K.

Lorsque seulement une partie du verset est citée, le fragment manquant est signalé par des points de suspension.

Pour toute référence, ouvrages consultés et sigles divers, se reporter à la partie : « Éléments de bibliographie ».

Les dates suivies de la lettre « H » sont données selon le calendrier musulman qui compte les années après l'Hégire* : 202H signifie l'an 202 de l'Hégire. Sans mention de « H », les dates correspondent au calendrier grégorien : 610 soit l'an 610 après Jésus Christ.

Contrairement à la distinction chrétienne, j'emploie indifféremment pour parler du fils de la Vierge Marie, les trois dénominations : Jésus, le

Messie, le Christ.

La prononciation, du « ou » arabe est transcrite par la lettre « û ».

Enfin, j'ai gardé le nom arabe Makkah pour désigner la ville de « La Mecque ».

## Introduction

Le prophète de l'Islam* (vers 570 – 632) représente pour les Musulmans, le dernier envoyé de Dieu aux hommes. Avant même d'être informé de sa mission, celui que l'on surnommait déjà « Al-Amîn » : L'honnête, Le digne de confiance, méditait et se recueillait, à la recherche de la Vérité. Il fut hautement récompensé quand, à l'âge de quarante ans, après les premiers versets de la Révélation, il entendit : « Ô Mu<u>h</u>ammad, tu es l'Envoyé de Dieu et moi je suis Gabriel* ». Ces paroles et la mission qui devaient lui être confiées, donnèrent un sens nouveau à sa vie, bouleversèrent l'antique cité de Makkah dans ses croyances et dans ses mœurs puis peu à peu toute l'Arabie.

Lors du pèlerinage de l'Adieu en 632, 140.000 Musulmans écoutaient la Parole qui venait de lui être révélée :

« *Aujourd'hui, J'ai rendu votre religion parfaite ; J'ai parachevé Ma grâce sur vous ; J'agrée l'Islam[1] comme étant votre Religion...* » (S.5, 3)

Très vite, l'Islam dépassa les frontières de l'Arabie. Quinze ans seulement après le décès du Prophète, il s'étendait de l'Afrique à l'Asie puis en 715 sur l'Espagne. En 1981, la planète comptait huit cents millions de musulmans[2]. Dix ans plus tard, le nombre dépassait le milliard, soit 19% de la population mondiale. Au rythme de cette croissance, les prévisionnistes pour 2020 avancent le nombre de deux milliards, ce qui représenterait 23% de la population du globe[3].

Parmi ceux qui embrassent l'islam, il en est de plus en plus venant d'autres religions, notamment du christianisme. L'islam apporte donc, à l'évidence, une satisfaction spirituelle et répond à une quête de Vérité insatisfaite par le christianisme ou par d'autres confessions.

La Vérité ne vient pas à nous toute seule. Celui qui considère qu'il est fondamental de la connaître, doit, pour être objectif dans ses recherches, s'engager dans une démarche sans à priori, avec un cœur ouvert au dialogue, être réceptif, critique et honnête face aux éléments d'appréciation. Vouloir connaître l'islam, son prophète, le Livre :

1 L'Islam ou la « Soumission ».
2 CU Août /Sept 1981 p.13.
3 Quid 2003 p.567.

le Coran qu'il nous a transmis, est une démarche originale dans cette quête de Vérité. Elle n'est certes pas évidente vu les préjugés, certains clichés, que le non musulman a intégré, parfois depuis son enfance, sur cette religion. Souvent, ceux-ci le freinent pour engager ses recherches dans cette voie. Il se coupe ainsi volontairement d'informations qui lui auraient permis d'effacer ses préjugés, de prendre du recul, mais surtout, il se prive d'éléments qui pourraient lui apporter une satisfaction spirituelle.

Depuis le Moyen-âge et jusqu'à nos jours, l'islam et le Prophète furent l'objet des plus virulentes attaques. Les notables Mecquois, qualifièrent Muhammad d'imposteur, prétendirent qu'un ou plusieurs complices instruits du judaïsme et du christianisme l'aidaient à élaborer le Coran. On rechercha chez lui des desseins inavoués : Soif de pouvoir ? de richesses ? d'honneurs ? On se demanda s'il n'était pas fou, on l'accusa de l'être. Cependant, malgré les campagnes de dénigrement, de plus en plus d'hommes et de femmes, libres ou esclaves, de leur propre initiative, répondirent à son appel et décidèrent de se soumettre au Tout Puissant. A la mort du Prophète, une grande partie de l'Arabie avait accepté la Soumission comme religion.

L'Europe, au temps des Croisades, montrait peu d'intérêt pour l'islam, tant persuadée que les musulmans adoraient une idole du nom de Mahon, déformation du prénom du Prophète L'Occident s'intéressa surtout à ce dernier à partir du XIIème siècle avec les premières traductions latines du Coran. Toutefois, l'opinion populaire occidentale fut fortement influencée par celle, négative, qu'affichait l'Église. Dans l'Encyclique Quia Major du printemps 1213, le pape Innocent III qualifiait Muhammad, de « fils de perdition », de « pseudo-prophète » qui « a séduit beaucoup d'hommes, en les détournant de la vérité, par l'attrait du monde et par les voluptés charnelles »[4]. On le critiqua pour sa polygamie[5] alors que l'islam restreignit au contraire cette pratique ancestrale à quatre épouses. Il était facile dans un occident peu instruit de ce qui se passait en Orient d'assimiler le Prophète à un imposteur, un plagiaire. On n'hésita même pas, comme dans le *Roman de Mahon*, à faire de lui un cardinal déchu de l'Église romaine. Le dénigrement, le mensonge concernant sa personne seront entretenus dans l'occident chrétien des siècles durant, y compris dans les dictionnaires. Au XVIIème, Abbadie dans son *Traité de la vérité de*

4 IIO p.29/30.

5 Pourquoi s'est-on tant acharné sur ce sujet alors que David, Salomon, Gédéon… eurent beaucoup plus d'épouses que le prophète arabe ?

*la religion chrétienne* (1648) informe le lecteur que « Mahomet a inventé une religion » ; Moreri dans son *Grand Dictionnaire Historique* (1674) le définit comme un « faux prophète » dont la religion est « composée en partie de judaïsme, en partie de rêveries hérétiques… ». Bayle dans son *Dictionnaire historique et critique*, nous le présente comme un simulateur : « Comme il était sujet au mal caduc, et qu'il voulut cacher à sa femme cette infirmité, il lui fit accroire qu'il ne tombait dans ses convulsions, qu'à cause qu'il ne pouvait tenir la vue de l'ange Gabriel... ». Au début du XVIIIème, *Le Dictionnaire des Arts et des Sciences* (1732) le décrit comme un homme à la « vivacité d'esprit merveilleuse qui lui ayant fait apprendre le vieux et le nouveau Testament, lui donna lieu d'imaginer une religion… » ; En 1770, C.J. Dorat dans *Les baisers*, le qualifie de « fou sublime » et Condorcet écrit : « Tout à coup, s'éleva au milieu d'elles[6] un homme doué d'un ardent enthousiasme et d'une politique profonde, né avec les talents d'un poète et ceux d'un guerrier… Législateur, prophète, pontife, juge, général d'armée, tous les moyens de subjuguer les hommes sont entre ses mains, et il sait les employer avec habilité, mais avec grandeur. Il débite un ramas de fables qu'il dit avoir reçues du

6 Les différentes tribus d'Arabie.

ciel… »[7]. Plus près de nous, on a pu lire dans le *Dictionnaire Encyclopédique d'Histoire* (1978) que, lors de retraites dans une grotte des environs de la Mecque, où « souvent il allait s'isoler », Muhammad « rencontrait des solitaires et acquérait une grande connaissance du judaïsme et du christianisme »[8]. C'était affirmer, une fois de plus, qu'il tenait son instruction religieuse d'autres que du Créateur. Le prophète de l'islam fut ainsi dépeint, pendant des siècles, comme un homme intelligent, instruit mais un imposteur.

Cependant, quelques auteurs, bien que non musulmans, lui reconnaissent de hautes qualités morales et sont persuadés de sa sincérité. Au XIXème siècle, Lamartine dans son *Histoire de la Turquie* met au défi quiconque oserait « comparer humainement un grand homme de l'histoire moderne à Mahomet » et à l'interrogation suivante : « Cet homme était-il un imposteur ? » répond : « Nous ne le pensons pas après avoir étudié son histoire… » et pose celle-ci : « A toutes les échelles où l'on mesure la grandeur humaine, quel homme fut plus grand ? » ; Thomas Carlyle dans *Le Héros comme prophète*, voit en lui un « cœur profond », une « âme ouverte, sociale » qui avait « d'autres pensées en lui que l'ambition » ; « Mais pour un

7 CO p.162.
8 MM p. 2785.

misérable simulacre, un famélique imposteur sans yeux ou sans cœur… voilà pour quel homme nous ne voulons ni ne pouvons le prendre ». Au siècle dernier, M. Gaudefroy-Demombynes[9] dans la biographie qu'il lui consacre, précise dès l'introduction que « l'historiographie occidentale a jadis, dans sa présentation de Mohmmed, subi l'influence des polémiques confessionnelles ou d'un rationalisme sommaire qui n'était pas toujours raisonnable ». Dans le chapitre « La personne de Mohmmed », il écrit : « Naguère, les écrivains hostiles à l'islam et à son fondateur, expliquaient toute la conduite de Mohmmed par l'insincérité et l'épilepsie : nul ne propose plus ces explications simplistes ». Persuadé de sa sincérité, il conclut en évoquant sa grandeur d'âme : « Mohmmed ne fut pas un théologien, mais ce fut une âme supérieure et une intelligence exceptionnelle ».

On ne peut clôturer ce petit tour d'horizon sans citer, tant sa biographie est célèbre, l'orientaliste athée Maxime Rodinson. Celui-ci, en expliquant qu'il ne veut pas tomber dans les extrêmes, ne sait plus trop comment qualifier l'Envoyé de Dieu et après trois cent pages de réflexions déclare qu'il n'était seulement « qu'un homme d'entre les hommes », excluant bien sûr l'éventualité qu'il fut pro-

9 Ancien professeur à l'école des langues orientales. Son livre « Mahomet » lui a demandé près de 20 ans de travail.

phète. Se limitant à son caractère, il termine son ouvrage, en citant à côté de chacune des qualités qu'il lui reconnaît, le défaut qui lui est opposé : « calme et nerveux, courageux et craintif, plein de duplicité et de franchise, oublieux des offenses et atrocement vindicatif, orgueilleux et modeste, chaste et voluptueux.... ».

Si le lecteur s'en tient aux conclusions mentionnées ci-dessus, il restera longtemps perplexe, tiraillé entre d'une part, les qualités humaines du Prophète, y compris sa sincérité et d'autre part, les accusations de plagiaire, d'affabulateur, de simulateur, en un mot d'imposteur. Alors, remercions le Créateur que les temps aient changé et qu'aujourd'hui, celui qui veut connaître l'Islam, le Coran, lire la Tradition prophétique ou la première biographie de l'Envoyé[10], le peut assez facilement. Tout un chacun, grâce à ces matériaux les plus anciens, est en mesure de réfléchir et de se faire une opinion personnelle sur celui qui se présentait comme le Sceau des prophètes. Tout individu à la recherche de la Vérité pourra, dès le début, se rendre compte que l'islam n'est pas réservé à un peuple particulier pas plus qu'il n'est une religion nouvelle, qui aurait vu le jour au VIIème siècle. Il constatera que les musulmans honorent les prophètes

10 La première en français, directement traduite de l'arabe par A. Badawî, date du 30 janvier 1992. C'est celle que j'ai utilisée dans cet essai.

bibliques tels Noé, Abraham, David, Salomon, Moïse, Jésus, pour ne citer que ceux-là.

Ces premiers envoyés ont certainement commencé à nous montrer le chemin, à nous dévoiler les uns après les autres, un bout de la Vérité. Dans son dernier discours après la Cène, Jésus s'adressant aux apôtres déclarait : « J'ai encore bien des choses à vous dire, mais vous ne pouvez les comprendre maintenant. Lorsque viendra l'Esprit de Vérité, il vous fera accéder à la vérité tout entière… » (Jn.16, 12/13). Cet Esprit de Vérité est incontestablement pour les musulmans, le prophète de l'islam. Par la révélation qui serait descendue sur lui, le Message divin aurait été finalisé pour venir s'inscrire à la suite des révélations précédentes.

Le prophète de l'Islam était-il oui ou non un envoyé de Dieu, le Sceau des prophètes ? Le Coran correspond-il à la Parole divine ?

Ces questions sont essentielles car si les réponses sont positives, Muhammad représente pour l'Humanité, le dernier guide que le Seigneur aurait choisi pour nous montrer la voie de la Vérité et du Salut, et le Coran, le dernier message divin sur lequel nous devrions méditer pour nous aider à prendre cette voie.

Cet essai vise à répondre à la première. Toutefois,

ces interrogations sont si intimement liées, que nous serons amenés également à réfléchir à la seconde, une réponse positive à l'une entraînant automatiquement une réponse positive à l'autre. En effet, si l'on se persuade que le Coran est de nature divine, on ne peut qu'accepter son transmetteur comme missionnaire de Dieu. De même, si l'on reconnaît en Muhammad, un messager de Dieu, on ne peut que le croire lorsqu'il déclarait que les versets coraniques émanaient du Tout Puissant.

Les éléments pour nous éclairer dans nos réflexions seront les suivants :

En premier lieu, le Coran, car outre le Message, il constitue un témoignage historique puisqu'il expose les accusations des contemporains du Prophète à son encontre ainsi que les réponses de ce dernier à leur intention.

En second lieu, les hadiths, recueils des dits et actes du Prophète et de ses compagnons. J'ai utilisé principalement les *sahîh** de Al-Bukhârî* et de Muslim*, compilateurs parmi les plus accrédités.

Viendront ensuite les biographies de l'Envoyé. J'ai essentiellement consulté la toute première, la « Sîra* Rasûl Allâh » d'Ibn Ishâq* recensée par Ibn Hicham*, ainsi que celle d'Abû Ja'far Muhammad Ibn Jarîr mieux connu sous le nom de Tabarî*. Parmi d'autres, plus récentes, celle d'Etienne Dinet et Sliman ben Ibrahim, celle de Muhammad Hamidullah. De la plume d'historiens orientalistes, celles d'Emile Dermenghem, de Maurice Gaudefroy-Demombynes, de Maxime Rodinson, de Martin Lings. Toutes s'appuient sur des sources très anciennes.

L'annonce dans le Coran que le Prophète était annoncé dans la Thora et l'Évangile[11] m'a poussée à approfondir certaines prophéties bibliques pour vérifier si elles pouvaient se rapporter au prophète de l'Islam.

Enfin, et aussi incongru que cela puisse paraître, des articles, des revues scientifiques, des études informatiques réalisées sur le Coran sont venus s'ajouter aux précédents ouvrages.

Toutes ces données : coraniques, bibliques, traditionnistes et d'actualité scientifique ont donné lieu à des réflexions et des synthèses dont l'agencement suit le plan ci-dessous :

En première partie, un bref aperçu économique et religieux sur la ville de Makkah, avant l'avènement de l'islam, situera le prophète en son temps et une petite mise au point sur la foi musulmane, en précisant ses spécificités par rapport aux deux autres reli-

11 S.7, 157.

gions monothéistes : judaïsme et christianisme, positionnera l'islam par rapport à celles-ci.

La deuxième partie regroupera les réflexions proprement dites sur la personne du Messager, au travers d'évènements clés de sa biographie. Nous prendrons connaissance des récits des historiens qui rapportent moult détails de sa vie. Sachant que la naissance d'un prophète est généralement annoncée à l'avance ou entourée d'évènements particuliers, nous nous pencherons sur ceux qui eurent lieu à Makkah en ces temps là, touchant de près ou de loin la famille de Muhammad. Présageaient-ils d'une naissance prophétique ? Ceux recensés pour les périodes relatives à son enfance et son adolescence nous confortent-ils dans notre sentiment ? Jusqu'à ses quarante ans, âge auquel il se déclara Envoyé du Tout Puissant, quel genre d'homme était-il ? Fut-il en relation avec des personnes qui l'auraient instruit du judaïsme et du christianisme ? A-t-il pu lire personnellement quelques extraits bibliques ? Avait-il des ambitions ou des desseins particuliers ? Était-il un simulateur hors pair ? Après ces investigations destinées à déceler en lui une éventuelle imposture, nous nous demanderons s'il possédait les qualités d'un prophète. Nous clôturerons cette exploration biographique, par l'exposé du miracle coranique, élément de poids dans notre recherche sur l'authenticité du Messager tout comme sur l'origine du Message.

La dernière partie sera consacrée à l'étude de quelques prophéties bibliques. Nous confronterons les versets bibliques relatifs à l'annonce du Prophète des derniers temps aux versets coraniques et aux récits de la tradition prophétique sur ce point. Le rapprochement entre ces textes de diverses origines sera déterminant pour l'identification de l'Ultime messager de Dieu.

J'espère que tous ceux, sceptiques ou insatisfaits dans leur croyance actuelle, qui recherchent avidement la Vérité, trouveront dans ces pages, au moins une aide, sinon l'envie d'approfondir leur connaissance de l'Islam. Que Dieu vous guide dans votre cheminement vers Lui. Tendez-lui votre main, il ne manquera pas de la saisir si vous êtes sincères, car il est Celui qui a dit :

« Celui qui s'approche de Moi d'un empan, Je me rapprocherai de lui d'une coudée, s'il se rapproche de Moi d'une coudée, Je me rapprocherai de lui d'une brassée et s'il vient à Moi en marchant, J'irai à lui avec empressement. »[12]

12 Hadith rapporté par Al-Bukhârî*, Muslim*, At-Tirmidhî*; (HD n°21 - SB n° 2179 - Les jardins n° 438). Concernant les anciennes mesures de longueur précisées dans ce hadith, notons que « empan » représente la distance entre l'extrémité du pouce et celle du petit doigt dans un écartement maximum ; une coudée correspond à environ 50 cm et une brassée à 1,66 m.

# 1ère Partie

# Mises au point

## Makkah Anté-islamique

## La Foi Musulmane

# Makkah Anté-Islamique

Le Prophète de l'Islam vit le jour à Makkah vers 570. A cette époque et malgré sa situation dans une contrée aride, la ville était une agglomération prospère, un double pôle commercial et religieux attirant de très nombreux marchands et pèlerins.

## I - UN PÔLE COMMERCIAL

Au nœud des routes caravanières reliant l'Empire Byzantin* au Nord, la Perse* à l'est, l'Abyssinie* et le Yémen au sud, Makkah constituait un carrefour commercial incontournable. L'économie s'appuyait en partie sur le négoce, des accords avec nombre de ces pays permettant de pratiquer l'import-export. Par voie maritime, le port de Djedda permettait de négocier avec l'Égypte ; depuis le Yémen, on pouvait atteindre l'Abyssinie. Outre les caravanes appartenant à des privés, les Quraych*, tribu* dominante de la ville, organisaient deux grandes caravanes publiques, l'une l'été, l'autre l'hiver, dotées de plus de deux mille chameaux escortés par près de trois cents hommes. Les caravanes descendaient vers « l'Arabie heureuse »[13] chargées d'huiles, d'armes achetées à Damas, de céréales, d'étoffes de lin et de cotonnades d'Égypte. Vers le nord, elles acheminaient les dattes du Hedjaz* mais aussi pierres précieuses et épices des Indes, myrrhe et encens du Yémen, or, ivoire et gommes importées d'Afrique pour les palais Byzantins. Toute participation, de la plus modeste, même un dinar, à la plus élevée, était acceptée et de ce fait toute la population pouvait espérer un gain dans les transactions commerciales.

Durant les trois mois sacrés d'automne, de grandes foires étaient organisées dans la région, comme celle de Ukâz, près d'Arafat, celle de Madjama et enfin celle de Dhû al-Majâz du 1er au 8 du mois de Dhû al-hijja. Le lendemain, le 9, ceux qui étaient venus également pour le pèlerinage se rendaient à Arafat, halte capitale du Hadj*.

## II - UN PÔLE RELIGIEUX

Le pèlerinage remontait au temps du prophète Abraham qui avec l'aide d'Ismaël, son premier fils et ancêtre des Arabes, avait édifié, en un

13 Ou Hadramaout (au Yémen).

emplacement indiqué par Dieu lui-même[14] la Ka'ba[15], ou Bayt Allâh (Maison du Dieu), sanctuaire réservé à l'adoration du Dieu Unique. Dans l'angle nord-est de cet édifice, ils avaient déposé la fameuse « Pierre Noire » provenant du Paradis et remise à Abraham par l'Archange Gabriel. Encore aujourd'hui, cette pierre constitue le point de départ du « ṯawâf », septuple circumambulation autour de cette Maison sacrée. Pendant la construction, Abraham et Ismaël, prièrent Dieu en ces termes :

> « *Seigneur ! Fais de nous deux des croyants qui te seront soumis ; fais de notre descendance une communauté qui te sera soumise ; indique-nous les rites que nous devrons observer ; pardonne-nous ! ...* » (S.2, 128/129)

Et Dieu s'adressa à Abraham :

> « ... *"Ne m'associe rien ; et purifie Ma Maison pour ceux qui tournent autour, pour ceux qui restent debout, pour ceux qui s'inclinent, se prosternent."* » (S.22, 26)

Tout près de la Ka'ba, les pèlerins pouvaient se désaltérer et faire leurs ablutions au puits sacré de

14 S.22, 26.
15 « Cube » en arabe, en raison de sa forme quasi-cubique. La première Ka'ba avait été construite par Adam, mais fut détruite par le Déluge.

Zamzam dont l'eau avait sauvé des affres de la soif Ismaël et sa mère Hagar, lorsque perdus dans cette vallée désertique, la deuxième femme d'Abraham[16] implora l'aide du Seigneur[17]. Pour commémorer le septuple trajet entre As-safâ et Al-Marwâ, collines proches de la Ka'ba, effectué par Hagar pour trouver de l'eau et chercher du secours, Abraham instaura le rite du « Sa'y » qui consistait à parcourir sept fois la distance entre les deux monts.

Depuis le temps d'Abraham, l'association d'autres divinités au Créateur de l'univers était donc absolument réprouvée, le pèlerinage à la Maison sacrée institué.

Malheureusement, au fil du temps, l'adoration d'un Dieu unique fit place au polythéisme* et au paganisme*. Quand le Prophète naquit, la Ka'ba était devenue un sanctuaire commun au Dieu Suprême « Allah », créateur de l'univers, et à d'autres divinités, certaines considérées par les arabes comme Ses filles. Les trois « filles » les plus connues s'appelaient al-Lât, signifiant « la Déesse », al-Uzzâ, « la très puissante » et Manât, la divinité du sort et du bonheur. Au total, trois cent soixante divinités sous la forme d'idoles de

16 Gn.16, 3.
17 Gn.21, 16/19.

pierres brutes ou grossièrement taillées entouraient la Maison. A l'intérieur de celle-ci, les murs ornés d'icônes de Marie, de Jésus, d'Abraham et d'Ismaël, abritaient le très vénéré Hubal, bétyle en cornaline, maître du tonnerre, de la pluie et de l'arc en ciel. Les arabes adoraient ces idoles et pensaient que, sensibles à leurs prières et à leurs offrandes, elles pouvaient intercéder, en leur faveur, auprès du Tout Puissant Allah. C'est ainsi que de nouveaux rites furent ajoutés à ceux établis par le Patriarche. Certaines idoles eurent, par exemple, leurs propres sanctuaires : « al-Lât » à Ṯâ'if, « al-'Uzzâ » à Nakhla et « Manât » à Qudaïd autour desquelles les pèlerins effectuaient des circumambulations. Ils procédaient également à des sacrifices devant elles puis les arrosaient de sang. Certains enseignements fondamentaux furent oubliés et de nombreux Mecquois ne croyaient plus en la résurrection des morts et par conséquent en une vie dans l'au-delà.

A l'écart de ce polythéisme diffus, se trouvaient à Makkah quelques chrétiens, esclaves ou artisans Abyssins. Il existait également un petit groupe de croyants appelés les « *H̱unafâ'** », farouchement attachés au monothéisme Abrahamique. Un *ẖanîf** célèbre, en raison de son érudition sur les Écritures Saintes, Waraqa Ibn Nawfal, avait la conviction de la venue imminente d'un prophète en terre d'Arabie. Cette croyance se retrouvait parmi quelques Chrétiens d'Abyssinie et de Syrie. A Yathrib, actuelle Médine, où prospéraient des colonies juives, les rabbins assuraient que la venue de l'Ultime prophète était pour bientôt. Les croyants monothéistes étaient donc tous d'accord sur un point : la venue dans un avenir très proche d'un Messager de Dieu. Une question se posait alors : « Comment le reconnaître ? »

Avant d'explorer les pistes capables de nous apporter une réponse, prenons le temps d'une petite mise au point sur la foi en Islam.

# La Foi Musulmane

## I - ALLAH

Toute personne qui veut connaître l'islam doit tout d'abord réaliser que les musulmans croient au Dieu Unique qui a créé Adam et Ève, qui s'est révélé à Abraham, qui a parlé à Moïse, qui a envoyé Jésus annoncer la Bonne Nouvelle. « Allah » n'est pas un Dieu particulier, le mot « Allah » étant la traduction littérale de « Dieu » en langue arabe. Croire que Allah correspondrait à un nouveau dieu, serait identique au fait de croire que « God » en anglais en serait un autre, « Dios » en espagnol, un troisième... S'il en était ainsi, chaque langue aurait son dieu ! Or Dieu, qu'on l'appelle Allah, God, Dios, Gott ou par un autre nom, représente le Créateur. Le nom par lequel on l'invoque ne dépend que de notre langue et non pas spécialement de notre religion. La preuve en est que les chrétiens arabophones invoquent Allah dans leurs prières.

Allah ou Dieu, est unique et Un : Il n'est pas la

combinaison de trois personnes. Il est bien au dessus des humains qui ne sont que Ses créatures au sein de Sa Création :

> « *...Dis*[18] *: "Dieu est le créateur de toute chose, c'est Lui l'unique, le dominateur suprême."* » (S.13, 16)

> « *Dis : "Lui, Dieu, l'unique, Dieu, l'Absolu*[19]*. Il n'a jamais engendré et n'a pas été engendré non plus. Et Nul n'est égal à Lui."* » (S.112, 1/4)

> « *Ne discute avec les gens du Livre*[20] *que de la manière la plus courtoise. – Sauf avec ceux d'entre eux qui sont injustes – Dites : "Nous croyons à ce qui est descendu vers nous et à ce qui est descendu vers vous. Notre Dieu qui est votre Dieu est unique et nous lui sommes soumis."* » (S.29, 46)

Le Seigneur est au delà de toute perception physique. Nous ne Le connaissons qu'à travers la Révélation et au travers de Ses plus beaux noms : « Al-Bâqî », l'Eternel, Celui qui était là, qui a toujours été là, qui a toujours existé ; « Al-Qayyûm »,

18 Ordre de Dieu à Muhammad qui ne fait que répéter ce qui lui est révélé.

19 Ou l'Éternel.

20 Juifs et Chrétiens pour avoir reçu la Bible.

le Détenteur de toute chose, qui existe par Lui-même, et par qui tout existe. Sans Lui, donc, pas de vie, puisque, c'est parce qu'Il est, que nous existons ; « Al-Khâliq », le Créateur, Celui qui crée toute chose à partir de rien et qui crée toutes les choses avec la connaissance de ce qui leur arrivera ; « Ar-Rahmân », « Ar-Rahîm », le Très Miséricordieux, le Tout Miséricordieux. Ces deux noms sont si représentatifs de Lui, que cent treize sourates sur les cent quatorze du Coran débutent par cette formule : « Au nom de Dieu, le Très Miséricordieux, le Tout Miséricordieux ». Ces répétitions nous font prendre conscience de la bonté infinie de Dieu ; Il est « Ach-Chahîd », le Témoin, qui est présent partout et qui observe tout ; « Al-Bâ'ith », Celui qui nous ressuscitera le jour du Jugement ; « Al-Hasîb », Celui qui nous demandera des comptes, puis qui nous jugera et décidera de notre sort en toute équité.

Tous ces attributs[21] montrent que le Tout Puissant veille mais aussi surveille Ses créatures. Bien que nous Le ne voyons pas, Il nous voit et bien qu'Il soit transcendant, Il est aussi omniprésent à nos côtés et nous pouvons L'invoquer, Lui parler, implorer Sa grâce. Nul besoin dans ce dernier cas de passer par un intermédiaire ou un

21 Nous en connaissons 99.

confessionnal. La relation avec Dieu dans la religion musulmane est une relation directe.

« *Les regards ne L'atteignent pas, cependant qu'Il atteint les regards. Et Il est le doux, le bien-informé* » (S.6, 103)

« *Et très certainement Nous avons créé l'homme et Nous savons ce que son âme lui suggère. Nous sommes cependant plus près de lui que sa veine jugulaire.* » (S.50, 16)

Ce Dieu, tel que nous pouvons le connaître au travers de tous Ses noms et par la lecture du Coran, nous rappelle qu'Il s'est révélé aux prophètes antérieurs à Muhammad. Encore une fois, c'est le même : C'est l'Unique Dieu.

## II - LA RELIGION ET LES PROPHÈTES

Dans la vingt et unième sourate, le Seigneur évoque de nombreux prophètes mentionnés dans la Bible tels Abraham, Isaac, Loth, Noé, David, Salomon, Moïse, Zacharie, Jean, Jésus ainsi que leur religion. Il nous enseigne que :

« *Toutes ces religions*[22] *n'étaient qu'une*

22 Traduit aussi par « cette communauté ». La Présidence Générale des Directions des Recherches Scientifiques Islamiques a choisi « cette communauté » en précisant en note « c'est à dire cette religion (l'Islam). Car tous les prophètes depuis Adam jusqu'à Muhammad ont prêché la même religion : la soumission à Allah. »

*religion. Je suis Votre Seigneur, adorez-Moi. Ils (les hommes) ont formé des scissions entre eux ; mais tous reviendront à nous.* » (S.21, 92/93K)

Il situe clairement la révélation coranique dans la continuité de ce qui avait déjà été révélé :

« *Il a établi pour vous une religion qu'il recommanda à Noé ; c'est celle qui t'est révélée, ô Muhammad ! C'est celle que nous avions recommandée à Abraham, à Moïse, à Jésus, en leur disant : Observez cette religion, ne vous divisez pas en sectes...* » (S.42, 11K/13)

et le Seigneur ordonne par conséquent à Son ultime envoyé :

« *Dis : "Nous croyons en Dieu ; à ce qui nous a été révélé*[23] *; à ce qui a été révélé à Abraham, à Ismaël, à Isaac, à Jacob et aux tribus ; à ce qui a été donné à Moïse*[24]*, à Jésus*[25]*, aux prophètes de la part de leur Seigneur. Nous n'avons pas de préférence pour l'un d'entre eux ; nous sommes soumis à Dieu..."* » (S.3, 84)

23 Le Coran.
24 La Thora.
25 L'Évangile.

Le Coran nous demande donc de croire aux révélations faites aux prophètes qui ont précédé Son ultime envoyé : Muhammad. Il nous précise que ceux-là ne prêchaient qu'une seule et même religion. Abraham est souvent pris pour exemple :

« *Dis : "Dieu a dit la vérité. Suivez donc la religion d'Abraham en sincérité : il n'était point du nombre des faiseurs de Dieu*[26] *!"* » (S.3, 95)

« *Oui, les plus dignes d'être d'Abraham, c'est bien ceux qui l'ont suivi, ainsi que ce Prophète-ci*[27]*, et ceux qui ont cru...* » (S.3, 68)

Il nous explique que le Patriarche ne peut être qualifié ni de juif ni de chrétien puisqu'il a précédé Moïse et Jésus :

« *Ô gens du Livre ! Pourquoi vous disputez-vous au sujet d'Abraham, alors que la Thora et l'Évangile n'ont été révélés qu'après lui ? Ne comprenez-vous pas ?* » (S.3, 65)

« *Abraham n'était ni juif ni chrétien mais il était un vrai croyant soumis à Dieu ; il n'était pas du nombre des polythéistes.* » (S.3, 67)

26 Des polythéistes.
27 Muhammad.

Abraham était donc un soumis[28]. En outre c'est lui, nous précise le Coran, qui a donné le nom de Soumis c'est-à-dire de Musulmans aux croyants :

> « *Et luttez pour Dieu selon le droit de Sa lutte. C'est Lui qui vous a élus ; et Il ne vous a pas assigné de gêne dans la religion comme culte de votre père Abraham, lequel vous a nommés "Soumis"...* » (S.22, 78)

Tous les prophètes d'ailleurs, agissaient selon la volonté divine en tant que véritables serviteurs :

> « *"Paix sur Noé parmi les mondes !" - C'est ainsi que nous récompensons ceux qui font le bien. Il était au nombre de nos serviteurs[29] croyants. -* » (S.37, 79/81)

> « *"Paix sur Moïse et sur Aaron !"- C'est ainsi que nous récompensons ceux qui font le bien. Ils étaient tous deux au nombre de nos serviteurs croyants. -* » (S.37, 120/122)

> « *Jamais le Christ ne dédaignera d'être Esclave à Dieu, et non plus les anges rapprochés...* » (S.4, 172)

28 Il l'a courageusement démontré par son acceptation de sacrifier son fils unique. (Gn.22, 2). Pour les musulmans, il s'agit d'Ismaël et non d'Isaac, puisque ce dernier était le second fils d'Abraham. Isaac ne pouvait donc pas être le fils unique d'Abraham.

29 Ou esclave.

Cette notion de soumission, d'obéissance se retrouve dans la Bible où le mot « serviteur de Dieu » est attribué aux prophètes. « Mes serviteurs, les prophètes » (Am.3, 7 ; Jr.7, 25 ; 2Rs.17, 23). Le rôle de ces serviteurs est de rappeler au peuple son engagement vis-à-vis de Dieu (Ps.105, 45)[30], de l'inciter à Le servir comme le font les anges (Ps.103, 20ss.). Les Psaumes rappellent que le bonheur est dans l'obéissance au Tout Puissant : « Heureux ceux qui suivent Ses ordres… qui marchent dans Ses voies ! Tu as Toi-même édicté Tes préceptes pour qu'on les observe avec soin… » (Ps.119, 2/4ss). Le Nouveau Testament met l'obéissance dans la bouche du Christ : « Celui qui m'a envoyé est avec moi : il ne m'a pas laissé seul, parce que je fais toujours ce qui lui plaît » (Jn.8, 29) ; « Jésus leur dit : « Ma nourriture c'est de faire la volonté de Celui qui m'a envoyé et d'accomplir Son œuvre » » (Jn.4, 34)

Il est intéressant de savoir que dans la Bible le même mot hébreu « *ebed* » désigne à la fois le serviteur et l'esclave. Ce mot exprime en fait toute relation de dépendance. Ce peut être celle du domestique à l'égard de son maître, celle du ministre à l'égard du monarque, celle des fidèles envers Dieu et bien sûr celle des prophètes envers

30 « Pourvu qu'ils gardent Ses décrets et qu'ils observent Ses lois. »

Lui[31]. Par conséquent, chaque fois qu'un prophète se qualifie de « *ebed* », il se qualifie de « soumis », d'« esclave », de « serviteur » de Dieu et quand il incite les croyants à servir Dieu, il leur demande en fait de se soumettre à Lui. Ainsi, nous trouvons dans la Bible, une image des prophètes identique à celle du Coran, puisqu'ils sont décrits comme des personnes soumises au Créateur, tels des esclaves devant Lui. C'est dans cette soumission que réside notre bonheur. Comme dans le Psaume 119 sus cité, le Coran nous le confirme :

> « *Quiconque se dirigera dans la droite voie, le fera pour son propre bien ; ...* » (S.27, 94K/92)

> « *Donc, quiconque se guide, pour lui-même alors il se guide ; et quiconque s'égare, ne s'égare alors, vraiment, que contre lui-même ! ...* » (S.10, 108)

Toute notre croyance pourrait se résumer dans cette soumission car telle est la signification du mot « islam » : Un musulman est celui qui se soumet à Dieu, qui accepte d'agir selon Sa volonté, parce qu'il a placé sa confiance en Lui.

En fin de compte, nous pouvons considérer, si nous prenons le mot « islam » dans son sens litté-

31 D'après DEB au mot Esclave.

ral, celui d'obéissance, indépendamment des nouvelles prescriptions révélées au Prophète de l'Islam, que les messagers bibliques ont exhorté à la soumission. Rien de plus logique par conséquent, que l'ultime envoyé de Dieu, ait prêché dans la même optique.

Situons donc bien l'islam par rapport aux autres religions. C'est la continuité de la religion unique, celle de la Soumission au Créateur. Le Message, d'abord révélé aux prophètes d'Israël tels Abraham, Moïse, Jésus, a été finalisé par la révélation faite à Mu<u>h</u>ammad, descendant d'Ismaël.

> « ... *Aujourd'hui, J'ai rendu votre religion parfaite ; J'ai parachevé Ma grâce sur vous; J'agrée l'Islam comme étant votre Religion...* » (S.5, 3)

A la différence des anciens envoyés qui s'adressaient chacun à leur communauté, la mission de ce dernier fut universelle :

> « *Et Nous ne t'avons envoyé qu'en tant qu'annonciateur et avertisseur pour toute l'humanité. Mais la plupart des gens ne savent pas.* » (S.34, 28)

L'impulsion de départ a porté ses fruits. L'expansion de l'Islam du Nord au Sud de la planète, tout comme d'Est en Ouest, en est la preuve.

# III - LE CORAN

## Le Livre

Le Coran, étymologiquement « la Lecture, la Récitation » est le livre saint des musulmans. Il est composé de cent quatorze sourates pour un total de 6236 versets. Il correspond à la recension par écrit de la Parole de Dieu révélée au prophète Mu<u>h</u>ammad sur une période s'étalant de 609/610 à 632.

> « *La Révélation du Livre vient de Dieu, le Tout Puissant, le Sage.* » (S.39, 1)

> « *Le Coran est une révélation du maître de l'univers. L'Esprit fidèle*[32] *l'a apporté du ciel, et l'a déposé sur ton cœur afin que tu fusses apôtre.* » (S.26, 192/194K)

Le Coran est considéré comme un livre révélé et non comme un livre inspiré comme c'est le cas pour la Bible. Le Prophète qui n'en fut que le transmetteur aux hommes, récitait les versets tels qu'ils lui étaient révélés, sans en changer un iota. Voici, selon ses propos, comment se faisait la révélation : « La révélation se fait de différentes

32 L'Ange Gabriel.

façons : parfois Gabriel prend la forme d'un homme, qui me parle comme parle un homme ; parfois comme un être particulier, doté d'ailes, et je retiens tout ce qu'il me dit. D'autres fois, j'entends comme une cloche sonner dans mes oreilles – et c'est là la plus dure des épreuves – et quand cet état d'extase s'en va, je me souviens parfaitement de tout, comme si c'était gravé dans ma mémoire. »[33]

La révélation se faisait par fragments. Au fur et à mesure qu'un fragment était révélé, le Prophète le communiquait à ses compagnons en précisant : « C'est de Dieu ; écrivez-le et apprenez-le par cœur pour le réciter liturgiquement dans les offices de prière – et c'est le Coran. ». Le fragment était donc copié sur un matériau à portée de main tel un morceau de cuir tanné ou un parchemin, une pierre tendre, une tablette de bois, voire un omoplate de chameau... Mais Mu<u>h</u>ammad ne s'en tenait pas là. Aussitôt écrit, il demandait à son secrétaire de lui lire à haute voix ce qu'il venait d'écrire afin de vérifier et corriger au besoin les erreurs. Ensuite, à chaque nouvelle révélation, sous ses instructions, les compagnons « secrétaires » inséraient les nouveaux versets dans l'ensemble déjà révélé. De cette manière, les sourates

33 Introd. MH p.V

prirent forme puis peu à peu le Coran tout entier. Par cette triple sécurité, apprentissage par cœur, écriture et supervision par le Prophète, le Livre fut préservé de tout ajout humain et garda sa nature exclusivement divine. Au travers des siècles, cette Parole est restée intacte, des manuscrits très anciens authentifiant le texte actuel[34]. De plus, le Créateur confirme cette inaltérabilité en précisant qu'Il y veille :

> « *En vérité, c'est Nous qui avons fait descendre le Coran, et c'est Nous qui en sommes gardien* » (S.15, 9)

> « *Nous t'avons révélé le Livre*[35] *et la Vérité, pour confirmer ce qui existait du Livre avant lui*[36]*, en le préservant de toute altération.* » (S.5, 48)

> « *Et la parole de ton Seigneur s'est accomplie en toute vérité et équité. Personne qui modifie Ses paroles ! Et Il entend, Il sait. Et si tu obéis à la plupart de ceux qui sont sur terre, ils t'égareront du sentier de Dieu : ils ne suivent que la conjecture et ne font que supputer* » (S.6, 115/116)

34 En particulier, le manuscrit dit de Sarmakand et conservé à Tachkent.

35 Le Coran.

36 L'ensemble de toutes les révélations divines avant le Coran.

## Le contenu

Le Coran constitue d'abord un rappel des révélations aux prophètes anciens :

« *Notre Parole a déjà été adressée à Nos serviteurs, les Prophètes.* » (S.37, 171)

« *Ce n'est pas ici*[37] *un conte imaginé, mais la confirmation de ce qui existait avant ceci ; l'exposé détaillé de toute chose ; une Direction et une Miséricorde pour un peuple qui croit.* » (S.12, 111)

« *Non, non ! Ceci*[38] *est vraiment un Rappel.* » (S.74, 54)

Outre son rôle de Rappel, de confirmation de la Parole transmise par les messagers nommés dans la Bible, il corrige les erreurs dont celle-ci est porteuse ou que les credo ont défini, le Message reçu par les prophètes ayant été corrompu lors des multiples transmissions orales et écrites ou mal interprété. C'est ainsi que le Coran tout en considérant Jésus comme le Messie[39], réfute certaines croyances du Christianisme comme sa divinité, sa filiation avec le Tout Puissant, le dogme de la Trinité :

37 Le Coran.
38 Le Coran.
39 A contrario des Juifs.

*« Ce sont à coup sûr des mécréants ceux qui disent : "En vérité, Dieu est troisième de Trois". Alors qu'il n'y a de Dieu que Dieu seul !... »* (S.5, 73)

*« Ô Gens du Livre, n'exagérez pas dans votre religion, et ne dites de Dieu que la vérité. Le Christ Jésus, fils de Marie, n'est jamais qu'un messager de Dieu, Sa parole qu'Il jeta sur Marie, un Esprit de sa part*[40]*. Croyez donc en Dieu et en Ses messagers. Et ne dites pas "Trois". Cessez ! Ce sera meilleur pour vous. Dieu est un seul Dieu. Rien d'autre. Il aurait un enfant ? Pureté à Lui ! A Lui appartient tout ce qui est dans les cieux et tout ce qui est sur la terre. Et quelle suffisante garantie que Dieu ! »* (S.4, 171)

Notons au passage que ce dogme du « Dieu unique en trois personnes » n'a été enseigné par aucun prophète et qu'il fut une des principales causes de divergence au début du christianisme. Il découle d'une réflexion théologique à la suite des quatre premiers Conciles oecuméniques de Nicée (325), Constantinople (381), Ephèse (431), Chalcédoine (451) et n'a été fixé qu'au milieu du Vème siècle !

40 Traduit aussi par « un souffle (de vie) venant de lui » PGDRSI.

Pour le Coran, le Christ était uniquement un prophète, envoyé aux enfants d'Israël, né de la Vierge Marie et auquel Dieu avait donné le pouvoir de réaliser de nombreux miracles :

« *Et le voilà messager aux Enfants d'Israël : "En vérité, si je viens à vous, c'est avec un signe* de la part de votre Seigneur. Oui, pour vous je pétris de glaise une figure d'oiseau, puis je souffle dedans : et, par la permission de Dieu, c'est un oiseau. Et je guéris l'aveugle-né et le lépreux, et je ressuscite les morts, par la permission de Dieu. Et je vous apprends ce que vous mangez et ce que vous amassez dans vos maisons. Voilà bien là un signe, pour vous, si vous êtes croyants !"* » (S.3, 49).

A propos du supplice de la croix, le Coran précise que le Nazaréen ne fut pas crucifié mais que Dieu l'a élevé à Lui, vivant. N'étant pas encore mort, sa résurrection n'a donc pas eu lieu.

« *Ils*[41] *disent : "Nous avons mis à mort le Messie, Jésus fils de Marie, l'apôtre de Dieu." Non, ils ne l'ont point tué, ils ne l'ont point crucifié ; un homme qui lui ressemblait fut mis à sa place, et ceux qui dis-*

41 Les Juifs.

> *putaient là-dessus ont été eux-mêmes dans le doute. Ils ne le savaient pas de science certaine, ils ne le savaient que d'opinion. Ils ne l'ont point tué réellement. Dieu l'a élevé à Lui et Dieu est puissant et sage.* » (S.4, 156K/157)

Concernant le péché originel et la Rédemption, les musulmans ne croient pas que la faute d'un seul homme, Adam, puisse avoir été répercutée sur l'humanité tout entière, en un mot que nous naissons en héritant du péché d'Adam. Le Coran atteste que Dieu lui avait pardonné sa désobéissance :

> « *Puis Adam reçut de son Seigneur des paroles. Puis Dieu accueillit son repentir. Il est le pardonneur, le miséricordieux, vraiment !* » (S.2, 37)

Ce pardon implique donc l'inutilité d'une crucifixion présentée par les Chrétiens comme un sacrifice expiatoire pour sauver l'humanité. Nul besoin par conséquent d'un Rédempteur pour retrouver la vie éternelle qui aurait été perdue par le péché originel[42]. Pour le musulman, chaque être naît innocent et lorsqu'il mourra sera ressuscité. Au Jour du Jugement, il ne répondra que de ses propres fau-

42 La vie éternelle symbolisée par l'arbre de vie. (Gén.3, 22/23).

tes. Cela n'exclut pas un pardon de la part de Dieu qui pourra lui accorder le salut, mais ce pardon n'est envisageable qu'au cas par cas et par Sa grâce :

> « *Aucune âme ne portera le fardeau (le péché) d'autrui* » (S.53, 38)[43]

> « *Quiconque fait le mal ou se fait tort à lui-même et demande ensuite pardon à Dieu, trouvera Dieu clément et miséricordieux. Quiconque commet un péché le commet contre lui-même. - Dieu est celui qui sait ; Il est juste -* » (S.4, 110/111)

En résumé, Jésus n'est certainement pas, aux yeux des musulmans, un dieu fils d'une femme, un dieu qui serait né après Sa Création, un dieu personnifié prenant l'apparence d'un prophète, un dieu qui aurait perdu la vie, cloué sur une croix dans le but de sauver le monde, un dieu qui aurait ressuscité trois jours plus tard. Jésus n'est, aux yeux des musulmans, qu'un prophète, et même s'il est grandement honoré dans le Coran, son rang reste, ni plus ni moins que celui d'un prophète.

En dehors de l'unicité de Dieu et des mises au point sur les révélations antérieures, le Coran cherche à guider le croyant dans tous les aspects

43 cf. aussi S.17, 15.

de sa vie. Chacun est invité au « bel agir », Dieu nous montrant la Voie et promettant récompense, mais si l'homme est rebelle, il s'expose au châtiment divin. Tout au long du Coran alternent des propos montrant combien la miséricorde de Dieu est grande, que le Seigneur ne veut pas imposer à l'homme un trop lourd fardeau, avec d'autres où l'homme est mis en garde et renvoyé à ses responsabilités :

> « *Dieu veut vous éclairer, vous montrer les comportements des hommes d'avant vous, et aussi accueillir votre repentir. Et Dieu est savant et sage.* » (S.4, 26)

> « *Dieu pour vous, veut l'allègement, car l'homme a été créé faible.* » (S.4, 28)

> « *Et quiconque lutte, c'est pour lui-même qu'il lutte. Rien d'autre. Oui, Dieu est vraiment à l'abri des mondes. Et quant à ceux qui croient et font œuvres bonnes, Nous leur effacerons leurs méfaits, et très certainement les paierons des plus belles de leurs actions.* » (S.29, 6/7)

> « *Il punit celui qu'il veut et exerce Sa miséricorde envers celui qu'il veut. Vous retournerez à lui. Vous ne pourrez affaiblir sa puissance ni dans le ciel ni sur la terre. Vous*

*n'avez ni patron, ni protecteur, hormis Dieu.* » (S.29, 20/21K/21/22)

« *Les infidèles seront réunis dans l'Enfer.* » (S.8, 37)

## IV - LA TRADITION PROPHETIQUE

Après le Coran, les musulmans se réfèrent à la Tradition. Ils parlent indifféremment pour l'exprimer de Sunna ou de Hadith bien que « Sunna » signifie le comportement ou la conduite et « Hadith » la parole. La Tradition exprime à la fois les récits des paroles, des actes, le comportement du Prophète, ses réactions face à tel ou tel évènement, ce qu'il tolérait chez ses compagnons ou désapprouvait, parfois même ses silences. Le Hadith est un terme général pour désigner l'ensemble des hadiths c'est-à-dire ces petits récits particuliers concernant le Prophète. Les musulmans s'y réfèrent d'une part parce que Muhammad est un modèle et que son exemple est à suivre[44], et d'autre part parce que le Coran est parfois concis ou silencieux sur certains points. Le hadith vient alors pallier cette concision ou ces silences et préciser les champs d'application des préceptes énoncés dans le Coran. Son authenticité

44 « *Il demeure très certainement dans le messager de Dieu un beau modèle pour vous, pour quiconque espère en Dieu et au Jour dernier et qui se rappelle Dieu beaucoup...* » (S.33, 22).

est donc très importante pour la communauté. C'est pourquoi les musulmans instaurèrent une véritable science de critique du Hadith. Sachant qu'un hadith est composé de l'isnad ou chaîne de transmetteurs dont les premiers étaient des témoins oculaires et du matn : le récit proprement dit, les théologiens et les érudits étudièrent les biographies des transmetteurs afin de cerner leur intégrité puis ils comparèrent les récits. Ils écartèrent ainsi de nombreux témoignages qui ne leur parurent pas dignes de foi et classèrent les autres en hadiths très sûrs, sûrs et sujets à caution. Les hadiths recensés et rapportés par les compilateurs comme Al-Bukhârî, Muslim, At-Tirmidhî, Abû Dâwûd, An-Nasâ'î et Ibn Mâja sont considérés comme les plus sûrs. On les appelle les « six valides » ou « les six authentiques » : Ils forment les « *Sihâh As-sitta* »[45]. Parmi les non canoniques, ceux de Mâlik Ibn Anas*, et d'Ibn Hanbal* jouissent également d'une grande réputation.

On distingue, les hadiths prophétiques des hadiths « Qudsî » qui contiennent une révélation divine. En parcourant les hadiths Qudsî, on peut donc lire : « L'Envoyé de Dieu a dit : « Dieu le Très Haut a dit.... » ». Si ce n'est pas sous cette

45 En citant les hadiths, je n'ai mentionné que le nom du témoin oculaire (en général un compagnon) et non pas toute la chaîne des transmetteurs, puis le rapporteur du hadith.

forme, on attribue les propos de Muhammad comme inspirés par Dieu. Ils font partie des hadiths car le Prophète, même s'il disait : « Dieu a dit… » n'a pas ordonné de les insérer dans le Coran. Leur mode de transmission fut par conséquent celui du Hadith et non celui du Coran.

## V - LE DOGME

### Les articles de foi de l'Islam

Ils sont au nombre de six. Tout musulman croit :

1°) En un Dieu unique, sans associé ;

2°) En l'existence des anges que Dieu a créés de lumière ;

3°) Aux livres de Dieu révélés à Ses prophètes. Il s'agit des feuilles d'Abraham, de la Thora révélée à Moïse, des Psaumes donnés à David, de l'Évangile descendu sur Jésus ;

4°) A tous les messagers de Dieu depuis Adam jusqu'à Muhammad ;

5°) En l'existence du jour du Jugement dernier où Dieu jugera les créatures et les rétribuera en conséquence (Paradis ou Enfer) ;

6°) En la Prédestination.

## La profession de foi

La profession de foi ou « *Chahâda* » se résume en cette phrase :

« Je témoigne qu'il n'existe pas d'autre divinité à part Dieu et je témoigne que Muhammad, paix et bénédictions de Dieu sur lui, est Son serviteur et Son prophète. »

Toute personne qui la prononce sincèrement est considérée comme musulmane.

*   *   *

Nous venons de voir en quoi consiste la foi islamique. Faisons à présent connaissance avec le Prophète de l'Islam. Nous relèverons d'abord les signes, miraculeux ou insolites autour de sa personne et antérieurs à la Révélation. Puis nous verrons en quelles circonstances s'effectua la « descente » des premiers versets révélés, les accusations et les réactions de ses contemporains. Ces accusations soulèveront des questions et des réflexions quant à son authenticité de prophète. Nous y consacrerons un long chapitre. Connaissant mieux le Messager nous nous intéresserons ensuite au miracle des miracles qu'il nous a légué : le miracle coranique.

2ème Partie

# Connaissance du Prophète et du Livre

## Signes antérieurs à la Révélation

## La Révélation : réactions et accusations

## Interrogations sur « Al-Amîn »

## Le miracle coranique

# Signes antérieurs à la Révélation

Ces signes s'étalent sur trois périodes : avant la naissance de l'Envoyé, pendant son enfance, durant sa vie adulte jusqu'à ses quarante ans.

## I - SIGNES PRÉCÉDANT LA NAISSANCE DU PROPHÈTE

### L'annonce de la naissance[46]

Tabarî rapporte que Âmina, fille de Wahb, du clan des Beni Zuhra[47] et mère du futur prophète, vit en songe un ange qui lui dit : « Celui que tu portes dans ton sein est le plus grand de tous les hommes et la plus noble de toutes les créatures ; quand tu en seras délivrée, donne-lui le nom de Muhammad et prononce ces mots : « J'ai recours pour lui au Dieu unique, contre la mauvaise influence de tout envieux. » ».

Cette annonce n'est pas sans nous rappeler que le Tout Puissant, à plusieurs reprises, et de diffé-

46 Tab3 p. 26 ; Ibn Iq1 p. 122 ; Lgs p.33 ; Din p. 14.
47 Clan de la tribu des Quraych.

rentes manières, informa les mères des futurs prophètes en imposant le nom du bébé qu'elles allaient mettre au monde. Ce fut le cas pour Hagar quand l'ange du Seigneur lui dit : « Voici que tu es enceinte et tu vas enfanter un fils, tu lui donneras le nom d'Ismaël... » (Gn.16, 11), ou pour Abraham : « Ta femme Sara va t'enfanter un fils et tu lui donneras le nom d'Isaac » (Gn.17, 19). De même, quand Gabriel s'adressa à Zacharie, père de Jean, le Baptiste : « Mais l'ange lui dit : Sois sans crainte, Zacharie, car ta prière a été exaucée. Ta femme Élisabeth t'enfantera un fils et tu lui donneras le nom de Jean. » (Lc.1, 13) ou encore quand l'Archange s'adressa à la Vierge Marie : « Voilà que vous concevrez dans votre sein, et vous enfanterez un fils à qui vous donnerez le nom de Jésus » (Lc.1, 31)

Rien de surprenant par conséquent, que Âmina, mère du Sceau des prophètes, en fut avisée à son tour.

## L'année d'une victoire mémorable[48]

La naissance du Prophète de l'Islam eu lieu le lundi 12 du mois de Rabî' al-awwal[49] qui, selon la correspondance établie entre le calendrier arabe lunaire et le calendrier solaire grégorien, correspondrait au mois d'août (20 ou 29) selon les sour-

48 Lgs p.30ss ; Ibn Iql p. 4 ss.

49 3ème mois du calendrier arabe appelé aussi Rabî' premier.

ces, de l'année 569 ou 570 de l'ère Chrétienne[50]. Que ce soit en l'an 569 ou 570, tous les historiens sont d'accord pour affirmer qu'il naquit dans l'année dite « de l'éléphant », ainsi surnommée, depuis que le vice-roi du Yémen, Abraha, avait voulu détruire la Ka'ba avec son armée à la tête de laquelle se trouvait un éléphant. L'histoire raconte que, arrivé aux portes de Makkah, l'éléphant s'agenouilla et ne voulut avancer davantage dans le territoire sacré. Il se releva lorsque l'armée fit mine de rebrousser chemin, mais dès qu'elle reprit la direction de Makkah, il s'agenouilla à nouveau, et il fut impossible de le faire avancer malgré les coups plus ou moins rudes qu'on lui infligea. Abraha qui n'interpréta pas le comportement de l'animal, ordonna à ses soldats de continuer la progression sur Makkah. C'est alors que le ciel fut rempli d'une nuée d'oiseaux nommés *abâbîls*[51], portant chacun trois petites pierres, une dans le bec, les deux autres aux pieds, qu'ils laissèrent tomber sur les assaillants. Elles atteignirent leurs cibles avec une telle force, que casques et cuirasses furent percés. L'armée Chrétienne épouvantée prit la fuite et la Ka'ba resta inviolée sans aucune intervention militaire des Mecquois qui s'étaient

50 Le 29/08/570 pour l'historien français Caussin de Perceval & E. Dinet ; 20/08/570 d'après les sources de M. Lings (Lgs p.33) ; M. Hamidullah la situe en 569. D'autres en 571 (EDII p.7).

51 Ressemblant aux hirondelles et aux étourneaux.

retranchés dans les montagnes alentours. Le Seigneur s'était chargé de défendre Sa maison sacrée. Quand cet épisode fut mentionné quarante ans plus tard dans le Coran[52] , il y avait encore à Makkah des témoins oculaires de cette victoire sans combat.

## Le père miraculé[53]

Le père de l'Envoyé, s'appelait 'Abdallâh, fils de 'Abd-al-Muttalib, de la tribu des Quraych, du clan* des Beni Hâchim. 'Abd-al-Muttalib, réputé pour sa sagesse, était considéré comme le chef du clan de Hâchim et chef officieux des Quraych. Il se disait hanîf car, comme eux, avait rejeté le culte des idoles et n'adorait que Dieu seul.

La vie de 'Abdallâh fut brève puisqu'il mourut vers l'âge de vingt cinq ans, et ce, pendant la grossesse de sa femme Âmina. La tradition nous le présente comme un miraculé. 'Abd-al-Muttalib avait en effet prié le Seigneur et Lui avait promis, si sa prière - dont le contenu diverge selon les récits - était exaucée, de Lui sacrifier un de ses fils. Le Seigneur l'éprouva en lui donnant satisfaction. 'Abd-al-Muttalib, en homme d'honneur devait donc s'exécuter. Ne pouvant se décider sur

52 S.105

53 Ibn Iq1 p. 118 ; Tab3 p. 55/56 ; Lgs. p. 23 ; GD p. 57.

le fils à désigner pour le sacrifice, il s'en remit au devin des Quraych pour procéder à un tirage au sort. La fléchette désigna 'Abdallâh. Le grand-père du Prophète était partagé entre la parole donnée et son amour pour son benjamin mais semble-t-il, allait procéder au sacrifice. Finalement, devant l'hostilité de ses proches face à un tel projet, il fut d'accord pour consulter une devineresse de Khaybar. Sur les conseils de celle-ci, il pria Dieu d'accepter, comme sacrifice expiatoire, dix chameaux, en remplacement du jeune homme puis fit procéder au tirage au sort. Chaque fois que le sort désignait 'Abdallâh, dix chameaux étaient ajoutés. Le sort le désigna neuf fois, ce qui porta à cent le nombre de chameaux nécessaires pour le racheter. Par acquis de conscience 'Abd-al-Muttalib exigea encore trois autres tirages. Le sort continua de désigner les chameaux. Il fut ainsi rassuré et conclut que le Seigneur avait accepté l'immolation des bêtes en compensation du sacrifice de 'Abdallâh.

Le père du Prophète fut donc sauvé in extremis à l'instar de son ancêtre Ismaël, fils d'Abraham. C'est à ces deux évènements que le Prophète de l'Islam faisait allusion lorsqu'il disait : « Je suis issu de deux miraculés ». Dans un cas comme dans l'autre, Dieu accorda à chaque père une rançon : un mouton en remplacement du sacrifice d'Ismaël[54], cent chameaux pour épargner 'Abdallâh.

## Le rayon de lumière divine[55]

'Abdallâh, n'était pas célèbre uniquement pour cet épisode. De toutes lèvres, il était d'une rare beauté et avait, paraît-il, ce rayonnement dont Dieu pourvoit certaines de Ses créatures. Waraqa Ibn Nawfal, le vieillard le plus érudit de Makkah - il connaissait, le syriaque, l'arabe, et l'hébreu - avait retenu de ses pieuses lectures dans la Bible, qu'un prophète allait bientôt naître en Arabie. Or, Waraqa avait une sœur qui prêtait une oreille attentive à ses enseignements. Un jour, alors que 'Abd-al-Muttalib accompagné de 'Abdallâh passa devant elle, celle-ci fut frappée par l'éclat qui émanait du front de ce dernier[56]. Persuadée qu'il s'agissait d'un signe surnaturel, digne d'un futur prophète, elle eut à son égard un comportement quelque peu inattendu en ces lieux et à cette époque. Elle l'interpella puis lui signifia qu'elle serait prête à l'épouser. Or, 'Abdallâh se rendant justement à son mariage passa son chemin. Quand, le lendemain il la croisa à nouveau, son attitude si indifférente le surprit tant, qu'il lui en demanda la

54 Gen.23, 13

55 Ibn Iq1. p. 121 ; Tab3 p. 56.

56 Ibn Ishâq parle d'une tache blanche entre les yeux.

raison. Elle lui répondit : « La lumière qui était avec toi hier t'a quitté ; c'est pourquoi je n'ai plus besoin de toi aujourd'hui. » Que s'était-il passé ? Ibn Is<u>h</u>aq explique que lors de la conception du Prophète, 'Abdallâh transmit « sa lumière » à son épouse Âmina, lumière qui jaillit d'elle et dans laquelle elle vit les forteresses de *Busrâ* en Syrie[57]. Tabarî nous dit que cette lumière sortit du Prophète lorsqu'il vint au monde[58]. Quels que soient les récits, tous signalent la présence d'un éclat singulier sur le front de 'Abdallâh. Âmina en avait hérité et la sœur de Waraqa avait compris qu'il était trop tard pour elle.

*   *   *

Annonce de la naissance « du plus grand de tous les hommes… » dans une cité sacrée - sur laquelle le Seigneur veille jour et nuit - d'un père miraculé portant sur son front une insolite lueur, voilà des signes qui nous exhortent à nous interroger sur l'être qui allait naître. Nous pressentons qu'il ne pouvait être ordinaire. C'est ce que nous allons découvrir au fil des évènements de son enfance.

57 Ibn Iq p. 122 ; Lgs p. 33 ; Din p. 14.
58 Tab3 p. 26.

## II - SIGNES DE L'ENFANCE DU PROPHÈTE

Afin de soustraire son nourrisson de l'air malsain de Makkah responsable d'épidémies et d'une grande mortalité infantile, Âmina le confia, quelques mois après sa naissance, à une nourrice bédouine qui l'éleva dans le désert où l'air était beaucoup plus pur. C'est là que le futur prophète, comme tous les enfants de notables, passa ses premières années.

### La bénédiction sur la famille de Halîma[59]

Halîma, fille d'Abû Dhu'ayb, de la tribu des Beni Sa'd, fut la troisième nourrice[60] de l'Envoyé de Dieu. En fait, elle eut cet honneur car l'enfant étant orphelin de père, aucune des autres nourrices bédouines venues dans la Sainte Cité pour prendre un nourrisson n'avait voulu s'en charger. Plutôt que de revenir chez elle sans bébé, Halîma décida de prendre le petit orphelin espérant que peut-être, par cette bonne action, Dieu lui accorderait à elle et aux siens, Sa bénédiction. La Tradition nous rapporte que celle-ci ne se fit pas attendre. Alors qu'une grande sécheresse sévissait dans la région, les bêtes, faute de nourriture suffisante, ne donnaient pas suffisamment de lait. Il en était ainsi de

59 Ibn Iq p. 125 ; Tab3 p. 31 ; Lgs p. 37.

60 La première fut sa mère et la seconde allaitait aussi Hamza, un oncle du Prophète.

la vieille chamelle de Halîma lorsque, avec toute sa famille, elle se dirigeait vers Makkah. Or, peu après la décision de s'occuper du futur prophète, les pis de la chamelle se gonflèrent abondamment. Quand Halîma voulut allaiter son protégé, ses seins donnèrent tant de lait qu'il but jusqu'à satiété et qu'il en resta pour son frère de lait, le bébé de Halîma. A la vue de ces soudains bienfaits, son mari Hârith s'exclama : « Sache donc, ô Halîma, tu as pris une personne bénie. » En outre, l'ânesse qui leur servait de monture et qui à l'aller retardait la caravane des bédouins, avançait au retour à si vive allure qu'elle resta en tête de tout le convoi jusqu'à l'arrivée dans la *bâdiya**. Là, la grâce de Dieu continua de se manifester : les brebis de Halîma rentraient toujours pleines de lait tandis que celles des troupeaux voisins revenaient les pis à sec. Halîma eut finalement la certitude que le nourrisson était la source de toutes ces bénédictions. Elle déclara : « Nous jouîmes sans interruption de cette abondance et de cette générosité de la part de Dieu jusqu'à ce que l'enfant eût accompli sa deuxième année et que je l'ai sevré. »

## L'épisode des deux anges[61]

Hârith et Halîma avaient laissé les enfants jouer derrière leur campement quand au bout d'un

61 Ibn Iql p.126 ; Tab3 p. 32 ; Lgs p. 37 (d'après Ibn S'ad*).

moment, ils virent leur fils revenir, effrayé. Il criait que deux inconnus[62], vêtus de blanc, s'étaient emparés de son frère quraychite, l'avaient jeté à terre, ouvert son ventre et étaient en train de le vider. Affolés, ils laissèrent tout pour le suivre. Arrivés sur les lieux, ils trouvèrent le futur envoyé, seul, blême, mais sans trace de blessures. Pourtant, il confirmait les propos déjà entendus. Plaisanterie d'enfant ? Or, adulte, le Prophète confirma l'événement : « Deux hommes vinrent à ma rencontre ; ils étaient vêtus de blanc et tenaient un bassin d'or rempli de neige. S'étant saisi de moi, ils me fendirent la poitrine, en sortirent le cœur qu'ils fendirent à son tour pour en extraire un caillot noir qu'ils jetèrent au loin. Puis ils me lavèrent le cœur et la poitrine avec la neige » et il ajouta : « Satan touche tous les fils d'Adam le jour où leur mère les met au monde, à l'exception de Marie et de son fils » puis ils refermèrent le tout.

Cet épisode de l'ouverture de la poitrine par les anges fut rapproché des versets 1 à 3 de la sourate intitulée « L'ouverture » :

> « *N'avons-Nous pas ouvert pour toi ta poitrine ? Et mis à bas de toi ton fardeau qui écrasait ton dos ?* » (S.94, 1/3)

62 Deux inconnus selon Ibn Is<u>h</u>âq, trois d'après <u>T</u>abarî.

Ce récit hautement symbolique est généralement interprété en parabole. Etienne Dinet pense que Dieu débarrasse de cette façon, dès le plus jeune âge, son futur messager « du fardeau de l'idolâtrie » en « ouvrant sa poitrine à la joie de la vérité monothéiste ». On peut dire aussi que le futur prophète fut par cette opération « concrètement préparé à recevoir les révélations dès son enfance » en subissant « surtout une purification morale (qui) se manifesta matériellement pour être à la portée des hommes ».[63]

Cet incident inquiéta au plus haut point Hârith et Halîma. Craignant que leur fils adoptif soit sous l'emprise de Satan et encore en danger, ils décidèrent de le ramener à sa mère. Celle-ci l'éleva jusqu'en 576, date à laquelle elle décéda.

Muhammad fut alors recueilli par son grand-père 'Abd-al-Muttalib mais celui-ci mourut à son tour deux ans plus tard. Avant de disparaître, il avait néanmoins désigné un de ses fils Abû Tâlib* pour veiller sur son neveu car il était frère germain de 'Abdallâh.

L'enfant s'attacha et aima profondément cet oncle. Vers l'âge de douze ans[64], ne voulant se séparer de lui ne serait-ce que pour quelques mois,

63 FS p. 60.
64 9 ans selon M. Hamidullah (MH t1 p.54).

il le supplia de l'accompagner dans un de ses voyages commerciaux vers la Syrie. Devant l'insistance de son neveu, Abû Ṯâlib accepta. Les biographes nous rapportent de cette expédition un récit mémorable.

## Le premier voyage en Syrie[65]

La caravane partit vers le nord et arriva à Buṣrâ, première ville au sud de la Syrie, où les marchands avaient pris l'habitude de faire une halte. Non loin de ce lieu se trouvait un couvent occupé par un moine chrétien du nom de Baẖîra. Alors que celui-ci ne prêtait d'ordinaire aucune attention aux marchands de passage, ce jour là, il les convia à s'asseoir à sa table, précisant qu'il désirait que toute la caravane, aussi bien les plus jeunes que les plus âgés, hommes libres ou esclaves soient présents à l'invitation.

En quel honneur ?

En regardant avancer la caravane d'Abû Ṯâlib, il avait en fait, été intrigué par un petit nuage blanc, unique dans le ciel azur, qui se déplaçait au dessus d'elle la favorisant d'une ombre salutaire sous le soleil de plomb du désert. A l'arrêt de la caravane, il avait remarqué que le nuage avait stoppé sa route lui aussi pour s'immobiliser au

65 Tab3 p.34/35 ; Ibn Iq1 p. 137 ss. ; Din p. 27 ss.

dessus d'un arbre. Plus extraordinaire encore, il avait vu les branches de cet arbre se courber, comme pour accorder plus d'ombrage à celui qui se reposait au dessous. Or, Bahîra avait lu dans des anciens manuscrits que les moines se transmettaient de génération en génération, la description d'un prophète qui serait bientôt envoyé en Arabie. Ce qu'il avait vu était suffisant pour le persuader d'un miracle, et lui donner le sentiment que le prophète annoncé dans ces feuillets avait pris part à l'expédition. Il devait être celui que le nuage protégeait des rayons brûlants de l'astre solaire. Bahîra voulait le voir de plus près.

Répondant à son invitation, tous les marchands, ravis, vinrent s'asseoir à sa table. Cependant, comme il fallait quelqu'un pour veiller sur les marchandises et les montures, ils décidèrent de confier cette tâche au neveu d'Abû Tâlib. Bahîra qui recherchait parmi ses invités les signes décrits dans son livre et ne les reconnaissant sur aucun d'eux, demanda si vraiment tous étaient présents et quand il fut informé qu'un enfant était resté pour garder les marchandises, insista pour qu'on l'appelle. Dès que celui-ci entra, Bahîra le considéra attentivement puis voulut vérifier, semble-t-il, s'il était idolâtre : « Ô garçon ! Par al-Lât et al-'Uzzâ ! Réponds à mes questions.». Le jeune Muhammad répondit qu'on ne lui demande rien au nom de ces deux-là car il les abhorrait au dessus de tout. Bahîra reprit : « Par Allah, réponds à mes questions. » et l'adolescent y consentit. Bahîra l'interrogea alors sur ses rêves, ses habitudes, différents aspects de sa vie, et les réponses concordaient avec ce qu'il avait lu dans les manuscrits. Quand, finalement, il put observer le dos du jeune garçon et vit juste sous la nuque, entre les omoplates, comme la trace laissée par une ventouse, il reconnut là le sceau de la prophétie. Il se tourna alors vers Abû Tâlib et lui demanda quel était leur lien de parenté. Lorsque celui-ci déclara qu'il s'agissait de son fils, il lui rétorqua qu'en aucun cas le père de cet enfant ne pouvait être encore en vie. Abû Tâlib précisa donc qu'il était l'oncle de l'enfant, ajoutant que son père était mort avant même sa naissance. Bahîra, satisfait, acquiesça. D'après Tabarî, désignant l'enfant, il déclara à l'oncle bien-aimé : « Celui-ci est le meilleur de tous les hommes de la terre et le Prophète de Dieu. Sa description se trouve dans tous les écrits de l'ancien temps ainsi que son nom et sa condition. J'ai maintenant soixante-dix ans et il y a bien longtemps que j'attendais sa venue comme prophète. » Ensuite, il lui conseilla de rentrer au plus vite à Makkah lui recommandant de veiller avec une extrême vigilance sur son neveu, de se méfier tout particulièrement des juifs car s'ils arrivaient, dit-il, à le voir et apprendre sur lui, ce qu'il venait de découvrir, ils chercheraient à le tuer. D'après Ibn Is<u>h</u>âq, il ajouta : « Ton neveu aura un destin extraordinaire ».

Abû <u>T</u>âlib écourta son voyage et ramena l'enfant à Makkah[66].

Les années passèrent... L'adolescent grandit dans la Sainte Cité sous l'œil vigilant de son oncle et sous la protection de Dieu.

## La Protection divine[67]

On raconte que l'Envoyé de Dieu parla un jour de la protection que le Seigneur lui accorda pendant son enfance au temps de la jâhiliyya* : « J'étais parmi les enfants de Quraych quand nous transportions des pierres pour un jeu que les enfants jouaient ; nous étions nus et chacun prit son vêtement et le mit à son cou et là-dessus portait les pierres. Pendant que j'avançais et reculais avec eux, quelqu'un que je ne vis pas m'a frappé d'un coup pénible et puis m'a dit : « Porte ton vêtement. » Je pris mon vêtement, je le portai sur mon corps, puis je me suis mis à porter les pierres

66 Selon une autre tradition, Abû <u>T</u>âlib renvoya le futur prophète sous bonne garde à Makkah pendant que lui continua son voyage d'affaires. (TAB3 p.35).
67 Ibn Iq1 p. 140.

sur mon cou, tandis que j'étais habillé à la différence de mes autres camarades. »

* * *

Ces évènements miraculeux, ces témoignages de la bénédiction et de la protection divine sur le Prophète dès l'enfance, connus grâce à des témoins divers (Halîma, Hârith, Abû Tâlib) ou racontés par le Prophète lui-même, ne peuvent nous laisser indifférents. On peut toujours émettre des réserves mais dès lors que l'on regarde l'histoire avec l'œil de la foi, un fait extraordinaire n'est plus un fait impossible ou d'authenticité douteuse mais peut tout à fait correspondre à un événement réel relevant du miracle. Dieu est plus savant que nous en la matière…

## III - SIGNES À L'ÂGE ADULTE

La Tradition ne nous donne que peu de détails sur la vie de l'Envoyé dans les dix ans qui suivirent le premier voyage en Syrie. Nous savons qu'il fut engagé comme caravanier au service d'une riche veuve du nom de Khadîja. C'est à l'occasion d'une expédition pour le compte de cette dernière, qu'il rencontra un second moine vivant en ermite à Busrâ. Peut-être le successeur immédiat de Bahîra ?

## La deuxième expédition en Syrie[68]

Khadîja, fille de Khuwaylid, de la tribu des Quraych, du clan d'Asad avait entendu parler des qualités de l'Envoyé de Dieu que l'on surnommait dans toute la ville « Al-Amîn » : « L'honnête, le digne de confiance ». Elle le fit donc appeler et lui proposa de lui confier ses marchandises pour les vendre en Syrie. Il ramènerait de son voyage des produits byzantins pour les négocier à Makkah. Le Prophète, qui avait environ vingt-quatre ans, accepta. Il partit avec Maysara, un jeune serviteur de Khadîja qui avait l'habitude d'un tel voyage. C'est à ce dernier que nous devons le récit de l'expédition.

Il la décrivit comme fort agréable et bien moins fatigante que les précédentes, entreprises pourtant dans les mêmes conditions. Il raconta qu'il avait été étonné par la présence de nuages blancs, semblables à des ailes, qui s'étiraient ou se regroupaient selon l'orientation du soleil, protégeant ainsi des rayons brûlants son compagnon de voyage. Il assura avoir vu, furtivement, à plusieurs reprises, au moment de midi quand le soleil est au zénith, deux anges qui le protégeaient de leurs ailes.

68 Tab3 p. 57 ; Ibn Iq1 p. 142/143 ; Din p. 31/33 ; Lgs p. 47.

Arrivés au grand nœud caravanier de Busrâ, le moine chrétien Nestor (ou Djordjis[69]) vivant en ermite, remarqua, tout comme Bahîra quelques années plus tôt, le déplacement d'un nuage au dessus d'un des voyageurs puis la courbure surprenante des branches de l'arbre au dessous duquel l'homme se reposait. Il fit appeler Maysara et lui demanda qui était ce voyageur qui l'accompagnait. Le serviteur lui répondit que c'était un quraychite dont la famille avait l'honneur de la garde de la Ka'ba et de la distribution d'eau aux pèlerins. Ce docte, tout comme Bahîra, comprit qu'il ne pouvait s'agir que du prophète annoncé dans les Écritures Saintes. Il aurait confié à Maysara : « Celui qui est assis sous cet arbre n'est rien de moins qu'un prophète. »

Les récits qui suivent ne comportent pas d'évènements miraculeux. Ils permettent seulement d'approfondir le caractère du Messager avant sa mission prophétique. Je les relaterai dans ce but.

## Un ordre de chevalerie[70]

Suite à un conflit qui avait éclaté pendant la trêve sacrée des mois du pèlerinage pré-islamique, et que l'on dénomma pour cette raison la « guerre

69 Din p. 32.
70 Ibn Iq1 p. 102ss ; IAI p. 10.

sacrilège » (*al-Fijâr*), les Quraych décidèrent de fonder un ordre de chevalerie (*hilf al-Fudûl**) destiné à faire respecter la justice et protéger les faibles. Parmi les membres de cet ordre, des personnages les plus vénérables des différents clans prêtèrent serment que chaque fois que quelqu'un serait opprimé à Makkah, que cette personne soit mecquoise ou étrangère, ils seraient solidaires auprès de l'opprimé, quel que soit son clan, tant que justice ne lui serait pas rendue. Muhammad, encore jeune homme, prêta serment avec eux. Plus tard, alors qu'il était reconnu comme envoyé de Dieu, il évoquait souvent cet ordre : « J'y ai participé et je ne suis pas prêt à renoncer à cet honneur, même pour un troupeau de chameaux ; au contraire, si quelqu'un faisait appel à moi, même aujourd'hui au nom de cet ordre, je courrai à son aide ».

Considérant sa maturité, son goût profond pour la justice, sa bonne moralité, et probablement aussi le sentiment de côtoyer un homme exceptionnel - Maysara lui ayant fait part des paroles du moine et de ses visions lors du voyage en Syrie - Khadîja s'intéressa sur un tout autre plan à son chargé d'affaires. Malgré leur différence d'âge - elle avait, dit-on, quinze ans de plus - et bien qu'elle fût une femme riche et lui sans fortune, elle lui fit savoir qu'elle serait disposée à l'épouser. Le Prophète, âgé de vingt cinq ans, accepta. Ce mariage ne prit fin que par le décès de Khadîja en 619.

## Zayd, le fils adoptif [71]

Zayd était fils de Hâritha, notable de la tribu des Beni Kalb vivant dans les plaines au nord-est de l'Arabie. Il avait été enlevé lors d'une razzia puis vendu à plusieurs reprises comme esclave. Il fut acheté à la foire de 'Ukâz par Hakîm, neveu de Khadîja qui le céda plus tard à sa tante.

Son père, qui pendant des années, n'avait cessé de le rechercher, fut averti un jour, par des pèlerins de sa tribu, que son fils se trouvait à Makkah. Pressé dans la Sainte cité afin de le ramener parmi les siens, il finit par s'adresser à Muhammad et lui proposa une rançon en échange de son fils. Le Prophète répondit que c'était à Zayd de décider puis précisa, que s'il préférait partir, il n'exigerait aucune compensation en retour. Al-Amîn demanda donc à Zayd de se prononcer. Or celui-ci, à la grande consternation de son père, rétorqua qu'il préférait rester avec son maître. Hâritha n'en croyait pas ses oreilles ! Comment un fils pouvait-il préférer, de son propre gré, un étranger à son propre père, l'esclavage à la liberté ? C'est alors que Zayd, bien décidé à ne pas quitter le Prophète,

71 Ibn Iq1 p. 191 ; MH t1p. 73 ; Lgs p. 50.

trancha net et déclara à titre d'explication : « J'ai vu en mon maître quelque chose qui me le fait préférer à tous, à jamais. » Le Prophète fut fort touché par ces paroles et devant l'affliction du père décida de le rassurer publiquement. Il les invita tous deux à se rendre à la Ka'ba puis devant ceux qui étaient présents annonça, qu'à partir de ce jour, Zayd devenait son fils adoptif. Il l'affranchit en ces termes : « Ô vous tous qui êtes présents, soyez témoins que Zayd est mon fils : je suis son héritier et il est le mien »[72].

## 'Alî*, fils d'Abû Ṯâlib

Une année de disette venant de succéder à une grande période de sécheresse, Abû Ṯâlib, qui avait de nombreux enfants, était particulièrement éprouvé. L'Envoyé de Dieu, relativement dans l'aisance, pensa soulager son oncle en prenant à sa charge un de ses fils. Il suggéra son idée à un autre oncle, 'Abbâs, dont les affaires étaient florissantes. Celui-ci accepta. Abû Ṯâlib apprécia l'offre. C'est ainsi que 'Abbâs prit Ja'far et que 'Alî rejoignit la maison de Khadîja. C'est ce même 'Alî qui dressa plus tard ce portrait du Prophète dont voici un extrait[73] : « Il y avait dans son visage tant de douceur, qu'une fois en sa présence, on ne pouvait

72 D'après Ibn Sa'd* (Lgs p.50).
73 Tab3 p.337.

pas le quitter ; si l'on avait faim, on était rassasié en le regardant et l'on ne songeait plus à la nourriture. Tout homme affligé oubliait son chagrin quand il était en sa présence, charmé par la douceur de son visage et de sa parole. Quiconque l'avait vu convenait n'avoir jamais trouvé, ni avant, ni après lui, un homme ayant la parole aussi charmante... Il n'y avait pas sur la terre d'homme d'un caractère aussi agréable que lui, aussi généreux et aussi vaillant. Un jour, on entendit à Médine un grand bruit : les hommes accoururent, ne sachant pas ce que signifiait ce bruit ; mais, avant qu'ils fussent arrivés, le Prophète, n'ayant pas trouvé son propre cheval, avait monté celui d'Abû Talha, sans selle, avait jeté son sabre autour de son cou, et s'était dirigé du côté où le bruit s'était fait entendre. Lorsque les autres arrivèrent, il revenait et leur dit : “Ne craignez rien.” »

## La reconstruction de la Ka‘ba[74]

En 605, un incendie détruisit partiellement la Ka‘ba et un peu plus tard, des eaux torrentielles pénétrèrent à l'intérieur du Sanctuaire. Affaiblie, la Maison Sacrée nécessitait donc d'être restaurée et rehaussée. Les Quraychites se répartirent cette tâche. Ils commencèrent par des travaux de démolition jusqu'aux fondations puis entreprirent la

74 Tab3 p. 60 ss. ; Ibn Iq1 p. 149.

construction proprement dite en conservant les dimensions d'origine. Vint le moment où il fallut enchâsser la Pierre Noire à l'endroit qui lui était consacré. Qui méritait le plus cet honneur ? Aucun des clans ne réussit à persuader l'autre et les discussions qui se poursuivirent pendant quatre ou cinq jours s'envenimèrent tant, qu'il semblait que le différend ne serait réglé que par les armes. In extremis, un vieillard proposa de s'en remettre à Dieu en acceptant pour arbitre le premier homme qui franchirait le seuil de la Mosquée. Étant donné l'impasse de la situation, les Quraychites y consentirent. Peu de temps après, celui que le Très Haut avait choisi pour les départager apparut : c'était « Al-Amîn ». Ce dernier les écouta puis avec sa vivacité d'esprit exceptionnelle, se fit apporter un manteau, l'étendit sur le sol et plaça la Pierre Noire en son centre. Il invita alors le chef de chaque clan à prendre un coin du manteau, tous partageant ainsi le même honneur de déplacer la Pierre sacrée. Quand ils atteignirent une hauteur suffisante, Muhammad prit la pierre et l'enchâssa à l'endroit où elle devait être scellée. Personne ne lui contesta ce privilège. Grâce à sa probité, ne venait-il pas d'éviter un conflit fratricide ?

* * *

Tous ces récits montrent la personnalité du

Prophète de l'Islam avant la Révélation. Il était apprécié pour sa grandeur d'âme, son humanité, sa probité, son impartialité… A maintes occasions, son comportement le fit estimer davantage à tel point que Tabarî rapporte : « C'était l'opinion générale que lorsque Abû Tâlib viendrait à mourir, il n'y aurait pas d'homme plus digne que Muhammad d'exercer le gouvernement de La Mecque »[75].

Cependant et malgré une opinion populaire favorable, tout laisse croire qu'Al-Amîn n'envisageait pas de tenir un jour, un rôle politique dans la Cité. Peu après la reconstruction de la Ka'ba, il ressentit, en effet, une inclination à la méditation, au recueillement. A l'instar des hanîfs et en particulier de son aïeul 'Abd-al-Muttalib, il commença à se retirer, chaque année[76], loin de tout commerce et de la vie citadine, dans une caverne du mont Hirâ'*, lequel se situe à environ quatre kilomètres au nord-est de Makkah. C'est là, que se produisit, en 609/610, pendant la nuit de la Détermination[77], l'évènement qui donna un sens nouveau à son existence : sa rencontre avec Gabriel, l'Archange chargé de lui révéler, petit à petit, cette Vérité qu'il recherchait tant.

75 Tab3 p. 60.
76 Al-Bukhârî parle de plusieurs jours, Ibn Ishâq d'un mois (Ibn Iq1 p. 181).
77 Traditionnellement, la vingt-septième nuit du mois de Ramadan.

# La Révélation :
# Réactions et Accusations

Les révélations que recevait Al-Amîn suscitèrent des réactions très diverses parmi les Mecquois. Les uns ne doutèrent pas de l'honnêteté de leur concitoyen et choisirent d'embrasser l'Islam. D'autres ne crurent pas d'emblée en sa sincérité, réagirent hostilement et tentèrent même de lui nuire. Après le récit de la toute première révélation, nous prendrons connaissance des réactions et des accusations des incrédules. Celles-ci, en regard du comportement du Prophète alimenteront nos réflexions visant à déterminer s'il était oui ou non un authentique messager de Dieu.

## I - LES DÉBUTS DE LA RÉVÉLATION[78]

Dans un hadith rapporté par Al-Bukhârî, 'Â'icha* raconte qu'un jour, lorsque l'Envoyé se trouvait dans la caverne de Hirâ', l'Archange lui apparut en songe déployant devant lui une couver-

78 SB n°3 ; Ibn Iq1 p. 183/184 ; Les Perles p. 14 ; Tab3 p.67 ; Din. p. 44ss.

ture de brocart brodée de lettres. Il lui ordonna : « *Iqra'*[79] ». «- Je ne sais pas lire » répondit Al-Amîn. Mais l'ange le serra jusqu'à l'étouffer et lui dit : «- *Iqra'*». Mu<u>h</u>ammad répondit à nouveau « - Je ne sais pas lire ». Mais l'Ange insista et répéta : «-*Iqra'*». « - Que puis-je lire ? » rétorqua Al-Amîn. L'Ange le serra avec force, le relâcha puis lui dit :

> « *Lis, au nom de ton Seigneur qui a créé, qui a créé l'homme d'une adhérence. Lis ! Ton Seigneur est le Très Noble, qui a enseigné par la plume [le calame*] a enseigné à l'homme ce qu'il ne savait pas.* » (S.96, 1/5)

Le Prophète répéta ces paroles après Gabriel puis se réveilla. « C'était comme si ces versets étaient inscrits dans mon cœur » dira-t-il plus tard. Il sortit de la caverne et commença à descendre la colline. A mi-pente, il entendit une voix l'interpeller : «Ô Mu<u>h</u>ammad ! Tu es l'Envoyé de Dieu et moi je suis Gabriel. » Levant les yeux au ciel, il le vit, partout où son regard se dirigeait. Gabriel était là, sous la forme humaine, immense ; emplissant l'horizon. L'Archange l'interpella à nouveau puis disparut.

Sous le choc, Al-Amîn rentra précipitamment chez lui. Tremblant, en proie à une fièvre froide, il

79 Iqra' en arabe, traduit par « Lis » aussi bien que par « Récite ! »

demanda qu'on le couvre sur le champ puis, quand son état s'améliora, raconta ce qu'il avait vu et entendu. Cet évènement à la fois visuel et auditif l'avait fortement impressionné : N'aurait-il pas été victime d'une hallucination démoniaque ou sous l'emprise de mauvais esprits ? Mais Khadîja, qui avait toujours senti que son époux était un homme hors du commun, lui dit : « Assurément Allah ne voulait pas t'infliger de malheur, car tu te montres excellent pour ta famille, clément pour les faibles, généreux pour les pauvres, secourable pour toutes les victimes de l'injustice. C'est une bonne nouvelle que tu m'apportes, ô fils de mon oncle, je te l'affirme : par Celui qui tient entre Ses mains l'âme de Khadîja, je te jure que je l'espérais. A n'en pas douter, tu seras le prophète de notre Nation ». Après ces mots, elle se rendit chez son cousin Waraqa Ibn Nawfal, ce vieillard versé dans les Écritures dont nous avons parlé précédemment[80] afin de lui relater l'événement et lui demander s'il avait déjà entendu parler de Gabriel. « Alors Waraqa dit : « Saint ! Saint ! En vérité, par Celui qui tient l'âme de Waraqa, si ton récit est exact Ô Khadîja il lui est venu le plus grand Nâmûs* qui vint auparavant à Moïse et tu verras ! Il est le prophète de cette nation. Dis-lui de demeurer sans crainte. »

80 A propos du rayon de lumière divine sur le front de 'Abdallâh.

Quelque temps après, quand le Prophète fit à ce docte le récit de l'apparition, ce dernier l'informa qu'on le traiterait de menteur, qu'il devra s'exiler, car, ajouta-t-il : « Jamais homme n'apporta ce que tu apportes, sans être en butte aux pires persécutions ».

## II - RÉACTIONS ET ACCUSATIONS DES QURAYCH

Que les messagers de Dieu subissent hostilités et persécutions de la part des mécréants n'est pas chose nouvelle :

> « *Que de prophètes avons-Nous envoyés aux Anciens ! Et pas un prophète ne leur venait qu'ils ne s'en raillent.* » (S.43, 6/7)

Quand l'Envoyé déclara être le Sceau des prophètes et commença à inviter les gens à l'islam, deux courants se dessinèrent. L'un favorable, l'autre franchement opposé. Les premiers, plus instruits sinon plus réceptifs aux évènements exceptionnels, ou bien séduits par la justice et l'égalité que prônaient l'Envoyé, virent en lui le Prophète tant espéré en ces lieux. Les seconds, au contraire, attachés aux coutumes ancestrales et à leurs privilèges, refusant tout message qui n'allait pas dans la continuité de leurs croyances et de leurs mœurs, pensèrent que leur concitoyen avait, soit perdu la tête, soit était devenu un imposteur. On aurait dit qu'ils avaient oublié qu'ils l'appelaient il n'y a pas si longtemps « Al-Amîn » et qu'ils l'avaient à maintes reprises apprécié. Du jour au lendemain, ils le traitèrent de fou, de possédé, de menteur, pensèrent qu'il nourrissait peut-être des ambitions inavouées. En fait, outre le contenu du Message, ils furent aussi déconcertés par la levée subite d'Al-Amîn :

> « *Les infidèles s'étonnent de ce qu'un apôtre s'est tout à coup élevé au milieu d'eux ; ils disent : C'est un magicien, un imposteur.* » (S.38, 3K/4)

Au lieu de venir ajouter une nouvelle idole à la Ka'ba, ce qui aurait été acceptable à leurs yeux, il bouleversait leurs croyances, insistant sur l'existence du seul Dieu, Allah, qui n'avait jamais été engendré, ni n'avait jamais lui-même engendré ! Aussi, quand le Prophète affirmait :

> « ... *Il n'y a point de dieu, si ce n'est Dieu, ils s'enflaient d'orgueil. Ils répondaient : Abandonnerons-nous nos dieux pour un poète, pour un fou ?* » (S.37, 35K/35/36)

> « *Veut-il faire de tous ces dieux un seul dieu ? En vérité, c'est quelque chose d'extraordinaire. Leurs chefs se séparèrent en*

*leur disant : Allez et persévérez dans le culte de vos dieux. Vous faire abandonner ce culte, voilà ce que l'on veut. Nous n'avons rien entendu de pareil dans la dernière religion*[81]*. La religion de Muhammad n'est qu'un schisme.* » (S.38, 4/6K/5/7)

Quand le Prophète leur disait que la vie sur terre n'était qu'une étape, que les morts seraient ressuscités et que les gens auraient des comptes à rendre au Tout Puissant, ils ne voulaient l'admettre :

« *Mais l'Heure*[82]*, ils la traitent de mensonge...* » (S.25, 11)

*« Ils disent : "Quoi ! Quand nous serons morts et que nous serons poussière et ossements, serons-nous ressuscités ? Très certainement, c'est ce qu'on nous promet, comme on l'a fait auparavant à nos ancêtres : ce ne sont que contes d'anciens."* » (S.23, 82/83)

*« Ils ont juré par Dieu en prononçant leurs serments les plus solennels : "Dieu ne ressuscitera pas celui qui est mort"...* » (S.16, 38)

81 La religion établie avant Muhammad.
82 L'Heure de la fin du monde et du Jugement.

Ils tentèrent de ridiculiser le Prophète :

« *Et ceux qui mécroient disent : "Voulez-vous que l'on vous montre un homme qui vous apprenne qu'une fois désintégrés intégralement, vous serez certainement dans une création nouvelle ? Blasphème-t-il un mensonge contre Dieu ? ou y-a-t-il des djinns en lui ?"...* » (S.34, 7/8)

Eux, pour qui l'admiration des hommes de leur vivant et après leur disparition, constituait à elle seule une fin en soi, eux dont chaque clan avait ses poètes qui chantaient grandeur, noblesse, louanges de ses valeureux guerriers, eux pour qui, seules la réussite sociale et la richesse donnaient un sens à leur vie, comment pouvaient-ils accepter l'idée que cette vie n'était que futilité et que la vraie vie commençait après la mort ? Leur orgueil et le refus de toute nouveauté les rendirent sourds et aveugles au nouveau message :

« *Si on les exhorte, ils n'en tiennent aucun compte ; S'ils voient un signe d'avertissement, ils s'en rient. C'est de la magie pure, disent-ils.* » (S.37, 13/15K)

« *Et s'ils voient un signe, ils l'esquissent et disent : "Magie continuelle !"* » (S.54, 2)

« *Ils disent à Muhammad : "Ô toi qui as reçu le Coran d'en haut ! tu es possédé du démon."* » (S.15, 6K)

Ce qui leur déplaisait surtout, c'est qu'Al-Amîn dénonçait leurs pratiques peu scrupuleuses et rappelait sans cesse les affres de l'Enfer dans lequel seraient précipités incrédules et idoles :

« *En vérité, vous et les idoles que vous adorez à côté de Dieu, vous deviendrez la pâture de la géhenne et vous y serez précipités* » (S.21, 98K)

« *Vous ne vous excitez pas mutuellement à nourrir le pauvre. Vous dévorez l'héritage du pauvre avec une avidité insatiable, et vous aimez les richesses par dessus tout* » (S.89, 19/21K/18/20)

« *Malheur au calomniateur, au médisant, qui ramasse des richesses et les garde pour l'avenir ! Il s'imagine que ses trésors le feront vivre éternellement. Assurément il sera précipité dans Al-hutama. Et qui te diras ce que c'est qu'Al-hutama ? C'est le feu de Dieu, le feu allumé qui prendra aux cœurs des réprouvés.* » (S.104, 1/7K)

Quand il leur déclara qu'il valait mieux affranchir les jougs[83], c'est-à-dire affranchir les esclaves, ils comprirent que l'ordre social en serait bouleversé. Déjà les maîtres en avaient un avant goût : de plus en plus, attirés par le Message fraternel de l'Islam, les esclaves embrassaient l'Islam et leur tenaient tête quand ils les forçaient à renier. Les notables craignirent probablement aussi pour leur commerce, pensèrent que toutes ces divinités pour lesquelles de nombreux pèlerins se déplaçaient allaient être délaissées ! Qu'adviendrait-il de Makkah et finalement de leur prospérité ?

Ne pouvant avoir, à leurs yeux, que des conséquences néfastes sur l'ordre économique, social et religieux, la classe privilégiée ne voulut accepter ce message révolutionnaire pour des polythéistes. Elle se devait impérativement d'empêcher ce réformateur en puissance de persuader le peuple. Dans ce but, elle lança une vaste campagne de dénigrement, d'humiliations. Elle incita les enfants et les poètes, jaloux du charme qu'opéraient les versets sur leurs auditeurs, d'empêcher le peuple de les entendre. Quand le Prophète commençait la Récitation, ils couvraient sa voix par des sifflements, frappaient des mains ou clamaient à tue-tête des vers satiriques :

83 S.90, 13. Pour les révélations post Hégire sur ce thème : S.58, 3 ; S.5, 89 ; S.4, 92.

« *Et ceux qui avaient mécru dirent : "Ne prêtez pas l'oreille à ce Coran, et faites du chahut (pendant sa récitation) afin d'avoir le dessus."* » (S.41, 26)

Cependant, de telles méthodes n'obtinrent pas les résultats escomptés, ce qui poussa les incrédules à durcir le ton. Ils allèrent jusqu'à infliger aux plus faibles des sévices corporels au point que l'Envoyé proposa à ces plus démunis de se réfugier en Abyssinie où régnait un roi chrétien juste : le Négus. Pour ceux qui restèrent à Makkah, dont le Prophète et sa famille, les hostilités atteignirent leur paroxysme par un blocus économique et social et le bannissement de tout le clan de Hâchim* auquel appartenait le Prophète ainsi que de celui d'Al-Muttalib[84], solidaire du précédent depuis toujours. Tout commerce avec ces deux clans fut interdit[85]. Faute de pouvoir se procurer de la nourriture, les familles durent se contenter de ce qu'elles trouvaient, quitte à manger les feuilles des arbustes de la région ; le commerce de Khadîja fut ruiné.

Ce bannissement avait déjà duré deux ans quand le remords envahit certains mécréants qui se rendirent compte qu'ils y étaient allés un peu

84 A l'exception d'Abû Lahab* qui prit le parti des mécréants.
85 Tab3 p.90/93 ; Ibn Iq1. p. 295.

trop fort. La découverte du parchemin déclarant le boycott, rongé par les vers à part l'en-tête « En ton nom, ô Dieu » restée intacte comme l'avait annoncé Al-Amîn, annula la mise au ban. Finalement cette mesure exagérée n'avait eu pour résultat que de faire parler davantage de l'islam et les musulmans sortirent de cette épreuve grandis.

Peu de temps après la mise au ban, Abû Tâlib, très âgé, mourut, suivi trois jours plus tard par Khadîja. Pour échapper à l'assassinat programmé sur sa personne, le Prophète fut contraint à l'exil. Yathrib* l'accueillit. Huit ans plus tard, à la tête d'une armée de 10 000 hommes, il rentra à Makkah, pacifiquement, en maître incontesté.

*   *   *

Malgré les accusations d'imposture, les insultes, malgré les persécutions, le bannissement de tout son clan, la ruine du commerce familial, au péril de sa vie, Al-Amîn continua d'affirmer qu'il n'existait qu'un seul Dieu et qu'il était son serviteur et le Sceau des prophètes.

La constance de son discours, dans ces conditions hostiles, lui donne une aura supplémentaire qui nous incite à nous intéresser davantage à lui et à nous interroger sur ses desseins.

## Interrogations sur Al-Amîn

Nous avons déjà pris connaissance de certains faits miraculeux ou insolites autour de la personne de l'Envoyé antérieurement à la révélation. Ce sont des éléments qui, tout au plus, nous font pressentir qu'il n'était ni un enfant, ni un homme ordinaire mais ils demeurent insuffisants, pour que quiconque soit convaincu qu'Al-Amîn était un authentique envoyé de Dieu. C'est en le connaissant mieux, en tenant compte de ses déclarations et de son comportement depuis la première révélation que nous pourrons affiner notre opinion à son égard.

Étant donné que le Prophète déclarait que le Coran est un Rappel,

« *Oui, ceci est certes dans les Feuilles anciennes, les Feuilles d'Abraham et de Moïse* » (S.87, 18/19)

que lui-même était chargé de « rappeler » :

« *Rappelle donc, si le Rappel doit profiter.* » (S.87, 9)

les Quraych eurent des soupçons concernant la source d'inspiration d'Al-Amîn :

> « *Et ils disent : "Ce sont des contes d'anciens qu'il se fait écrire ! On les lui dicte matin et soir !"* » (S.25, 5).

Comme il est indéniable que le Coran consacre de nombreux versets aux prophètes anciens[86], relate pour certains leur histoire, parle de la résurrection des morts, du Jugement dernier, de l'Enfer, du Paradis, en un mot reprend des thèmes bibliques, rien d'étonnant que les détracteurs de l'Islam aient accusé ou accusent encore son prophète d'habile imposteur qui aurait forgé le Coran en s'inspirant de la Bible. Or, ce qui s'avèrerait relativement facile aujourd'hui, la Bible étant à portée de toutes mains, ne l'était pas forcément au VIIème siècle. Notre première tâche sera, par conséquent, de rechercher quelles auraient pu être les sources (ou la source) de l'instruction religieuse d'Al-Amîn.

## I - INSTRUCTION RELIGIEUSE D'AL-AMÎN

### « Al-Amîn » avait-il lu la Bible ?

Nous venons d'apprendre dans le récit de la première révélation, que le Prophète ne savait pas

86 Le Coran cite 21 prophètes bibliques.

lire. Le Coran confirme la Tradition :

> « *Dis-leur : "Ô hommes ! Je suis l'apôtre de Dieu envoyé vers vous tous ; De ce Dieu à qui les cieux et la terre appartiennent ; il n'y a point d'autre dieu que lui ; il donne la vie et fait mourir. Croyez en Dieu et son envoyé, le prophète illettré, qui croit, lui aussi, en Dieu et en sa parole. Suivez-le, et vous serez dans le droit chemin."* » (S.7, 156/157K/158)

> « *Le Seigneur dit : "Mon châtiment atteindra qui Je veux ; ma miséricorde s'étend à toute chose ; je l'inscris pour ceux qui me craignent, pour ceux qui font l'aumône, pour ceux qui croient en nos Signes, pour ceux qui suivent l'envoyé : le prophète qui ne sait ni lire ni écrire que ces gens-là trouvent mentionné chez eux dans la Thora et l'Évangile"* » (S.7, 156/157)

> « *Tu ne récitais aucun Livre avant celui-ci ; tu n'en traçais aucun de ta main droite ; les imposteurs se livrent donc à des hypothèses.* » (S.29, 48)

Toute personne informée de cet illettrisme commence par se demander : Comment quelqu'un qui ne savait ni lire ni écrire aurait-il pu écrire un livre en s'inspirant d'un autre, en l'occurrence la Bible, livre qu'il ne pouvait pas avoir lu du fait de son illettrisme ? On se rend immédiatement compte que c'est impossible.

Cet illettrisme m'a paru un élément capital et une preuve de l'authenticité de la mission du prophète. Si le Seigneur avait choisi un messager sachant lire et écrire, son éventuelle lecture des Écritures anciennes aurait desservi l'envoyé, certains pouvant dire qu'il aurait mis à profit cette lecture pour se créer un personnage et s'afficher comme prophète. En choisissant Son messager analphabète, le Tout Puissant coupa court à de telles suppositions :

> « *Les imposteurs se livrent donc à des hypothèses.* » (S.29, 48)

Pourtant, malgré cela et en dépit de sa réputation d'homme honnête, Al-Amîn ne fut pas apprécié dans les premiers temps, autant qu'il aurait pu l'être. Sachant qu'il ne savait pas lire, les plus méfiants pensèrent qu'il se faisait aider par des lettrés. Le Coran rend compte de ces soupçons :

> « *Et Nous savons fort bien ce qu'ils disent : "Oui ! Quelqu'un l'enseigne, tout simplement !" - Or, celui à qui ils l'imputent parle une langue étrangère, tandis que cette lan-*

*gue-ci est arabe, claire !* » (S.16, 103)

« *Les mécréants disent : « Tout ceci*[87] *n'est qu'un mensonge qu'il (Muhammad) a inventé, et où d'autres gens l'ont aidé ». Or, ils commettent là une injustice et un mensonge. Et ils disent : « Ce sont des contes d'anciens qu'il se fait écrire ! On les lui dicte matin et soir !* » (S.25, 4/5)

Remarquons, parmi les accusations, qu'il n'est pas fait allusion à une lecture de la Bible. Les Quraych savaient certainement qu'Al-Amîn n'était pas lettré. Par contre, ils l'accusent d'avoir reçu de l'aide. Qu'en penser ?

## « Al-Amîn » a-t-il pu se faire aider ?

Avant de rechercher qui aurait pu l'aider à élaborer le Coran, sachons que personne n'a revendiqué une participation, même minime, à l'élaboration des versets. Aucune source historique ne cite de déclaration en ce sens. Notons par ailleurs, qu'il n'existait pas au VIIème siècle de Bible traduite en arabe. Qui aurait pu dans ces conditions lui « dicter » des récits de l'Ancien et du Nouveau Testament ? Al-Amîn aurait dû nécessairement connaître des juifs ou des chrétiens bilingues (arabe-grec, arabe-hébreu...) et connaisseurs des

87 Le Coran.

Textes Saints si tant est que ces textes circulaient facilement, ce qui n'était pas le cas. De plus, les juifs étaient surtout présents à Médine où ils formaient une communauté compacte et repliée sur elle-même. Quant aux chrétiens de Makkah, l'histoire nous apprend qu'ils exerçaient comme forgerons, poseurs de ventouses, brocanteurs, esclaves... Émigrés de divers pays d'origine, ils étaient peu instruits et non organisés en une communauté religieuse : Makkah ne connaissait ni église, ni prêtre. Le seul érudit connu dans l'entourage du Prophète était Waraqa Ibn Nawfal. Cependant, il était déjà vieux à la première révélation et il est inconcevable qu'il ait tenu un rôle d'inspirateur ou de maître, puisque la Révélation continua bien après sa mort[88], le Coran n'ayant pas été révélé en une seule fois mais sur une période s'étirant sur vingt trois ans. Au vu de certains récits particulièrement détaillés, notamment sur l'histoire de Moïse et Pharaon, sur Jésus et sa famille, celui qui veut s'entêter à trouver un ou plusieurs informateurs auprès du Prophète, serait contraint d'orienter ses recherches vers de fins connaisseurs des Écritures. Les plus à même de fournir des renseignements aussi pointus auraient été les rabbins, les prêtres ou les moines. Or, ceux-ci gardaient avec

88 Waraqa mourut peu de temps après la première révélation. (SB. n°3).

la plus grande dévotion les écrits bibliques et ne les divulguaient pas. Comment auraient-ils pu aider Mu<u>h</u>ammad à composer le Coran ? Dans quel but ? Il aurait été absurde que des représentants religieux, quels qu'ils soient, tout comme d'ailleurs n'importe quel juif ou chrétien instruit, aident quelqu'un qui se disait prophète et qui rejetait en partie leurs croyances, à édifier un livre présenté par lui comme la Parole divine intégrale, livre dénonçant les altérations contenues dans leur propre livre saint. Au nom de quoi ? Leur démarche aurait été contre toute logique.

Devant l'évidente constatation du manque d'érudits juifs ou chrétiens sur place à Makkah, on peut penser que des chrétiens, qu'il aurait pu rencontrer lors de ses rares voyages commerciaux avec Abû <u>T</u>âlib ou lors d'expéditions pour le compte de Khadîja, l'auraient instruit oralement sur leurs croyances et leurs prophètes. En supposant que Mu<u>h</u>ammad ait pu obtenir quelques informations par leur canal, si tant est qu'il en ait fréquenté quelques uns suffisamment longtemps, un problème de sélection se serait posé. En effet, à cette époque, les Chrétiens étaient tellement divisés et il existait de si nombreuses sectes, que l'exercice aurait été plus que périlleux. Comment faire son choix entre des points de vues contradictoires pour qui veut obtenir quelque crédit ? De quel choix décider entre les Gnostiques, Nestoriens, Monophysites, Sabelliens, Eutychéens, Jacobites, Docètes, Mariamites, Antidic'Umariamites, Collyridiens, Nazaréens, Ebionites, Marcionites, Valentiniens[89]... qui se qualifiaient d'hérétiques les uns les autres, se livrant à des querelles sans fin. Les Monophysites affirmaient que Jésus était d'une seule nature par l'union en lui du divin et de l'humain, les Nestoriens qu'il coexistait en lui deux personnes, l'une divine, l'autre humaine, les Mariamites et les Collyridiens adoraient Marie, les Antidic'Umariamites niaient sa virginité perpétuelle ... Soit ! D'après un proverbe abyssin, les Chrétiens n'étaient absolument d'accord que sur un point : la naissance de Jésus[90].

A l'évidence, il aurait été bien plus simple et plus prudent à un imposteur averti, de s'inspirer des croyances païennes plus accessibles pour lui, dont il était déjà informé, et auxquelles ses concitoyens avaient totalement adhéré plutôt que de se présenter comme prophète, successeur du Christ, réformateur d'une religion qui était déjà bien écartelée. En repoussant avec véhémence la notion de Trinité, la crucifixion et la divinité du Christ, il ne pouvait que se mettre à dos les chrétiens. Même

89 EDI p.119.
90 GD p. 119.

s'il défendait avec les juifs la notion d'un Dieu Unique et Un, il s'écartait d'eux en reconnaissant que Jésus était un prophète né de la Vierge Marie. Or, il rejetait également le polythéisme, ce qui ne pouvait que lui attirer la colère et la réprobation de ses compatriotes. En fin de compte, par ce qu'il affirmait, il ne pouvait qu'être contesté de tous côtés : des juifs, des chrétiens, des païens. Un homme, un tant soit peu au courant de toutes ces divergences, un tant soit peu futé, n'aurait jamais pris une voie autant bordée d'épines si cette voie ne lui avait pas été imposée par le Tout Puissant !

Finalement, si l'on accepte de considérer qu'il n'ait été informé par qui que ce soit, on ne peut raisonnablement soutenir non plus comme dernière hypothèse, qu'il aurait fait preuve d'une imagination plus que fertile ; Il n'aurait pu deviner sans coup férir les noms exacts des prophètes, inventer des évènements passés et réussir à ce qu'ils soient conformes avec les récits bibliques. On ne peut pas inventer l'Histoire !

* * *

Son illettrisme et la faiblesse des connaissances qui étaient logiquement les siennes sur le contenu de la Bible en regard de la multitude de récits détaillés dans le Coran relatifs aux prophètes qui l'ont précédé, nous exhortent à la déduction que l'enseignement qu'il reçut lui venait, non pas d'une ou plusieurs personnes, mais certainement du Très Haut.

Être convaincu de cela est suffisant pour croire en lui, en son authenticité de prophète. Seulement, comme plusieurs preuves valent mieux qu'une, continuons nos investigations. S'il avait été un imposteur il en aurait eu les traits.

## II - AVAIT-IL LES CARACTÉRISTIQUES D'UN IMPOSTEUR ?

Je propose de passer au crible les traits les plus caractéristiques des prédicateurs imposteurs. Qu'ils soient d'hier ou d'aujourd'hui, tous ont une soif démesurée de richesses, de pouvoir, des ambitions qui ne servent que leur ego. Ils n'hésitent pas à se faire passer pour des surhommes omniscients… Certains ont échoué, d'autres se sont fabuleusement enrichis sur le dos de leurs adeptes. La question que nous allons par conséquent aborder en premier lieu sera :

### Al-Amîn était-il un homme cupide ?

Pour satisfaire à cette interrogation, formulons-la en d'autres plus détaillées :

Aurait-il prêché dans le but de s'enrichir ?

Afin de répondre à cette question, informons-nous sur sa situation financière avant la première révélation.

Toutes les sources sur ce point sont unanimes : sa situation était plus que confortable, Khadîja représentant l'une des plus grandes fortunes de Makkah. En outre, depuis que le Prophète s'occupait de son commerce, grâce à sa « *baraka**», les affaires étaient devenues encore plus florissantes.

A prime abord donc, l'argent ne semble pas avoir été la motivation première. Mais poursuivons.

Aurait-il voulu s'enrichir davantage ?

Le Prophète se confia un jour à Abû Dharr : « Posséder une quantité d'or identique à Uhud* ne me causerait aucune joie. Il m'arrive de passer trois jours sans posséder plus d'un dinar chez moi, sauf lorsque je garde de l'argent pour rembourser une dette, ou pour en faire distribuer aux serviteurs de Dieu, ici, là et là… »[91].

D'après Ka'b Ibn Mâlik, il déclara : « Deux loups affamés, lâchés dans un troupeau ne sont pas plus nuisibles que l'amour de l'argent et de la gloire ne le sont pour la religion d'un homme »[92].

91 Les jardins : n° 463 (B. M.).
92 Les jardins n° 483 (T.).

Souvenons-nous que Jésus avait fait une déclaration similaire : « Nul ne peut servir deux maîtres à la fois : ou bien il haïra l'un et aimera l'autre, ou bien il s'attachera à l'un et méprisera l'autre. Vous ne pouvez servir Dieu et l'argent. » (Mt.6, 24)[93] . On retrouve cette idée dans la première épître à Timothée : « La racine de tous les maux, c'est l'amour de l'argent. Pour s'y être livrés, certains se sont emportés loin de la foi… » (1Tm.6, 10)

Son indifférence vis-à-vis de l'argent se confond avec celle qu'il nourrissait à l'égard de la vie dans ce monde. Ce détachement de l'un comme de l'autre illustre tout à fait sa logique de croyant, persuadé que la vraie vie se trouve au Paradis : « Il n'est de vie que celle de l'autre monde. »[94]

D'après Al-Mustawrid Ibn Chaddâd, l'Envoyé de Dieu disait : « En comparaison avec l'Au delà, ce monde est semblable à ce que l'un d'entre vous pourrait enlever à la mer après y avoir plongé le doigt. Qu'il considère donc ce qu'il en retire. »[95]

« Les compagnons de l'Envoyé, mentionnèrent ce monde en sa présence. L'Envoyé leur enjoignit

93 Idem Lc 16, 13.
94 Les jardins n°458 (B. M.).
95 Les jardins n° 461 (M.).

alors : « Écoutez donc ! Écoutez donc ! Le mépris de ce monde est un aspect de la foi ! Le mépris de ce monde est un aspect de la foi ! (il entendait par là l'ascèse). »[96]

Selon 'Abdallâh Ibn Mas'ûd, l'Envoyé de Dieu s'endormit sur une natte et lorsqu'il se leva, il en portait la trace sur le côté. Des compagnons lui proposèrent de lui apporter une meilleure couche. Il répondit : « Qu'ai-je à faire de ce monde ? Je suis en ce monde comme un cavalier qui a pris du repos sous un arbre ombragé, puis s'en est allé, l'abandonnant derrière lui »[97]

Tous ces récits montrent un réel désintérêt pour l'argent, la vie et les biens d'ici bas. Selon toutes apparences, un tel homme n'était pas cupide.

Toutefois, et pour nous en assurer, les actes n'étant pas toujours à la hauteur des bonnes paroles, vérifions quel était son train de vie.

Vécut-il dans l'aisance, la luxure ?

Je n'ai pas trouvé de hadiths qui permettent de supposer que le Prophète vivait dans l'aisance. Bien au contraire, tous témoignent d'une vie frugale.

---

96 Les jardins n° 515 (Ab. D).
97 Les jardins n° 484 (T.).

Sa demeure à Médine était une simple chaumière de pisé[98]. Il conseillait d'ailleurs aux musulmans : « Ne choisissez pas de demeures trop confortables, car cela susciterait en vous un penchant pour ce monde. »[99]

A propos de sa nourriture, 'Â'icha atteste que "la famille de Mu<u>h</u>ammad – sur lui la grâce et la paix – ne s'est jamais rassasiée de pain d'orge jusqu'à la mort du Prophète[100]." Il leur arrivait, disait-elle, de passer fréquemment deux mois sans allumer de feu (pour la cuisson). Ils se nourrissaient alors, surtout d'eau et de dattes[101].

Un jour Anas* apprit que le Prophète avait donné en gage son armure contre de l'orge. Il décida donc de se rendre chez l'Envoyé muni d'un pain d'orge et de graisse rance. Il l'entendit dire : « Jamais la maison de Mu<u>h</u>ammad ne s'est réveillée en ayant chez elle une mesure d'orge. Et jamais elle ne s'est endormie en ayant chez elle une mesure d'orge. Et cependant, elle était constituée de neuf familles. »[102]

---

98 ALM p.69.
99 Les jardins n° 477 (T.).
100 Les jardins n° 489 (B. M.) ; SB n°1848.
101 Les jardins n° 490 (B. M.).
102 Les jardins n° 503 (B.).

Ces récits suffisent à nous prouver que le Prophète et les siens vivaient au jour le jour. Jusqu'à sa mort d'ailleurs, il en fut ainsi. 'Â'icha raconte : « Lorsque le Prophète - sur lui la grâce et la paix - mourut, son armure était en gage chez un juif pour trente mesures de blé. »[103]

Concernant son habillement, même sobriété. Il portait d'ordinaire des vêtements de laine grossière, parfois feutrée.[104] C'est l'un deux qu'il portait le jour de sa mort comme nous le rapporta Abû Mûsâ al-Ach'arî : « 'Â'icha leur montra un vêtement et un *izâr* en tissu grossier et leur dit : « C'est dans ces habits que mourut l'Envoyé de Dieu. »[105]

Humble demeure, nourriture frugale, vêtements rustres, voilà donc dans quelles conditions vivait le Prophète de l'Islam. Il était loin du confort et de l'aisance que nous connaissons chez les dirigeants de sectes et encore plus loin de ceux qu'on imagine pour un chef d'État, bien qu'il en fut aussi un.

Nous pourrions en rester là, tant il est évident qu'Al-Amîn n'était pas un homme cupide. Toutefois, examinons un dernier point relatif à sa situation financière. Demandons-nous, s'il avait

103 Les jardins n° 502 (B. M.).
104 EDI p. 161; GD p. 231; ALM p. 69.
105 Les jardins n° 497 (B. M.).

tenté de récolter des fonds, de s'enrichir d'une manière ou d'une autre.

### Obligea-t-il les musulmans à lui verser un salaire, une contribution quelconque ?

Concernant le salaire, la révélation est sans équivoque :

« *Dis-leur : "Je ne vous demande point de salaire pour le Coran : il n'est qu'une instruction pour l'univers"* » (S6, 90K)

« *Dis : "De cela*[106]*, je ne vous demande pas de salaire ; et je ne suis pas de ceux qui cherchent à s'imposer"* » (S.38, 86)

« *Dis-leur : "Je ne vous demande pas de salaire, gardez-le pour vous. Mon salaire n'est qu'à la charge de Dieu..."* » (S.34, 46K/47)

En outre, le Coran met en garde contre les faux prophètes qui soutirent de l'argent aux fidèles tandis que ces derniers ont tendance à se méfier des authentiques envoyés :

106 De tous les enseignements et avertissements qu'il dispense aux fidèles.

« *Et du bout de la ville un homme vint en courant, disant : "Ô mon peuple, suivez les Envoyés : suivez ceux qui ne vous demandent pas de salaire, tandis qu'ils se guident bien*[107] *"* » (S.36, 20/21)

et le Livre informe que tous les envoyés précédents ont toujours refusé un salaire pour les révélations qu'ils transmettaient aux hommes :

« *Et je ne vous en demande pas de salaire : mon salaire n'incombe qu'au Seigneur des Mondes* »[108]

Le Prophète en refusant toute rétribution pour les enseignements qu'il dispensait est à l'image de ses prédécesseurs.

Sollicitait-il les fidèles d'une autre manière ?

Nous apprenons qu'à Makkah, il exhorta les musulmans au versement d'une aumône : la *zakat**, qui fut transformée, dans la Cité-État de Médine en un impôt obligatoire. Notons, que du temps du Prophète, il n'existait pas d'autre taxe prélevée par le gouvernement sur les sujets musul-

107 Kasimirski traduit cette fin de verset : « et vous serez sur la droite voie » (v.20).
108 S.26, verset 109 pour Noé ; 127 pour Houd ; 145 pour Sâlih ; 164 pour Loth ; 180 pour Chu'ayb.

mans[109]. La *zakat* était redistribuée sous les directives du Prophète conformément à la liste des bénéficiaires donnée par le Coran dans la sourate 9, verset 60 :

> *« Rien d'autre, en vérité : les recettes d'état[110] sont pour les besogneux, et pour les pauvres[111], et pour ceux qui y travaillent[112], et pour ceux dont les cœurs sont à gagner[113] , et pour l'affranchissement des jougs[114], et pour ceux qui sont lourdement endettés[115], et dans le sentier de Dieu[116], et pour l'enfant de la route[117]. Arrêté de Dieu ! Et Dieu est savant, sage. »*

Ce qu'il est important de retenir dans le cadre de nos investigations, c'est que le Prophète n'était

109 IAI p. 89 (Il existait une autre taxe mais elle était privée et ne devait pas être versée au gouvernement. Les musulmans donnaient quelques denrées alimentaires directement aux pauvres le jour de la fête de fin du ramadan - MH t2 p. 887).
110 La zakat.
111 Les pauvres et ceux qui sont en difficulté qu'ils soient musulmans ou pas.
112 Pour les collecteurs d'impôt et tous ceux qui travaillent aux recettes de l'État.
113 Les avis sont partagés. (MH t2 n°1639).
114 Pour l'émancipation des esclaves ou le rachat des prisonniers de guerre.
115 Même si ce sont des personnes aisées mais temporairement dans le besoin.
116 Défense militaire et toute œuvre de charité.
117 Le voyageur au sens large.

nullement attributaire de cette zakat : il avait, en effet, expressément enjoint aux musulmans de ne la verser, ni à lui, ni à sa famille, ni à ses descendants, ni à tous ceux de son clan (les Beni Hâchim) ni même aux Beni Al-Muttalib, tribu alliée de longue date[118]. Par contre, comme tout musulman, ils avaient le devoir de la payer si leurs biens dépassaient un plafond qu'il avait fixé[119]. Nous constatons par cette mesure, d'une part que le Prophète ne faisait pas figure de privilégié par rapport aux devoirs religieux qu'il imposait aux musulmans et d'autre part que la zakat ne fut pas instituée afin que lui et ses proches parents s'enrichissent. Au vu des bénéficiaires, elle est à considérer comme un fonds social de solidarité. Elle constitue de plus, un élément de purification et une élévation pour celui qui la verse. Elle réduit l'égoïsme qui existe en chacun de nous par une participation financière destinée à faciliter le sort de ceux qui sont en difficulté qu'ils soient musulmans ou pas.

Devant le désintéressement d'Al-Amîn pour le matériel, demandons-nous si son engagement visait d'autres desseins.

118 ALM p. 129 ; MH t.2 p. 886 ; IAI p.88 ss.

119 Le Coran ne précise pas quels sont les biens à taxer ni leur montant. Il ne définit pas un minimum vital. Ce silence a été interprété comme laissant à l'État le soin de les déterminer en fonction des besoins et de l'époque. (MH t2 n°1625 ; IAI n°348).

## Aspirait-il à des ambitions politiques, honorifiques ?

Les biographes du Prophète rapportent que dans les débuts de la prédication publique et suite à la révélation du verset :

> « *Vous serez vraiment, vous et ce*[120] *que vous adorez en dehors de Dieu, le combustible de la Géhenne. Vous y arrivez...* » (S.21, 98),

les notables se rendirent chez Abû Ṯâlib et en proférant des menaces, lui ordonnèrent de demander à son neveu de ne pas insulter leurs dieux. Abû Ṯâlib lui transmit les exigences et les menaces, lui recommanda de ne pas ridiculiser leurs idoles et lui fit remarquer qu'une telle attitude profiterait à l'Islam. Le Prophète répondit : « Ô mon oncle, c'est Dieu qui me l'ordonne ainsi. S'ils mettaient dans ma main droite le soleil et dans ma main gauche la lune, et s'ils me brûlaient par le feu, je ne retrancherais pas une lettre de ce que Dieu ordonne, et je ne dirais ni plus ni moins. »[121]

Devant cet échec, les notables changèrent de tactique[122]. Ils déléguèrent un émissaire, en la personne modérée de 'Utba Ibn Rabî'a, qui demanda

120 Les idoles
121 Tab3 p 78 ; Ibn Iql p. 201.
122 Ibn Iql p. 224 ; Din p.64 ; Lgs p. 78.

au Messager quels étaient ses desseins. Voulait-il s'enrichir ? Ils lui procureraient de l'argent afin qu'il soit le plus riche d'entre eux. Désirait-il les honneurs ? Nulle décision ne serait prise sans son accord. Aspirait-il à la royauté ? Ils le placeraient à la tête du gouvernement. Se sentait-il malade, possédé par quelque démon ? Ils lui chercheraient les meilleurs médecins du corps et de l'esprit. Le marché serait conclu à la seule condition qu'il cessa de dire que leurs divinités ainsi que ceux qui les adoraient ou les ancêtres qui les avaient adorées seraient la proie de l'Enfer.

Al-Amîn, nullement intéressé par toutes ces propositions visant un bonheur matériel ici-bas, se contenta, en guise de réponse, de réciter les premiers versets de la sourate 41 : Les versets détaillés.

> « *Au nom de Dieu, le Tout Miséricordieux, le Très Miséricordieux. Hâ, Mîm*[123]. *[C'est] une Révélation descendue de la part du Tout Miséricordieux, du Très miséricordieux. Un Livre dont les versets sont détaillés (et clairement exposés), un Coran [lecture] arabe pour des gens qui savent, annonciateur*

123 Certaines sourates commencent par deux ou trois lettres de l'alphabet sans sens particulier pour la compréhension du Texte. Nous verrons plus loin les recherches qu'elles ont suscitées.

*[d'une bonne nouvelle] et avertisseur. Mais la plupart d'entre eux se détournent ; c'est qu'ils n'entendent pas. Et ils dirent : "Nos cœurs sont voilés contre ce à quoi tu nous appelles, nos oreilles sont sourdes. Et entre nous et toi, il y a une cloison. Agis donc de ton côté ; nous agissons du nôtre". Dis : "Je ne suis qu'un homme comme vous. Il m'a été révélé que votre Dieu est un Dieu unique. Cherchez le droit chemin vers Lui et implorez Son pardon". Et malheur aux Associateurs qui n'acquittent pas la zakat et ne croient pas en l'au-delà ! Ceux qui croient et accomplissent de bonnes oeuvres auront une énorme récompense jamais interrompue. Dis : "Renierez-vous [l'existence de] celui qui a créé la terre en deux jours, et Lui donnerez-vous des égaux ? Tel est le Seigneur de l'univers"* » (S.41, 1/9)

Le Prophète continua la récitation jusqu'à atteindre le verset 38 après lequel il se prosterna, puis il dit : « Tu as entendu, Ô Abû al-Walîd, ce que tu as entendu. C'est à toi maintenant de prendre parti. »

Quand 'Utba revint auprès des chefs Quraych, il leur conseilla de laisser Al-Amîn tranquille, précisant que ce dernier lui avait récité des versets et qu'il n'avait jamais entendu rien de pareil. « Je jure par Dieu que ce n'est pas de la poésie, ni de la magie, ni de la divination... » Constatant qu'il était troublé, ils l'écartèrent en s'exclamant : « Il t'a ensorcelé avec ses paroles ! ». Ils décidèrent alors de convoquer directement le Prophète. Devant les mêmes propositions, celui-ci rétorqua : « Il n'y a pas en moi ce que vous dites (ou je ne suis pas atteint de ce que vous dites). Ce que j'ai apporté pour vous, je ne l'ai pas apporté pour obtenir votre argent, ni l'honneur parmi vous, ni la royauté sur vous. Mais Dieu m'a envoyé à vous comme apôtre, a fait descendre sur moi un livre, et m'a ordonné d'être pour vous un porteur de bonnes nouvelles et un avertisseur. Je vous ai communiqué le message dont m'a chargé mon Seigneur et je vous ai donné de bons conseils. Si vous acceptez de moi ce que je vous ai apporté, ce sera votre chance dans ce monde et dans l'au-delà. Si vous le rejetez, je me soumettrai à l'ordre de Dieu, jusqu'à ce qu'Il arbitre entre vous et moi. »[124]

Ce récit résume bien l'abnégation d'Al-Amîn et sa détermination pour sa mission. Il n'était absolument pas cupide, ne convoitait ni le pouvoir, ni les honneurs. A l'instar de tous les prophètes, ses aspirations n'étaient ni pécuniaires, ni

124 Ibn Iql p. 227 ; Lgs p. 80 ; CCR p. 297/298 ; FS p. 115.

politiques, ni honorifiques.

Poussons à présent plus loin nos investigations en prenant en compte une autre caractéristique des sectateurs. Je veux parler de faux semblants, de simulations d'extase au cours desquelles, l'inspiré est soi-disant, en communication avec la divinité.

### Peut-on parler de mises en scènes, de simulations dans le cas d'Al-Amîn ?

Ses compagnons témoignent : « Quand la révélation lui venait, nous entendions près de lui un bourdonnement comme le bourdonnement des abeilles. »[125]; « J'ai vu la révélation lui venir alors qu'il était sur sa chamelle et celle-ci mugissait et se tordait les jambes de telle sorte que je craignais qu'elles se rompent. Parfois, elle s'asseyait, et parfois elle restait debout, les jambes figées comme des pieux, jusqu'à la cessation de cet état, et cela à cause du poids de la révélation ; et alors, la transpiration lui traînait en perles. »[126] ; « Un jour que la révélation était sur le point d'arriver, il rentra sa tête (dans son manteau ?) et voilà que le visage du Prophète était devenu rouge et il ronflait ; puis cet état s'en alla. »[127]

125 IAI p. 65 (Ibn Hanbal et Abû Nu'aym).
126 IAI p. 65 (Ibn S'ad).
127 IAI p. 65 (B.).

'Â'icha, fille d'Abû Bakr* raconta : « Je le vis recevoir la Révélation dans une journée glaciale ; lorsqu'elle (la révélation) le quittait, il transpirait et la sueur coulait de son front. »[128]

Zayd Ibn Thâbit, l'un de ses secrétaires, dit qu'un jour il se trouvait auprès de lui pour la prière commune. A cause de l'affluence dans la salle « son genou se trouvait sur ma cuisse et (quand l'état de révélation le saisit) il pesait si lourd que je craignis que mon fémur ne se rompe. »[129]

Nous savons qu'après la première révélation, le Prophète fut épouvanté, se crut envoûté par un démon, pensa qu'il devenait fou[130] et courut chez Khadîja qui le rassura par des paroles bienveillantes. Les incrédules peuvent émettre l'hypothèse que le Prophète simulait ces états d'extase ; mais soyons sérieux. Si des tremblements peuvent être simulés, en est-il de même de la transpiration, de la lourdeur du corps au point que la monture plie les genoux ? Ces phénomènes sont indépendants de la volonté humaine. De plus, concevrait-on que lui, l'homme sincère et honnête ait pu jouer la comédie jusque devant sa famille, ses amis ? Ce serait d'autant plus insensé qu'il se soumit aux

128 SB n°2.
129 IAI p. 65 (B.).
130 Tab3 p. 66.

lois qu'il dictait et qu'il incita ses propres enfants à suivre son exemple. Si Muhammad avait été un imposteur, les premiers dupes dans cette affaire auraient été lui-même et sa propre famille et l'islam ne serait pas aujourd'hui la deuxième religion du monde. Les gens peuvent être bernés mais pas pour longtemps, le mensonge n'ayant jamais, comme disait Lamartine, la puissance de la Vérité.

La quatrième caractéristique des sectateurs que j'ai retenue pour cette étude, est le fait qu'ils présentent en général un livre, conçu à l'avance, dans lequel se trouvent les idées maîtresses de leur doctrine.

## Al-Amîn prépara-t-il le Livre à l'avance ?

Le livre saint des musulmans, le Coran, ne fut pas présenté par le Prophète tel quel. Il fut révélé de façon fragmentaire, sur une période qui s'étendit de 609/610 à 632.

On pourrait objecter que justement Al-Amîn prit tout son temps pour élaborer le Livre, ayant tout loisir pour se faire aider, se renseigner auprès d'érudits tout au long de ces vingt trois années.

Nous avons déjà vu combien il aurait été absurde que des érudits juifs ou chrétiens l'aident dans cette tâche et combien il était difficile de trouver des connaisseurs des Écritures en Arabie.

De plus, dès que le Prophète commença son apostolat, il fut suivi, pourrait-on dire, « à la torche » : la communauté attacha de l'importance à ses moindres faits et gestes. On savait qui il rencontrait, quelles étaient ses fréquentations. L'histoire parle d'une entrevue avec des savants juifs qui vinrent le tester sur leur religion. Ils lui posèrent des questions auxquelles seul un théologien ou un prophète pouvait répondre, le théologien parce qu'il a appris, le prophète parce que Dieu l'inspire. Or, ces érudits juifs eurent, tout comme Bahîra, un rôle d'interrogateurs et non d'informateurs.

Quant à la Révélation, elle se faisait à tout moment et en tous lieux : lorsqu'il était seul ou en présence d'un proche, chez lui, dans une conversation publique, au cours d'un voyage ou sur le champ de bataille... Les versets étaient parfois révélés pour un problème donné auquel il fallait apporter immédiatement une solution. Les situations étant aléatoires, imprévisibles, il serait insensé de croire que les paroles aient pu être calculées à l'avance. Tout dans la révélation est spontanéité. Si l'on se rappelle tout le soin que le Prophète prenait afin que ni un mot, ni un iota en soit modifié - versets appris par cœur, récitation vérifiée par ses soins, écriture - on réalise combien il était important pour lui qu'elle ne subisse pas la moindre altération. Un imposteur se serait vite rendu compte que, par l'exigence du « par cœur », il ne se facilitait pas la tâche et qu'il aurait été certes plus aisé qu'il choisisse de s'exprimer de manière ordinaire. Or, les versets devaient être répétés tels quels sans la moindre modification. Aussi à la demande des Quraych :

> « *Apporte-nous quelque autre livre ou bien change un peu celui-ci...* » (S.10, 16K/15)

le Prophète rétorqua :

> « *Il ne me convient pas de le changer de mon propre chef : je sais ce qui m'a été révélé. Je crains, si je désobéis, le châtiment de mon Seigneur au jour terrible.* » (S.10, 16K/15)

Un faux prophète n'aurait jamais répliqué ainsi. Il aurait, au contraire, saisi l'occasion de changer quelques mots, par ci, par là, pour calmer les esprits et diminuer le nombre des opposants. Est-il pensable qu'un imposteur se soit inventé un texte pour s'imposer ensuite de le réciter à la lettre ? Pourquoi cette difficulté supplémentaire alors qu'il est si facile de parler comme tout un chacun ? Pourquoi exiger ensuite le par cœur ? Cela aurait pu soulever des polémiques car si les versets n'avaient pas été de manière indélébile inscrits dans la mémoire du maître, comment aurait-il pu corriger ses disciples ? Des discussions auraient éclaté lors des contrôles et la crédibilité de l'enseignant remise en question. Un imposteur n'aurait, pour cette raison, jamais choisi une méthode aussi difficile et risquée, une méthode où il aurait pu être facilement contesté. Cette démarche ne pouvait aucunement relever de sa propre initiative. C'est ainsi, que nous comprenons que le Prophète n'avait pas de message personnel à faire passer mais qu'il véhiculait le Message du Maître des Mondes et le transmettait comme Celui-ci voulait qu'il fût transmis. De plus, ce prodige de transmission, au mot près, à la lettre près, tient du miracle et l'on décèle là, l'intervention du Tout Puissant. Enfin, un imposteur qui aurait voulu se présenter comme le successeur du Christ, en l'absence d'éducation chrétienne, comme c'était le cas d'Al-Amîn, aurait préparé ses textes, se serait informé auprès de juifs ou de chrétiens, ce qui aurait annihilé toute spontanéité et d'une manière ou d'une autre, il aurait été démasqué.

Tout le soin que le Prophète de l'Islam prenait pour que la Parole soit transmise sans la moindre altération, sa volonté de ne rien en changer malgré les suggestions des incrédules, sont révélateurs de l'importance qu'il accordait au Message et de la connaissance qu'il avait de son Auteur. Nous réalisons ainsi qu'il ne peut s'agir là d'un message ordinaire mais d'un message de la plus haute importance, un message qu'Al-Amîn voulut conserver intact pour le présent et l'avenir, afin que toutes les générations parmi tous les peuples, puissent le lire, l'étudier et « inchâ'allâh », être convaincus de sa conception divine.

* * *

Les accusations d'imposture à l'encontre d'Al-Amîn ne relèvent d'aucun fondement sérieux. Si l'on considère la fortune qu'il possédait avant la première révélation, son mode de vie frugal, voire ascétique, son indifférence vis à vis des biens de ce monde, sa situation financière à sa mort, on ne trouve rien qui permette de conclure qu'Al-Amîn était motivé par un espoir d'enrichissement personnel, ni même qu'il s'est enrichi. Son attitude, devant le conseil de prudence d'Abû Tâlib, montre clairement son rôle de transmetteur, sinon que lui aurait-il coûté de faire des concessions sur les points les plus épineux, les plus dérangeants, si le Message avait été sien ? Ses réactions aux diverses propositions des incrédules, illustrent son manque d'intérêt pour des aspirations auxquelles un imposteur prétend. Les états seconds qui le prenaient à l'improviste ne ressemblaient en rien à de la comédie. L'importance qu'il accordait à la transmission exacte du Message montre qu'il avait conscience de sa valeur comme le Seigneur le lui rappela :

> « *Dis-leur : "Le message est un message grave. Et vous dédaignez de l'entendre !"* » (S38, 67/68K)

Nous avons fait le tour des personnes qui auraient pu « aider » le prophète illettré à composer le Coran. Nous venons de passer au crible les traits les plus typiques des faux prophètes. Demandons-nous à présent si Al-Amîn était à l'image des messagers du Très Haut.

## III – AVAIT-IL LES QUALITÉS D'UN PROPHÈTE ?

Les prophètes se distinguent des hommes ordinaires par de nombreuses qualités, par le don de recevoir la Parole et de la communiquer aux hommes, parfois par celui d'annoncer des évènements futurs ou par le don d'accomplir des miracles.

Parmi leurs qualités, trois sont typiques : la piété, l'humilité, la charité. Le Prophète de l'Islam les possédait-il ?

## Al-Amîn était-il pieux ?

Il est très connu que le Prophète jeûnait en dehors du mois de ramadan. De plus, et malgré toutes ses responsabilités, il se réservait dans la journée des moments pour accomplir des prières surérogatoires. Il se levait même la nuit, respectant la volonté du Seigneur à ce sujet :

> « *Ô prophète enveloppé de ton manteau ! Lève-toi pour prier pendant la nuit presque entière, ou pendant la moitié de la nuit, ou bien un peu moins, ou bien un peu plus, et psalmodie le Coran.* » (S.73, 1/4K)

> « *En vérité, c'est Nous qui avons fait descendre sur toi le Coran graduellement. Endure donc ce que ton Seigneur a décrété, et n'obéis ni au pécheur, parmi eux, ni au grand mécréant. Et invoque le nom de ton Seigneur, matin et après-midi ; et prosterne-toi devant Lui une partie de la nuit ; et glorifie-Le de longues [heures] pendant la nuit.* » (S.76, 23/26)

'Â'icha raconte qu'il passait ses nuits en prières, au point que ses plantes de pieds se crevassaient. Elle lui demanda : « Pourquoi agir ainsi, Ô Envoyé de Dieu, alors que Dieu t'a pardonné tes péchés antérieurs et tes péchés à venir ? » Il répondit : « Pourquoi ne pas me montrer un serviteur reconnaissant ? »[131]

Si le Prophète recommandait aux musulmans la piété, il n'incitait pas ses compagnons à faire autant que lui, lui étant prophète, les autres ne l'étant pas. Plusieurs hadiths rapportés par Al-Bukhârî et Muslim montrent qu'il les exhortait plutôt à la modération.

Ibn Mas'ûd témoigne de ses avertissements : « Ceux qui montrent un excès de zèle courent à leur perte » et il le répéta trois fois[132].

D'après Abû Hurayra*, le Prophète déclara : « Cette religion est aisée à pratiquer ; cependant quiconque fait montre d'un zèle excessif en matière de religion sera vaincu par cette religion. Faites donc preuve de modération, contentez-vous de tendre (vers la perfection sans avoir la prétention de jamais l'atteindre) et réjouissez-vous (des récompenses qui vous seront accordées pour vos oeuvres). Puis pour vous livrer à vos exercices de piété, choisissez de préférence le matin, le soir et la fin de la nuit. »[133]

---

131 Les jardins n° 98 (B. M.).
132 Les jardins n° 144 (B. M.) sur le thème « De la modération en matière de dévotion ».
133 Les jardins n° 145 (B.).

Rappelons-nous aussi que l'Élu de Dieu avait pris l'habitude de se retirer chaque année sur le mont Hirâ', pratique qu'il continua pendant son apostolat. Cette aspiration grandissante, étrangère au paganisme, à vouloir se couper du monde régulièrement et celle de se lever pour prier de longues heures dans la nuit, n'est-elle pas une preuve de sa piété et de son détachement de la vie d'ici-bas ? Grâce à son exemple, prenons conscience que cette vie n'est que passagère alors que la vie éternelle commence, pour les croyants, après la mort comme l'exprime ce verset :

« *Et la présente vie n'est que jeu et amusement. Meilleure, la Demeure dernière pour ceux qui se comportent en piété. Eh bien ne comprenez-vous pas ?* » (S.6, 32)

## Al-Amîn était-il humble ?

La réponse est sans équivoque : de toutes voix, le Prophète de l'Islam était simple tant dans sa vie privée, ses effets personnels que dans ses rapports avec les gens.

Abû Sa'îd al-Khudrî raconte : « Le Saint Prophète donnait lui-même à manger à ses chameaux, partageait les corvées de la maison, réparait ses souliers, raccommodait ses vêtements, faisait la traite de ses chèvres. Il mangeait en compagnie des serviteurs et si l'un d'entre eux était fatigué à moudre la farine, il lui donnait un coup de main. Il ne se sentait pas amoindri s'il avait à transporter ses marchandises du marché. Il donnait la main aux riches comme aux pauvres et était toujours le premier à saluer. Il soulageait ceux qui peinaient. De caractère, il était doux, humble non obséquieux ; généreux, non extravagant... »[134]

Cette trop grande simplicité écarta nombre de notables, imbus et suffisants, qui ne crurent pas que Dieu ait pu choisir comme Messager, un homme si peu fier qu'il ne dédaignait pas de se mêler aux plus indigents :

> « *Quoi ! C'est sur lui, parmi nous, qu'on aurait fait descendre le Rappel ?...* » (S.38, 8)

> « *Et quand ils*[135] *te voient, ils ne te prennent que pour objet de railleries : "C'est ça, que Dieu a suscité comme messager ?"* » (S.25, 41)

> « *Et ils disent : "Pourquoi n'a-t-on pas fait descendre ce Coran sur un haut personnage de l'une des deux cités*[136]*?"* » (S.43, 31)

---

134 PCH n° 21 (Michekât).
135 Les mécréants.
136 Allusion faite à Al-Walîd Ibn Al-Mughîra à Makkah (un des principaux adversaires du Prophète) et à 'Urwa Ibn Mas'ûd à Ṯâ'if.

A aucun moment, le Prophète ne voulut se faire passer pour un surhomme omniscient ou ayant des pouvoirs surnaturels comme le proclament beaucoup d'imposteurs :

« *Dis-leur : "Je n'ai aucun pouvoir soit de me procurer ce qui m'est utile, soit d'éloigner ce qui m'est nuisible, qu'autant que Dieu le veut. Si je connaissais les choses cachées, je deviendrai riche, et aucun malheur ne pourrait m'atteindre. Mais je ne suis qu'un homme chargé d'annoncer des promesses et d'avertir le peuple des croyants"* » (S.7, 187K/188)

« *Dis : "Je ne vous dis pas que j'ai chez moi les trésors de Dieu, ni que je connais l'invisible ; je ne vous dis pas que je suis un ange : je ne fais que suivre ce qui m'est révélé."...* » (S.6, 50)

« *...- Dis : "Pureté à mon Seigneur ! Que suis-je, qu'un homme, un messager ?"* » (S.17, 93)

« *- Dis : "Rien d'autre, en vérité : je suis un homme comme vous. Il m'a été révélé que, rien d'autre : votre Dieu est un Dieu unique..."* » (S.41, 6)

Cette nature uniquement humaine, il la revendiqua pendant toute la durée de son apostolat, insistant sur le fait qu'il n'avait aucun pouvoir personnel et ne pouvait que s'en remettre à Dieu, répétant autant de fois que nécessaire, que seul, le Créateur méritait adoration :

« La meilleure façon de se souvenir de Dieu est de proclamer qu'il n'y a personne digne d'être adoré sauf Dieu ; et la meilleure façon de prier est de déclarer que toutes les louanges sont dues à Dieu. »[137]

Il était si humble qu'il refusait les révérences ou les honneurs que les gens accordent d'ordinaire aux rois ou aux personnes haut placées : Abû Hurayra accompagna un jour le Prophète au marché et ce dernier y acheta des pantalons. Le vendeur voulut lui baiser la main mais le Prophète la retira vivement : « C'est un acte que les non-arabes font vis-à-vis de leurs rois, je ne suis pas roi, je suis l'un de vous... »[138] ; Abû Umâma raconta qu'un jour l'Envoyé vint vers ses compagnons s'appuyant sur une canne. Ils se levèrent pour l'accueillir mais le Prophète leur dit : « Ne vous levez pas à l'instar des non-arabes qui se glorifient les uns les autres ; je ne suis qu'un esclave, je mange comme un esclave et je m'assois comme un esclave. »[139]

137 PCH p.3 (T.).
138 CBA p. 650.
139 CBA p.648.

La troisième qualité que possède incontestablement tout envoyé de Dieu est la charité.

## Al-Amîn était-il charitable ?

Pour nous faire une idée de cette qualité chez le Prophète de l'Islam, rappelons-nous son comportement avant la révélation : Il proposa à Abû Tâlib, dans la gêne financière, de le soulager en prenant 'Alî à sa charge ; Il adopta Zayd Ibn Hâritha comme son fils précisant que ce dernier ferait parti de ses héritiers. Nous avons appris qu'après la révélation, s'il gardait de l'argent c'était pour rembourser une dette ou en distribuer aux indigents.[140] Les témoignages ne manquent pas :

Jabîr affirme : « Jamais le Prophète, sur lui la grâce et la paix, n'opposait de refus aux demandes qu'on lui adressait »[141]

'Abdullâh Ibn Abû Awfâ assure que : « Le Saint prophète ne méprisa jamais personne ; il n'évita jamais la compagnie des veuves et des indigents ; au contraire, il recherchait toutes les occasions de les aider. »[142]

D'après Abû Hurayra : « Les Gens du Suffa* étaient les hôtes de l'Islam. Quand le Prophète

140 Les jardins, n° 463 (B. M.).
141 Les jardins n° 545 (B. M.).
142 PCH p. 7 (Musnad Ad-Dâramî).

recevait une aumône, il la leur faisait distribuer sans rien prendre pour lui. Et quand il recevait un cadeau, il le leur envoyait après en avoir pris une partie, les faisant ainsi participer aux largesses dont il était le bénéficiaire. »[143]

Anas raconte qu'un homme à qui le Prophète avait fait largesses, revint dans sa tribu et dit : « Devenez musulmans, car Muhammad distribue ses largesses comme un homme qui ne craint pas la pauvreté »[144]

En effet, Al-Amîn ne se faisait aucun souci pour ses besoins du lendemain, persuadé que Dieu y pourvoirait :

> « *...Dieu cependant est le meilleur des pourvoyeurs* » (S.62, 11)

C'est la même confiance dans le Seigneur que l'on retrouve chez tous les envoyés et chez les personnes pieuses. Rappelez-vous ce conseil de Jésus à ses disciples : « Voilà pourquoi je vous dis : Ne vous inquiétez pas pour votre vie de ce que vous mangerez, ni pour votre corps de quoi vous le vêtirez. Car la vie est plus que la nourriture, et le corps plus que le vêtement. Observez les corbeaux : ils ne sèment pas ni ne moissonnent, ils n'ont ni cel-

143 Note du Hadith n° 500 'Les jardins'.
144 Les jardins n° 551 (M.).

lier ni grenier, et Dieu les nourrit. Combien plus valez-vous que les oiseaux ! » » (Lc.12, 22/24)[145]

'Â'icha rapporte qu'une brebis avait été égorgée et que le Prophète demanda : « Qu'en reste-t-il ? Elle lui répondit : « Il n'en reste que l'épaule ». Mais le Prophète la reprit : « En réalité, il ne manque que l'épaule » voulant dire par là que seule l'épaule qui n'avait pas été distribuée en aumône ne leur sera pas rétribuée par le Tout Puissant[146], puisqu'Il récompense toujours une bonne action.

Charitable, Al-Amîn le fut jusqu'à son dernier jour. 'Amr Ibn al-Hârith nous raconte : « A sa mort, l'Envoyé de Dieu- sur lui la grâce et la paix - ne laissa ni dinar, ni dirham, ni esclave homme ou femme. Les seules choses qu'il laissa furent la mule blanche qu'il avait coutume de monter, ses armes et une terre qu'il laissa en aumône à la disposition des voyageurs. »[147]

Ainsi, au delà de la mort, on peut dire qu'il continua de faire la charité grâce à cette terre qu'il avait réservée pour le campement des gens de passage.

*       *       *

145 Idem Mt.6, 25/26.
146 Les jardins n°556 (T.).
147 Les jardins n°473 (B.).

Les témoignages de sa famille, de ses proches, nous donnent une idée plus précise de la personnalité d'Al-Amîn. Il était incontestablement à l'image des prophètes qui l'ont précédé. Comme eux, c'était un homme humble, simple, absolument dénué de la fierté due à son rang ou à sa noble descendance. Comme eux, il était pieux, charitable avec cette attitude de charité, d'indifférence vis-à-vis des biens de ce monde, caractéristique des authentiques envoyés du Seigneur. Il n'avait vraiment rien de commun avec ces faux-prophètes contre lesquels nous avons été mis en garde dans la Bible : « Gardez-vous des faux-prophètes... C'est à leurs fruits que vous les reconnaîtrez. Cueille-t-on des raisins sur un buisson d'épines, ou des figues sur des chardons ? Ainsi, tout bon arbre produit de bons fruits, mais l'arbre malade produit de mauvais fruits. Un bon arbre ne peut pas porter de mauvais fruits ni un arbre malade porter de bons fruits.» (Mt.7, 15/18)[148]

Outre ces trois qualités typiques, le Seigneur a doté Ses envoyés de dons. Parfois ils annoncent l'avenir[149], parfois aussi ils accomplissent des miracles. La Tradition mentionne quelques miracles que le Tout Puissant accorda au Prophète. Le

148 Cf. aussi Mt.12, 33 ; Lc.6, 43/45.

149 Pour Mu<u>h</u>ammad, prédiction de la victoire des Perses sur les Byzantins (S.30, 1/6).

Coran cite celui de la lune qui se fendit en deux pour satisfaire les mécréants[150]. Mais tous ces miracles furent passagers. Aussi, je ne parlerai que de celui qui est encore palpable aujourd'hui, celui que les compagnons ont vu, celui que nous pouvons voir, toucher, celui qui ne cesse de se manifester à nous, encore et toujours. Nul besoin d'en chercher un autre, il suffit à convaincre. C'est celui que le Seigneur évoque après que les incrédules exigèrent du Prophète des miracles :

> « *Quoi ? Cela ne leur suffit-il pas que Nous te fassions descendre le Livre qui est récité devant eux ? Voilà bien là, vraiment, une miséricorde et un Rappel, pour les gens qui croient !* » (S.29, 51)

Ce Livre, le Coran, est un miracle en soi. C'est le miracle que Dieu a choisi de donner à Son prophète, un miracle pour l'éternité. C'est lui qui, par ricochet, finit de nous persuader que le Prophète de l'Islam était un authentique envoyé de Dieu.

150 S.54, 1/3.

# Le Miracle Coranique

Le miracle coranique est une dénomination globale pour évoquer les nombreux miracles du Coran. Ceux-ci, en effet, sont multiples et certainement nous ne les avons pas encore tous décelés. C'est une découverte qui s'étale dans le temps. Des miracles ou des signes que nous découvrons aujourd'hui n'étaient pas accessibles aux générations qui nous ont précédées. Parmi ceux que j'ai décidé d'aborder ici, seul le premier, le miracle de sa psalmodie était observable par les contemporains du Prophète. Il fait appel à la sensibilité de celui qui écoute, l'audition étant à l'honneur grâce à la rythmique et la musique de la cantilation (*Tilâwa*). Les deux autres, le miracle scientifique et le miracle numérique ne furent constatés que plus récemment avec les progrès des sciences et des techniques.

## I - LE MIRACLE DE SA PSALMODIE

Nombreux sont ceux qui en écoutant psalmodier le Coran sont charmés par « ses envoûtantes beautés, l'architecture des mots, le heurt des images, la musique puissante et colorée des versets »[151], ou encore par « cette symphonie inimitable, ces sons véritables qui transportent les hommes en pleurs et en extase ».[152]

Dans la préface de sa traduction du Coran, A.J Arberry nous assure : « Chaque fois que j'entends le Qor'an psalmodié, je m'imagine écoutant de la musique. Par delà le flot de mélodie qui s'écoule, le battement persistant d'un tambour s'entend. C'est comme le battement de mon cœur »[153].

La tradition rapporte le cas de plusieurs personnes qui se convertirent à l'Islam après avoir été subjuguées de prime abord par la récitation des versets. La conversion de 'Umar*, qui devint plus tard le deuxième calife, est l'une des plus touchantes. Il existe deux versions de cette conversion : Selon la première racontée par les Médinois, 'Umar, neveu d'Abû Jahl*, et avec lui l'un des plus acharnés contre l'islam naissant, était persuadé qu'il rétablirait l'ordre à Makkah s'il éliminait le Prophète. Décidé à le tuer, il sortit de chez lui portant son épée, et se dirigea vers

151 Propos de Jean Grosjean dans la préface de l'essai de trad. du Coran de D. Masson.
152 Propos de M. Pickthall dans son avant-propos de sa trad. du Coran (AD p. 17).
153 AD p. 17.

une maison près du mont As-Safâ où le Prophète et ses compagnons avaient l'habitude de se réunir. En chemin il croisa Nu'aym, un homme de son clan, converti en secret. Quand ce dernier apprit ses intentions, pour gagner du temps et prévenir le Prophète de ce danger imminent, il répondit à 'Umar qu'il ferait mieux de s'occuper de sa propre famille car sa sœur Fâtima et son beau-frère Sa'îd étaient tous deux musulmans. Fou de rage, 'Umar se rendit chez eux sur le champ. Il les surprit en train d'écouter la sourate Tâ-Hâ lue par un confédéré du nom de Khabbâb. Dès qu'ils entendirent la voix furieuse de 'Umar demandant d'ouvrir la porte, Khabbâb courut se cacher et Fâtima glissa le parchemin, sur lequel étaient écrits quelques versets, sous sa robe. Comme ils refusaient de lui avouer qu'ils écoutaient du Coran, 'Umar persuadé de n'avoir pas rêvé, se fâcha, empoigna Sa'îd. Fâtima tenta d'intervenir mais 'Umar la repoussa si violemment qu'il la blessa. Le défiant alors, elle lui rétorqua : « Oui, nous avons embrassé l'Islam et nous avons cru en Dieu et en Son envoyé. Fais donc ce que tu veux ! » Voyant le sang couler du visage de sa sœur, 'Umar se ressaisit et demanda qu'on lui remette le parchemin, promettant qu'il le rendrait après l'avoir lu. Il commença à lire :

« *Ṯâ-Hâ. Ce n'est pas pour que tu sois malheureux que Nous avons fait descendre sur toi le Coran. Mais comme un Rappel pour celui qui redoute* » (S.20, 1/3)

Aussitôt, il ne put retenir son admiration : « Comme elle est belle et noble cette parole ! » Khabbâb sortit alors de sa cachette. A la vue de 'Umar qui semblait métamorphosé, il lui avoua que le Prophète avait prié pour que Dieu fortifie le camp des musulmans, soit par sa conversion, soit par celle d'Abû Jahl. Sa prière venait d'être exaucée en la personne de 'Umar. Entendant cela, cet homme ardent et déterminé, demanda immédiatement à rencontrer le Prophète pour lui réciter la profession de foi.[154]

La deuxième version, celle du Mekkois 'Abdallâh Ibn Abû Najîẖ et rapporté aussi par Ibn Isẖâq ne parle pas de l'épisode chez Sa'îd et Fâṯima. 'Umar raconte qu'un soir, il sortit pour aller voir ses compagnons. Ne les trouvant pas à l'endroit habituel, il se rendit à la Ka'ba où le Prophète priait. Il l'écouta et nous avoue : « Quand j'entendis le Coran, mon cœur s'attendrit. J'ai pleuré et l'Islam est rentré en moi. Je suis resté à cet endroit là jusqu'à ce que l'Envoyé

154 Ibn Iq1 p. 268/274 ; Din. p.77 ; Lgs p.107.

d'Allah eût fini sa prière et fût parti...»[155].

Dieu sait mieux laquelle de ces deux versions est la vraie. Leur point commun est l'effet sur le futur calife de la lecture ou de la récitation des versets. Le cœur de 'Umar dut, quel que soit son itinéraire ce jour là, être touché au plus profond de lui par la Parole et la mélodie coraniques.

Ibn Ishâq nous rapporte un autre récit sur l'effet de la cantilation sur les personnes. Il s'agit ici d'At-Tufayl, un poète de la tribu des Beni Daws. Quand At-Tufayl vint à Makkah, les Quraych l'effrayèrent tant en lui parlant du Prophète, lui disant que « sa parole est comme de la magie. (Par elle), il sépare le fils de son père, le frère de son frère et le mari de son épouse »[156], qu'il décida de se boucher les oreilles pour ne pas se laisser séduire : « Ils ont tous (tant) fait pression sur moi que j'ai décidé de ne rien entendre de lui et de ne pas parler avec lui. J'ai même mis du coton dans mes oreilles quand je suis allé à la Mosquée de peur que me parvienne quelque chose de sa parole et moi je ne voulais pas l'entendre. Je suis entré dans la Mosquée et là j'ai vu l'Envoyé de Dieu en prière près de la Ka'ba. Je me suis approché de lui. Dieu m'a fait entendre quelque chose de ce qu'il

155 Ibn Iql p. 272.
156 Lorsque l'un se convertit et l'autre non.

disait. Alors j'ai entendu de la bonne parole… » Ce qu'il entendit le poussa à en écouter davantage et finalement, il devint musulman[157].

Plus près de nous, Muhammad Hamidullah nous relate les impressions suscitées par la récitation du Livre Saint sur un musicien français Gilles Gilbert (mort vers 1980) : « Venu en touriste, Gilbert assista parfois aux séances de la récitation du Coran. Il fut d'autant plus impressionné quand on lui assura que ce n'était pas un poème, mais un texte en prose. Il finit par embrasser l'Islam. Il me disait que le rythme en poésie existe dans toutes les langues du monde, mais nulle part dans la prose, à l'exception du Coran, au point que si l'on supprimait non seulement un mot, mais même une seule lettre d'un mot, la phrase deviendrait aussi gênante pour l'oreille que ne le serait un hémistiche d'un poème dans pareil cas. »[158]

Je terminerai, sur le chapitre de ce miracle, par les mots du Père J. Jomier s'adressant au lecteur chrétien dans le « Cahier Evangile » n°48 au chapitre « La Fascination qu'exerce le style du Coran »[159] : « Le style du Coran fascine des millions et des millions de récitateurs et d'auditeurs,

157 Ibn Iq1 p. 301/304 ; Lgs p.71.
158 Introd. MH p. XXXI.
159 p. 13.

versés dans la connaissance de l'arabe. Il émeut et fait jouer des ressorts puissants dans l'intelligence mais surtout la sensibilité des fidèles. » ; « S'il (le lecteur chrétien) regarde le texte avec attention, il devrait découvrir que l'art, le choix des images, leur puissance de suggestion sont manifestes même au travers des traductions. Le style du Coran est marqué par une expérience religieuse, par un sens de la présence de Dieu, le Créateur et le Maître miséricordieux qui seul existe par Lui-même : tout vient de Lui, tout va vers Lui. »

Cette fascination n'est pas anodine. Elle nous signifie que le Livre est hors du commun. Incontestablement, il ne pouvait être issu de l'imagination d'un homme qui n'avait étudié ni la rhétorique ni la stylistique, de surcroît d'un illettré. Cette fascination ne s'explique que par la grâce de Dieu à l'égard de ceux sur qui elle s'exerce car c'est Lui qui sensibilise les cœurs et c'est Lui qui fascine à travers Son Message.

Le deuxième miracle que j'ai choisi de développer ici, ne fait pas appel à nos sens mais à notre culture scientifique. Il suscite un grand intérêt chez les esprits rationalistes, ceux qui recherchent des preuves scientifiques de la conception divine du Coran.

## II - LE MIRACLE SCIENTIFIQUE

Le Coran peut être considéré comme un miracle scientifique en ce sens qu'il décrit des phénomènes naturels, d'une façon étonnante, troublante pour l'époque où il fut révélé si l'on tient compte de l'état des connaissances scientifiques au VIIème siècle. Les versets coraniques confrontés aux découvertes récentes en astronomie, zoologie, botanique, médecine entre autres, ont impressionné par leur précision et leur justesse plus d'un spécialiste de ces disciplines. Le Docteur Maurice Bucaille, chirurgien, examina dans son fameux livre « La Bible, le Coran et la science », les Écritures saintes à la lumière des connaissances modernes. Il cite de très nombreux versets coraniques dans les domaines scientifiques sus-cités. Que ce soit en astronomie, en médecine, en géologie ou en biologie, il fait remarquer qu'aucune formulation dans les versets coraniques n'est en opposition avec les données des connaissances modernes. Il soutient « qu'il est inconcevable qu'un homme vivant au VIIème siècle de l'ère chrétienne ait pu, sur des sujets très divers, émettre dans le Coran des idées qui ne sont pas celles de son époque et qui concordent avec ce que l'on démontrera des siècles plus tard. ». Il finit par conclure : « Pour moi, il n'existe pas d'explication humaine au Coran.»[160]

Sans reprendre les exposés détaillés des hommes de sciences qui ont comparé chacun dans leur discipline, révélation coranique et science moderne[161] , je citerai tout de même, juste pour inviter à la réflexion quant à l'auteur du Livre, quelques versets facilement comparables, de par la précision des images ou du vocabulaire avec ce qui est fermement établi aujourd'hui par la Science. J'y ajouterai un bref commentaire et parfois quelques dates, afin de montrer le décalage entre certaines découvertes scientifiques et ce que le Coran en disait, il y a quatorze siècles.

## Coran et astronomie

Dans la sourate intitulée « Qui éparpillent », on peut lire :

> « *Le ciel, Nous l'avons construit par Notre puissance et Nous l'étendons [constamment] dans l'immensité* » (S.51, 47)

Cette formulation d'extension du ciel troubla quelque peu les traducteurs. Dans son essai de traduction, en 1989, Muhammad Hamidullah qui sentait la signification préféra malgré tout rester

160 BCS p. 127.
161 cf. CV - Les hommes de science face au Coran.

prudent et afin de ne pas faire dire au texte ce qu'il ne disait peut-être pas, traduisit : « Et c'est encore Nous l'Élargisseur » en inscrivant en note : « l'Élargisseur du ciel ? de l'espace ?... On dirait la relativité. » Devant cette mention de la notion d'élargissement, d'extension, à une époque où l'homme était loin d'imaginer que l'univers est en expansion, nous ne pouvons que nous incliner. Rappelons-nous qu'au début du XIXème siècle, les physiciens pensaient qu'il était statique[162]. Il aura fallu attendre 1920, pour se rendre compte que les galaxies s'éloignaient toutes de nous et ce d'autant plus rapidement qu'elles sont éloignées (loi Hubble).

Ce n'est donc seulement qu'au XXème siècle que l'on réalisa et admit l'expansion de l'Univers que le Coran énonçait au VIIème !

Un autre verset ayant trait au même domaine, concerne la formation des cieux et de la terre et l'origine de la vie. Voyons d'abord ce qu'en disent les astrophysiciens aujourd'hui. Ils nous enseignent que l'Univers, il y a environ quinze milliards d'années, aurait été constitué par une sphère gazeuse de densité phénoménale. Une violente explosion en son centre appelée « Big Bang », l'aurait faite éclater, projetant la matière gazeuse

162 Nat. vol.13 p.10.

qui la composait dans toutes les directions. A partir de ces éléments épars se seraient formées les premières galaxies puis les étoiles, la matière interstellaire, les planètes... Nos biologistes, de leur côté, affirment que la vie a commencé dans l'eau.

La théorie du Big Bang énoncée pour la première fois en 1948 par George Gamow fut seulement connue du grand public en 1978 grâce à l'article de Steven Weinberg « Les Trois Premières Minutes de l'Univers ». Or, voici ce que le Prophète de l'Islam récitait il y a quatorze siècles :

> « *Les infidèles ne voient-ils pas que les cieux et la terre formaient une masse compacte et que nous les avons séparés et qu'au moyen de l'eau nous donnons la vie à toutes choses ? Ne croiront-ils pas ?* » (S.21, 31K/30)

Ce verset parle clairement de l'existence d'une masse originelle à l'origine des cieux et de la terre, masse qui fut secondairement scindée. Le mot « compact » qui pourrait passer inaperçu rend compte d'une forte densité, ce qui était le cas de la sphère initiale.

Soulignons au passage que le Coran ne rajoute pas en la matière des détails fantaisistes dus à l'imagination des hommes de l'époque ou tirés des vieux mythes cosmogoniques.

Concernant la deuxième partie du verset, deux traductions sont acceptées par les grammairiens : celle que je viens de citer qui montre que l'eau est indispensable à la vie puisque c'est grâce à l'eau que toute chose vit mais aussi celle-ci : c'est « à partir de l'eau que Dieu a créé toute chose vivante »[163] insistant sur le fait qu'elle est à l'origine de toute vie. Que l'on prenne la première ou la seconde, elles sont conformes à l'avis des scientifiques : l'origine de la vie est aquatique et sans eau, toute vie est impossible.

Plusieurs versets évoquent d'autres thèmes chers à l'astronomie comme les déplacements orbitaux du soleil et de la lune, leur évolution[164], leur nature[165]. Mais laissons le ciel et revenons sur terre pour nous intéresser à ce que dit le Coran sur le relief de notre planète.

## Coran et géologie

Le Coran évoque l'importance des montagnes. Outre le fait qu'il décrit leur structure interne :

« ... *Et dans les montagnes, il y a des stries, blanches, et rouges, de couleurs différentes,*

163 Trad. de Denise Masson.
164 S.21, 33 ; S.26, 40 ; S.13, 2 ; S.36, 38 ; S.39, 5.
165 S.78, 12/13 ; S.25, 61 ; S.71, 15/16.

*et aussi noir corbeau.* » (S.35, 27)

ce qui est vérifié par l'analyse pétrochimique - les roches ayant, selon leur nature et leur composition, des couleurs variées - il insiste surtout sur leur fonction. Pour cela, il les compare à des piliers, à des pieux de tente, solidement enfoncés dans le sol :

« *N'avons-Nous pas désigné la terre pour berceau et les montagnes pour piquets de tente ?* » (S.78, 6/7)

« *Et quant aux montagnes, Il les a ancrées* » (S.79, 32)

« *Et la terre, Nous l'avons étendue, Nous y avons jeté des ancrages...* » (S.15, 19)

Le Coran affirme donc sans ambiguïté, que les montagnes sont enfoncées dans le sol, ancrées. De plus, l'image « du pieu de tente » semble là pour nous faire comprendre que la stabilité de la montagne elle-même repose sur cet enfoncement. En effet, tout comme un arbre sans racines, une maison sans fondations, ou encore une tente posée à même le sol sans fixation, ne tiendraient debout, si les montagnes n'étaient pas ancrées, enfouies en partie dans le sol, elles seraient instables.

A la lumière des versets coraniques, cette

notion d'ancrage des montagnes nous semble tout à fait logique. Mais, correspond-elle à la réalité et a-t-elle paru si évidente aux géologues ? Pour répondre à ces questions, un petit rappel historique est nécessaire.

L'un des premiers grands géologues français, le Père Pierre Bouguer (1698-1758) ayant relevé des valeurs anormalement élevées de l'accélération de la gravité dans les Andes septentrionales, en conclut que la chaîne était creuse[166]. Plus tard, vers le milieu du XIXème siècle, une équipe de topographes dirigée par Sir George Everest, qui étudiait également la pesanteur, décida de mesurer de deux manières, la distance entre deux villes de l'Inde : l'une par mesure sur le terrain, l'autre par observations astronomiques. Pour ces dernières, ils utilisèrent un fil à plomb. L'écart entre les deux mesures fut de 150 mètres pour une distance de 600 kilomètres, ce qui était trop important pour l'imputer à une erreur expérimentale. Ils conclurent que le fil à plomb qui, en théorie, devait se diriger vers le centre de la terre avait dû être dévié vers l'Himalaya : les montagnes auraient exercé une attraction sur la masse de plomb. Pour le démontrer, Everest donna une estimation de la masse des montagnes et calcula son effet attractif

166 Nat. Vol. n°6 p.8.

sur le plomb. D'après ce calcul, l'erreur entre les deux mesures aurait dû être bien plus grande (de l'ordre de 450 mètres). La différence de résultats n'étant que de 150 mètres, il en conclut que les montagnes déviaient le plomb moins qu'en théorie. Pourquoi ? Sir Everest ne put résoudre cette énigme. Ce n'est que vers 1850 que l'astronome anglais Sir George Airy pensa que l'attraction terrestre exercée par une masse montagneuse était probablement contre-balancée par un déficit en profondeur. Il émit alors l'idée qu'une montagne devait être enracinée dans le substrat et que la densité de ses « racines » était inférieure à celle des matériaux environnants. Les résultats d'Everest trouvaient là une explication[167].

Cette idée d'un enfoncement, d'un ancrage des montagnes dans le substrat correspond-elle à la réalité ?

La partie la plus externe de la terre s'appelle la lithosphère. Elle est composée de l'écorce et du manteau supérieur. Des études géophysiques et sismiques ont permis de constater que l'écorce continentale, normalement épaisse de 30 à 40 kilomètres en zone non montagneuse l'était beaucoup plus à l'aplomb des chaînes de montagnes. Les géologues ont donné à cet épaississement le nom

167 LT p.50.

de « racine crustale ». Les montagnes obéissent au principe d'isostasie, version géologique du principe d'Archimède : Tout comme un iceberg flotte sur l'eau plus dense, la faible densité de la croûte continentale (environ 2,7) lui assure sa flottaison sur le manteau sous jacent de densité plus élevée (3,4) et tout comme le volume immergé de l'iceberg est proportionnel au volume émergé, les racines crustales sont d'autant plus épaisses, que les reliefs montagneux sont élevés. En fonction de la profondeur des racines, pour satisfaire à l'équilibre isostatique, la montagne sera donc plus ou moins haute. Pour donner quelques chiffres, sachons que les « racines » des Andes centrales s'enfoncent de 60 kilomètres dans le manteau pour une altitude de 4000 mètres, celles de l'Himalaya atteignent les 70 kilomètres de profondeur[168] tandis que celles des Pyrénées (altitude 3404 m au pic d'Aneto), ne s'enfoncent que de 50 kilomètres[169].

Il aura donc fallu attendre le XIXème siècle pour émettre l'idée d'un ancrage des montagnes dans le sol à l'image des « pieux de tente » mais aussi pour en avoir la preuve géologique alors que le Coran nous l'affirmait depuis le VIIème siècle.

168 EU02 p.264 à 267.
169 MV p.422.

D'autres versets ayant trait aux montagnes attirent notre attention. Le Coran nous explique que si elles sont ainsi enfoncées dans le sol, c'est pour la stabilité de la planète ainsi que pour la nôtre :

« *Il a jeté sur la terre des montagnes comme des piliers – afin qu'elle ne branle pas et vous non plus – ...*» (S.16, 15)

« *Et Nous avons assigné des montagnes à la terre, parce qu'elle aurait bougé, et les gens avec...* » (S.21, 31)

Il insiste sur ce point :

« *Il a créé les cieux sans piliers que vous puissiez voir ; et Il a jeté des montagnes dans la terre, - parce qu'elle aurait bougé, et vous avec* » (S.31, 10)

Mais le Coran va encore plus loin. Il précise au verset 88 de la sourate 27, que l'immobilisme des montagnes ne serait qu'apparent. En voici plusieurs traductions :

« *Tu verras les montagnes que tu croyais immobiles, passer comme des nuages...* » (Trad. Kasimirski) ;

« *Et tu verras les montagnes – tu les crois figées -...* » (Trad. PGDRSI) ;

« *A voir les montagnes, tu les croirais inertes*... » (Trad. J. Berque)

Cette notion trouve son explication dans la théorie de la tectonique des plaques. Selon ce modèle, proposé pour la première fois en 1968 revu depuis et approuvé aujourd'hui, la lithosphère est découpée en une dizaine de grandes plaques qui se déplacent les unes par rapport aux autres à une vitesse de quelques centimètres[170] par an. Certaines plaques s'écartent, d'autres se rapprochent. Aux zones de convergence de deux plaques, il se produit diverses déformations (plis, failles...) et en particulier comme nous venons de le voir, l'épaississement de la croûte continentale. Les chaînes de montagnes qui résultent de la convergence des plaques sont une réponse à cet épaississement et ce pour rétablir l'équilibre de la zone compressée. Tant que les plaques convergent, la surrection se poursuit et cela peut durer plusieurs millions d'années. La vie d'une chaîne de montagne peut même dépasser 100 millions d'années[171]. Les mesures ont montré que le Mont Blanc, par exemple, continue « sa croissance » : il s'élève à raison de 1 mm par an, soit 10 cm par siècle ! La chaîne de l'Himalaya formée il y a environ 10 millions d'années n'est « pas encore

170 Vitesses variables selon les plaques de 5 à 10 cm environ.
171 EU02 p.261 et suivantes.

réellement stabilisée puisqu'elle se soulève encore »[172].

Ces données confirment par conséquent le verset coranique qui stipule que les montagnes ne sont pas inertes, figées comme elles le paraissent. Elles nous montrent leur rôle dans l'équilibre isostatique de l'écorce terrestre.

N'est-il pas miraculeux que le Coran ait affirmé, avant tous les savants, ce qui ne pouvait se voir par l'observation directe sur le terrain ? N'est-ce pas là un signe pour l'homme du XXIème siècle si curieux de sa planète et de l'Univers ?

D'autres versets parlent du cycle de l'eau et des mers[173], du rôle des vents[174]. Ils sont certes très instructifs mais changeons de domaine. Que nous dit le Coran sur le thème de la reproduction ?

## Coran et reproductions

« *Gloire à celui qui a créé tous les couples, tant parmi les plantes que la terre produit, que parmi vous, hommes, et parmi les cho-*

172 UL à Géodynamique interne/ Le pouvoir unificateur de la théorie/Les chaînes de montagnes.
173 Citons par exemple : S.23, 18 ; S.39, 21 ; S.24, 40 ; S.25, 53 ; S.55, 19/21.
174 Entre autres : S.30, 48 ; S.7, 57 ; S.35, 9 ; S.15, 22.

*ses que les hommes ne connaissent pas.* » (S.36, 36K)

« *Et de chaque chose Nous avons créé un couple…* » (S.51, 49)

« *Quoi ! N'ont-ils pas vu la terre, combien de chaque noble couple Nous y avons fait pousser ?* » (S.26, 7)

« *C'est Lui qui vous a assigné la terre comme berceau et vous y a tracé des chemins ; et qui du ciel a fait descendre de l'eau avec laquelle Nous faisons germer des couples de plantes de toutes sortes.* » (S.20, 53)[175]

Ces versets insistent sur l'existence de couples de toutes sortes aussi bien chez les animaux, chez les végétaux mais aussi dans d'autres domaines. Si l'emploi du mot couple ne choque pas pour les animaux, il semble inapproprié pour les végétaux. En effet, même si l'idée d'une sexualité chez les plantes avait existé dans l'Antiquité avec les observations de Théophraste (372-287 av. J-C), cette orientation de la botanique fut abandonnée après sa mort, au profit d'une botanique médicinale. Peu de chance, par conséquent, sinon aucune, qu'un commerçant illettré du VIIème siè-

175 D'autres versets évoquent également cette notion de couple chez les végétaux : S.22, 5 ; S.31, 10 ; S.13, 3.

cle dans le désert d'Arabie en ait eu connaissance, d'autant plus que les premiers essais sur la sexualité des fleurs ne revirent le jour qu'à la fin du XVIIème siècle quand, en 1694, un professeur de Tübingen, Rudolf Jacques Camerarius prouva expérimentalement l'existence de phénomènes sexuels chez la mercuriale et le maïs. Cette découverte concernant ces plantes ne permettait pas toutefois de généraliser le phénomène. C'est pourquoi, encore au XXème siècle et malgré une certaine vulgarisation scientifique, certains traducteurs du Coran restèrent prudents quand ils rencontrèrent le mot couple. En 1967, Denise Masson préféra traduire le début du verset 36, sourate 36 par : « *Gloire à celui qui a créé toutes les espèces...* » tout en précisant en note, que littéralement, le mot traduit par espèce signifie : « couple ». En d'autres endroits, elle évite aussi ce mot au profit de « *toutes sortes de plantes* » (S.20, 53) ou « *d'espèces* » (S.26, 7) en précisant toujours que littéralement il s'agit « *de chaque couple* »... Cette hésitation encore présente au siècle dernier nous donne une idée de l'originalité d'une telle notion. Si elle est maintenant bien admise, il est surprenant de la savoir énoncée depuis le VIIème siècle, non par un scientifique ou même par un agriculteur mais par un commerçant qui n'avait que faire de ce genre de détails.

Le Coran ne se contente pas de dire qu'il existe des couples de plantes. A propos de l'espèce humaine, il précise que Dieu a créé l'homme par phases successives et donne des détails sur le développement embryonnaire :

> « *...Il vous crée dans les ventres de vos mères, création après création, dans trois ténèbres.*[176]» (S.39, 6)

Dans la sourate 76 au verset 2, il précise que l'être humain provient « d'une combinaison de liquides »[177] ; « d'une goutte de sperme et de mélanges »[178] ; « d'une goutte de sperme mélangé »[179]. La notion de mélange est importante quand on sait que le sperme n'est pas suffisant à produire la cellule œuf, première cellule d'un être humain. Il faut qu'il féconde l'ovule produit par la femme. Cette goutte qui va donner un embryon doit donc forcément contenir les deux éléments mâle et femelle d'où le mot « mélange ». Beaucoup de commentateurs ont compris ainsi l'expression « goutte de sperme mélangé » comme Muhammad Hamidullah qui en note de ce verset ajoute : « élément mâle et femelle ». D'autres ont

176 De l'extérieur vers l'intérieur : la paroi abdominale, la paroi de l'utérus et la membrane cœliaque.
177 Trad. J. Berque.
178 Trad. D. Masson.
179 Trad. littérale de M. Hamidullah.

préféré traduire par « aux composantes diverses »[180], étant donné que le sperme est constitué de sécrétions diverses. Dieu sait mieux que nous ce qu'Il a voulu exprimer par cette notion de mélanges mais je pense qu'il ne faut pas perdre de vue que le sperme doit être mêlé à l'élément femelle sinon il n'y aurait pas de fécondation et donc pas d'embryon.

> « *Puis Nous l'avons consigné, goutte de sperme, dans un reposoir sûr, puis Nous avons fait du sperme, un caillot ; puis du caillot Nous avons créé un morceau de chair ; puis du morceau de chair Nous avons créé des os ; puis Nous avons revêtu de chair les os. Ensuite Nous en avons produit une tout autre créature. Béni soit Dieu, donc, le meilleur des créateurs !* » (S.23, 13/14)

Cette goutte de sperme mélangé va donc être reçue dans un « reposoir sûr » ou « réceptacle sûr ». Nous pensons immédiatement à l'utérus maternel dans lequel va se développer l'embryon.

Le Coran fait par la suite allusion aux différentes phases du développement embryonnaire. La première phase est celle du « caillot ». Muhammad Hamidullah précise que « caillot » est

180 Trad. PGDRSI.

la traduction du mot *'alaq*, mot qui étymologiquement signifie « quelque chose qui s'accroche ». Il ajoute que *'alaq* signifie également une sangsue[181].

Nous savons que l'embryon s'accroche littéralement à la muqueuse utérine : c'est la nidation. L'image « quelque chose qui s'accroche » est donc tout à fait adéquate. De plus, l'embryon, une fois nidé, puise dans le sang maternel tous les éléments nutritifs dont il a besoin comme une sangsue qui s'accroche à son hôte et se nourrit de son sang. Le mot 'alaq est donc physiologiquement représentatif du comportement de l'embryon à ce premier stade de développement.

Le docteur Keith Moore, professeur en chirurgie et embryologie à Toronto, a placé côte à côte la photo d'une sangsue et d'un embryon au stade *'alaq*. Il fit remarquer que leurs morphologies sont très proches. Le corps est allongé, légèrement « enflé » à la partie qui donnera plus tard l'encéphale et effilé au niveau caudal. Il y a par conséquent aussi analogie dans la forme[182].

*'Alaq* n'est donc pas un mot choisi au hasard mais en connaissance de cause. Seul Dieu, à cette époque là, savait que l'embryon s'accrochait à la

181 En note S.22, 5 ; même remarque de M. Bucaille (BCS p.204).
182 CV p.41/42 (fig.6).

muqueuse utérine, qu'il se comportait comme une sangsue et en avait également les caractéristiques physiques.

La phase suivante correspond au morceau de chair :

*« Puis du caillot Nous avons créé un morceau de chair »*

Le mot utilisé est *mudgha,* signifiant : chair mâchée. Or, une échographie au stade 22/23 jours montre sur le corps de l'embryon comme des traces de dents ; il ressemble donc à de la chair mâchée[183].

*« Puis du morceau de chair Nous avons créé des os »*

Nous savons aujourd'hui que cette chair comme mâchée se différencie en trois feuillets : l'ectoderme, le mésoderme et l'endoderme et que les éléments du squelette se forment au sein du mésoderme. L'ossature est donc bien issue de cette chair comme le souligne le verset. Or, c'est seulement en 1845 que Remak montrera l'existence de l'ectoderme, de l'endoderme et du mésoderme !

183 CV p.42/43 (fig. 8).

« *Puis Nous avons revêtu de chair les os.* »

Ce verset nous apprend que de la chair va recouvrir l'ossature. Le mot employé pour désigner cette chair est différent de *mudgha.* C'est le mot *Lahm* pour signifier qu'il s'agit là d'un autre type de chair ressemblant à « de la chair fraîche ». Celle-ci n'est pas d'aspect mâché. Elle correspond aux masses musculaires qui recouvrent les os.

Les médecins font remarquer que l'ordre des séquences du développement embryonnaire dans le Coran est conforme aux données de l'embryologie moderne. N'est-ce pas extraordinaire ? L'exacte description de l'embryon au stade *'alaq, mudgha,* à une époque où l'échographie n'existait pas, à une époque où personne ne pouvait avoir idée de ce qui était encore du domaine de l'invisible, n'est-elle pas de nature à nous interpeller ? Comment ne pas voir dans ce choix parfait des mots, des signes venant de Dieu ?

D'autres versets ont trait également au développement humain :

> « *Qu'avez-vous à ne pas vénérer Dieu comme il se doit, alors qu'Il vous a créés par phases successives ?* » (S.71, 13/14)

Ces phases correspondent-elles aux différentes phases embryonnaires, ou, peut-être, comme l'ont évoqué certains[184], aux phases de l'évolution de l'espèce humaine ? Dieu seul sait mais cela n'est pas impossible d'autant plus que d'autres versets suggèrent des changements dans notre espèce :

> « *C'est Nous qui les*[185] *avons créés et avons fortifié leur constitution. Quand Nous voulons, cependant, Nous les remplaçons [facilement] par leurs semblables* » (S.76, 28)

La question reste au débat.

Après la reproduction animale et végétale, une relecture de la sourate 36, verset 36 nous rappelle que le Seigneur parle également de couples « parmi les choses que les hommes ne connaissent pas ». De quels couples peut-il bien s'agir ? La science n'est probablement pas assez avancée aujourd'hui pour nous éclairer complètement sur ce sujet mais elle le peut en partie. Un retour dans l'univers astronomique nous consolera quant à quelques couples que l'on ne soupçonnait pas au VIIème siècle. Je veux parler des couples d'étoiles. C'est en effet, seulement en 1803 qu'un astronome anglais Sir William Herschel découvrit les premières étoiles doubles. Il s'aperçut que chacune tournait autour de l'autre en décrivant une

184 M. Hamidullah en note de ce verset ; HV p.177/178.
185 Les hommes.

ellipse autour d'un centre de gravité commun. A la fin du XIXème siècle, plus d'un millier de tels couples étaient recensés[186]. En 1998, on pensait qu'une étoile sur deux vivait en couple[187]. En décembre 2001, on penchait pour un rapport de deux sur trois. Aujourd'hui, on donne même des noms à ces couples dont la réalité est confirmée par l'analyse spectrale et les télescopes de plus en plus performants : Êta de la Carène dans notre galaxie constitue un couple composé d'une étoile de 70 M (masses solaires) et l'autre de 60 M[188]. Plus connue, l'étoile polaire est en fait composée de deux étoiles. Elles sont observables avec un télescope de 75 mm[189].

Hormis les couples d'étoiles, les astrophysiciens ont découvert l'existence d'autres systèmes binaires. Ils parlent également de galaxies vivant en couple, se déplaçant ensemble. Comme pour les étoiles, elles sont en orbite l'une autour de l'autre, peuvent se rapprocher, échanger de la matière, ou entrer en collision. Les scientifiques disent dans ce dernier cas qu'elles sont en train de « s'épouser »[190]. Ils vont même plus loin ajoutant

186 C&E oct. 2001 p. 44.
187 Quid 98 p. 34.
188 C&E déc.2001 p.16.
189 Quid 98 p. 34.
190 C&E Juil. 2001 p. 54.

que lors de ces épousailles, elles « donnent naissance à des myriades d'étoiles »[191]. En fin de compte, des couples d'astres qui engendrent … Qui l'aurait cru ?

Il semble que nous ne sommes pas au bout de nos surprises. Le magazine CIEL & espace d'octobre 2001 nous parle de l'existence probable de planètes géantes doubles. Sigma Orionis 47 dans la constellation d'Orion serait composée de deux planètes dont chacune pèse dix fois la masse de Jupiter[192]. L'avenir nous dira si les planètes peuvent, elles-aussi, vivre en couple.

En fin de compte nous réalisons qu'au fur et à mesure de l'évolution des sciences et des techniques, l'Homme réalise mieux la portée de certains versets coraniques. Dieu merci. Ceux que j'ai choisi, n'illustrent que quelques concordances entre Révélation coranique et découvertes scientifiques modernes. Mais déjà, cette harmonie dans des domaines aussi variés que l'astronomie, la géologie, la botanique, la médecine nous pousse à croire que les versets ne peuvent être issus de l'imagination fertile d'un homme, d'un homme qui n'était pas un scientifique, de surcroît d'un illettré. Ils ne peuvent pas non plus être l'œuvre

191 C&E oct. 2001 p. 46/47.
192 p. 14.

d'un illuminé, d'un fou, ni même d'un ensemble d'individus instruits qui auraient mis en commun leur savoir : nous y aurions forcément retrouvé des théories en vogue au VIIème siècle ou même des avis personnels plus ou moins fantaisistes. On ne peut pas, même avec beaucoup d'imagination, tomber par hasard sur la Vérité. Nous n'y aurions certainement pas découvert ce que les télescopes, les microscopes électroniques, les appareils médicaux les plus sophistiqués nous révèlent aujourd'hui. Est-il raisonnable de penser qu'un tel savoir pouvait émaner d'un autre que du Connaisseur de l'invisible ? du Créateur ?

Parmi les choses invisibles au VIIème siècle, il en est encore une qui ne fut découverte qu'au siècle dernier, avec l'avènement de l'informatique : On l'appelle le miracle numérique du Coran.

## III - LE MIRACLE NUMÉRIQUE

Ce Signe de la part du Tout Puissant est également appelé : le miracle du nombre 19.

Le Seigneur attire notre attention sur ce nombre dès la quatrième visite de Gabriel au Prophète. En effet, après une série de versets à l'encontre d'un incrédule, vient le fameux verset faisant allusion au nombre 19 :

« *Ils sont 19 à y veiller* » (S.74, 30)

Les musulmans se sont longtemps demandé, qui étaient ces « 19 » chargés de veiller. Alors que tous les autres nombres dans le Coran sont suivis d'une unité qui ne prête à aucune équivoque : un Dieu, sept cieux, huit anges, douze sources, l'unité pour le nombre 19 est floue. Kasimirski traduit par 19 anges, D. Masson nous dit que la traduction au mot à mot donne : « *Sur elle, dix-neuf surveillants* ». M. Hamidullah reste prudent et ne rajoute pas d'unités. Il nous précise que selon certains mystiques il s'agit de 7 + 12, « le temps sans fin calculé par sept jours de la semaine et douze mois de l'année, qui se répètent à l'infini. Symbole de l'éternité ? » Au verset 31, il nous donne l'avis d'Ibn 'Arabî[193] qui suggère que 19 est 7 + 12 concerne les djinns célestes et les êtres humains. Pour d'autres mystiques c'est une allusion au Créateur par deux de Ses noms : 1, premier chiffre du système décimal car Dieu est le Premier par excellence, 9 dernier chiffre de ce système puisque Dieu sera le Dernier. Face à ces tendances et suppositions des plus variées, la prudence s'imposait. Aujourd'hui l'informatique nous dévoile l'importance de ce nombre qui semble devoir être pris, tout simplement, comme un nombre, en tant que nombre.

193 Maître spirituel mort en 1240.

La paternité de l'initiative de saisir tout le Coran sur ordinateur revient au Dr Rachad Khalifa. Il eut l'idée de mettre au point un programme qui lui permettait de comptabiliser les lettres, les mots… Les résultats vont au delà de toute imagination[194]. Je vous invite à les découvrir comme si nous étions, en quelque sorte, les pionniers de cette étude.

En premier lieu, remarquons que le Coran comporte 114 sourates et que 114 n'est ni plus ni moins qu'un multiple de 19 : 19 x 6.

Intéressons-nous à présent à la formule par laquelle débutent 113 des 114 sourates du Coran. Il s'agit de la fameuse *basmala* : « Au nom de Dieu, le Très miséricordieux, le Tout miséricordieux. » traduction de Bismi-l-lâhi ar-Rahmâni ar-Rahîmi. Dans l'alphabet arabe, cette formule d'introduction est constituée de 19 lettres.

Recherchons maintenant combien de fois la *basmala* apparaît dans le Coran. Nous savons que celui-ci contient 114 sourates mais que la sourate 9 ne commence pas par cette formule. Nous

194 Son livre : « The Perpetual miracle of Muhammad » (Islamic productions USA). Pour ma part, j'ai utilisé celui que Ahmed Deedat a consacré à ses investigations (Le Coran, le miracle ultime). On retrouve également quelques uns de ses résultats dans le dernier chapitre du livre « Ceci est la vérité ».

remarquons par contre qu'elle se trouve deux fois dans la sourate 27, au début puis au verset 30. Elle est donc présente 113 fois en préambule et une fois au sein de la sourate 27 ce qui donne : 113 + 1 = 114. Or, nous venons de le voir, 114 correspond au produit de 19 par 6.

Lors de la première visite de Gabriel au Prophète, l'Archange révéla les cinq premiers versets de la sourate 96 : « *Iqra'* … ». Si nous comptons le nombre de mots contenus dans ces cinq versets, nous en trouvons 19. Si nous dénombrons, le nombre de lettres formant ces dix-neuf mots, nous en trouvons 76 qui équivaut à 19 x 4 !

Lors de sa quatrième visite, Gabriel révéla les versets 1 à 30 de la sourate 74. Après le verset 30 : « Ils sont 19 à y veiller », il compléta la sourate 96 par 14 versets supplémentaires. Finalement, la sourate 96 comporte 5 + 14 versets soit 19 au total.

En résumé, le Coran contient un nombre de sourates multiple de 19 (19 x 6) ; la formule qui introduit 113 sourates contient 19 lettres ; Cette formule est présente 114 fois dans le Livre (19 x 6) ; la première révélation contient 19 mots, formés grâce à 19 x 4 lettres. La sourate 96 contient au total 19 versets. De plus, si nous comptons à reculons à partir de la dernière sourate (114 - 113 - 112 etc.) jusqu'à remonter à cette première sourate révélée, nous constatons qu'elle se trouve à la 19ème place !

Cette multiplication de coïncidences autour du nombre 19 n'est-elle pas renversante ? Nous ne sommes pourtant pas au bout de notre surprise !

Vous avez sans doute remarqué que certaines sourates, exactement vingt neuf, débutent par des lettres. La sourate 2 commence par les lettres A (lire Alif), L (Lâm), M (Mîm). C'est aussi le cas de la sourate 3. La 50 débute par Qâf, la 38 par Sâd… On ne connaît pas d'explication donnée par le Prophète à leur sujet. Ces lettres sont appelées « initiales » ou « liminaires » et en arabe *muqatta'ât.* Elles représentent 14 lettres sur les 28 de l'alphabet arabe. On les trouve soit isolées en début de sourates, soit en groupes variables. Les combinaisons sont au nombre de 14. Si l'on additionne 14 lettres employées dans 14 combinaisons différentes et cela dans 29 sourates : 14 + 14 + 29, le résultat est 57 soit 19 x 3 !

Considérons à présent la sourate 50. Après la *basmala*, se trouve la lettre : Qâf (Q). Nous sommes tentés de comptabiliser cette lettre dans cette sourate. Surprise ou plutôt fatalité, nous en trouvons 57 soit 19 x 3 !

Passons à présent à la sourate 68 : « Le

Calame » qui débute par la lettre N (Noun). Le nombre de N dans cette sourate est de 133. Or, que dire du nombre 133 ? Miracle ? C'est encore un multiple de 19 : 19 x 7 !

Peut-on raisonnablement invoquer le hasard devant un tel phénomène ?

Une autre lettre, Sâd, est initiale unique de la sourate 38. Elle y est présente 28 fois. Elle apparaît également en combinaison dans deux autres sourates et seulement deux : la 19 et la 7. Dans la sourate 19, elle est présente 26 fois, et dans la 7 : 98 fois. Le total donne : 28 + 26 + 98 = 152. Ainsi, la lettre Sâd dans les trois chapitres où elle est annoncée comme initiale y apparaît 152 fois soit 19 x 8.

Laissons maintenant l'ordinateur travailler pour nous. Nous avons vu que la formule « Au nom de Dieu, le Très miséricordieux, le Tout miséricordieux. » est présente 114 fois dans le Coran. Demandons à cette machine extraordinaire de comptabiliser chacun des mots de cette expression dans la totalité du Livre mais cette fois-ci en dehors de la *basmala*. Voici les réponses qu'il nous donne :

Ism (Nom) : 19 fois = 19 x 1

Allah (Dieu) : 2698 fois = 19 x 142

Ar-Rahmâni (le Très miséricordieux) : 57 fois = 19 x 3

Ar-Rahîmi (le Tout miséricordieux) : 114 fois = 19 x 6

N'est-il pas remarquable que, sur la totalité d'un livre, chacun des mots d'une expression d'en-tête soit présent dans ce livre un nombre de fois multiple de 19 ?

Remarquez que si nous prenons chacun des coefficients de 19, leur somme donne : 1 + 142 + 3 + 6 = 152, lui-même multiple de 19 (19 x 8). Finalement, la totalité de ces mots peut donc s'écrire : 19 + 2698 + 57 + 114 = 2888 = 19 x 152 = 19 x 19 x 8 !

Petite pause. Imaginez que lors de la transmission du Message, le Prophète ou par la suite ceux qui l'on écrit ou recopié ayant oublié un seul ou plusieurs de ces mots, aient pris l'initiative de les remplacer par d'autres, synonymes ou pas : tous ces calculs auraient été faussés. Nous n'aurions pas eu dans la 50ème sourate (Qâf) 57 fois cette lettre, mais un tout autre nombre, un peu plus ou un peu moins selon le mot qui aurait servi de remplaçant. On n'aurait pas non plus trouvé dans la sourate « Le Calame » 133 Nûn. Le mot Allah ne se serait pas répété 2698, ni le mot Ar-Rahîmi 114 fois… Le miracle par rapport à ce nombre 19 aurait été inexistant. La perfection du calcul permet, pour le moins, de saluer le travail particulièrement scrupuleux effectué dans la transmission du Texte depuis le Prophète jusqu'au dernier scribe et de réaliser que ce texte est de nature surhumaine car, quel homme aurait pu arriver à une telle prouesse mathématique ?

Pour nous conforter dans cette opinion, passons à de nouveaux calculs. Demandons à l'ordinateur de comptabiliser tous les A (Alif) des sourates pour lesquelles il est présenté en tant qu'initiale dans la combinaison Alif, Lâm, Mîm soit tous les Alif des sourates 2, 3, 7, 13, 29, 30, 31, 32. Le résultat est le suivant :

S. 2 : 4592 ; S. 3 : 2578 ; S. 7 : 2572 ; S. 13 : 625 ; S. 29 : 784 ; S. 30 : 545 ; S. 31 : 348 ; S. 32 : 268 et le total :

4592 + 2578 + 2572 + 625 + 784 +545 + 348 + 268 = 12 312 Alif

Est-il nécessaire de faire remarquer que 12 312 équivaut à 19 x 648 ?

Sollicitons à nouveau l'ordinateur pour tous les L (Lâm) de la même combinaison Alif, Lâm, Mîm.

S. 2 : 3204 ; S. 3 : 1885 ; S. 7 : 1523 ; S. 13 :

479 ; S. 29 : 554 ; S. 30 : 396 ; S. 31 : 298 ; S. 32 : 154. Le total de 8493 Lâm est équivalent à 447 x 19 !

Même travail pour tous les M (Mîm)

S. 2 : 2195 ; S. 3 : 1251 ; S. 7 : 1165 ; S. 13 : 260 ; S. 29 : 347 S. 30 : 318 S. 31 : 177 ; S. 32 : 158

Soit la somme de 5871 Mîm, produit de 309 par 19.

Servons-nous de ces résultats pour récupérer la comptabilité de toutes les initiales de la sourate 7. Cette sourate débute par Alif, Lâm, Mîm, S̲âd. Elle contient 2572 Alif, 1523 Lâm, 1165 Mîm et 98 S̲âd, comme noté précédemment. Additionnons-les : 2572 + 1523 + 1165 + 98. Cela donne un total de 5358 qui est, ne nous étonnons plus, un nouveau multiple de 19 (19 x 282). N'est-ce pas prodigieux ?

Venons-en maintenant à un petit détail qui revêt une grande importance pour celui qui veut s'assurer du scrupule des récitants et des scribes du texte coranique. Dans la sourate 7 au verset 69, le mot *bas̲tatan* qui s'écrit normalement avec la lettre *Sîn*, est écrit avec la lettre *S̲âd* sur laquelle est tracé un petit *Sin* signifiant que le *S̲âd* doit être prononcé *Sîn*. La tradition rapporte que c'est l'Archange Gabriel qui le précisa au Prophète, lequel imposa ce détail d'écriture à ses scribes. Depuis, de copies en copies, et malgré « la faute » volontaire dans l'écriture de ce mot, personne, au travers des siècles, n'a osé effectuer la correction, c'est à dire écrire *basṯatan* avec *Sîn* comme c'est le cas dans la sourate 2, verset 247. Ceci est doublement révélateur. D'abord, d'un respect sans bornes des scribes et de tous les copistes envers un Texte considéré comme sacré et ensuite du caractère justement sacré du Coran. En effet, si Gabriel n'avait pas imposé l'écriture à cet endroit de *Basṯatan* avec un *S̱âd* le nombre de *S̱âd* de cette sourate n'aurait pas été de 98, mais de 97. Ce nombre reporté dans le calcul des initiales de la sourate 7 aurait modifié le total d'un point. Nous aurions eu 5357 au lieu des 5358. Or, 5357 n'est pas un multiple de 19. A l'identique, 152 obtenu en additionnant tous les *S̱âd* des sourates où cette lettre est initiale (S.7 ; S.19 et S.38) aurait disparu au profit de 151 qui n'est pas non plus un multiple de 19. Qui à part le Seigneur, le Savant, pouvait connaître l'utilité et l'importance de cette modification ? Car qui à cette époque avait conscience du miracle numérique du Coran ?

Avant de clôturer ce chapitre, sollicitons une dernière fois les services du super calculateur des temps modernes, en lui demandant de faire l'inventaire de toutes les lettres du Coran. Bilan :

329 156 lettres. Ce nombre serait-il un multiple de 19 ? N'en soyons pas surpris ! 329 156 équivaut à 17 324 x 19 !

Pour finir, juste une parenthèse. Remarquez que les chiffres 0 ; 4 ; 7 ; 8 n'apparaissent pas dans le total 329 156. Additionnons ces chiffres absents : 0 + 4 + 7 + 8. Je vous laisse faire le calcul…

D'autres exemples pourraient encore vous surprendre. Mais il me semble que ceux-là illustrent amplement le miracle numérique du Coran car que dire devant de telles constatations ? Peut-on croire que ce prodige soit l'œuvre du hasard ? Un hasard impertinent qui se raillerait de nous ? Ne semble-t-il pas que dans le Livre, le hasard n'a pas sa place, que sa conception se trouve hors de portée d'un être humain, fut-il le meilleur mathématicien sur terre ?

> « ... *Nous n'avons choisi ce nombre que pour éprouver les incrédules ; pour que ceux qui ont reçu le Livre croient fermement ; pour que la foi des croyants augmente ; pour que ceux qui ont reçu le Livre et y croient ne doutent plus ; pour que ceux dont les cœurs sont malades disent, avec les incrédules : "Quel exemple Dieu veut-il tirer de cela ?"* ... » (S.74, 31)

« - *Dis : "Quand même hommes et djinns s'uniraient pour apporter le semblable de ce Coran, ils n'en sauraient apporter le semblable, même s'ils se soutenaient les uns les autres."* » (S.17, 88)

* * *

Si un miracle est par définition un « fait extraordinaire où l'on croit reconnaître une intervention divine », le Coran apparaît incontestablement comme le Miracle des miracles. Comment, avec toutes les révélations hors du temps qu'il nous livre, pourrait-il en être autrement ? C'est un miracle qui se distingue des autres par le fait qu'on le constate des siècles après sa réalisation. Jésus avait accompli des prodiges, Moïse et d'autres prophètes également, mais tous ces miracles n'étaient observables que par ceux qui étaient présents au moment où ils se produisaient. Nous, à l'instant où je vous parle, ne pouvons pas en témoigner parce que nous n'étions pas là pour les voir. Nous n'y croyons que parce que nous voulons bien accorder crédit à ceux qui nous les ont rapportés. Par contre, en lisant le Coran, nous sommes en mesure de nous rendre compte, par nous-mêmes, de ce miracle laissé par le Sceau des Prophètes il y a quatorze siècles. Nul besoin d'un autre prodige, de nouvelles preuves et comme le

Créateur l'affirme :

> « *Ne méditeront-ils donc pas le Coran ? S'il avait été d'un autre que Dieu, ils y auraient trouvé beaucoup de contradictions.* » (S.4, 82)

En fin de compte, de par tous les signes qu'il contient, le Coran nous comble ; pour ceux qu'il nous invite encore à découvrir, il nous subjugue et nous oblige à l'humilité. Ce Miracle des miracles authentifie le Message dans son contenu. Il constitue une preuve irréfutable de son essence divine et de sa transmission sans faille. Il authentifie par ricochet son transmetteur : le Prophète de l'Islam est certainement un véritable prophète.

La force de persuasion du Coran pourrait stopper là toute investigation sur celui qui s'est présenté comme le Sceau des prophètes. Toutefois et comme le Coran lui-même affirme que le Prophète est mentionné dans la Thora et l'Évangile[195], ouvrons la Bible pour tenter d'y retrouver les prophéties qui lui correspondent.

195 S.7, 157.

3ème partie

# Le Prophète dans les écritures

## Bible, Thora et Évangile

## Comparaison des écritures

## Bible, Thora et Évangile

La Bible est composée de l'Ancien et du Nouveau Testament. L'Ancien testament est un ensemble de livres dont la Thora correspond aux cinq premiers, d'où son autre dénomination de Pentateuque. Elle comprend la Genèse, l'Exode, le Lévitique, les Nombres et le Deutéronome. Le Nouveau Testament, outre les Actes des apôtres, les épîtres et l'Apocalypse, contient non pas un, mais quatre évangiles : selon Matthieu, selon Marc, selon Luc et selon Jean ! Que faut-il donc entendre par Thora et Évangile dans le verset qui nous intéresse ici ?

> « *Le prophète illettré qu'ils trouvent écrit (mentionné) chez eux dans la Thora et l'Évangile* » (S.7, 157)

Pour le Coran, la Thora correspond au livre révélé à Moïse qu'il appelle parfois les « feuilles de Moïse », et l'Évangile celui révélé à Jésus :

> « *Ne lui a-t-on pas donné nouvelle de ce qu'il y avait dans les feuilles de Moïse ?* » (S.53, 36)

« *Nous envoyâmes sur leurs traces d'autres apôtres, comme Jésus, fils de Marie, à qui Nous donnâmes l'Évangile...* » (S.57, 27K)

Or, la Thora et les évangiles en notre possession aujourd'hui ne correspondent pas à la Révélation à proprement parler. La Thora outre un témoignage sur la Parole de Dieu à Ses prophètes comme Abraham ou Moïse entre autres, contient des textes narratifs sur l'histoire du peuple hébreu. C'est un ensemble de récits allant de la création du monde à la mort de Moïse. A l'origine il y avait non pas un texte unique mais une pluralité de textes. De plus, « Une tradition orale aurait précédé la composition écrite des textes »[196]. Il s'agit donc bien d'un témoignage et non d'une révélation. Quant à l'Évangile reçu par Jésus, nous n'en avons aucune trace. Jésus n'a ni écrit ni dicté la Révélation qu'il recevait du Tout Puissant. Les évangiles retracent les voyages du Nazaréen, son enseignement aux disciples, le plus souvent sous forme de paraboles, ses derniers jours à Jérusalem. L'identité de leurs auteurs est incertaine[197] et le témoignage, comme

196 BJ p.23

197 Vatican II qui affirme l'origine apostolique des évangiles concède que leurs auteurs, mis à part l'éventualité qu'ils soient des apôtres au sens strict, pourraient être aussi des membres de leur entourage (« apostolici viri »), les noms donnés n'affirmant rien de leur identité réelle (Dei Verbum 18) (BJ p.2154).

pour la Thora et l'Ancien testament en général, a pour base des traditions orales.

Cependant nous sommes toujours invités par le Coran à ouvrir la Bible pour y rechercher les prophéties annonçant le Prophète de l'Islam et le Coran met dans la bouche du Messie l'annonce de son successeur :

> « *Jésus, fils de Marie disait à son peuple : "Ô enfants d'Israël ! Je suis l'apôtre de Dieu envoyé vers vous, pour confirmer le Pentateuque qui vous a été donné avant moi, et pour vous annoncer la venue d'un autre apôtre après moi, dont le nom sera Ahmed[198] "*... » (S.61, 6K)

Par conséquent, soyons pragmatique et acceptons, à défaut de posséder les livres révélés à Moïse et Jésus, d'ouvrir la Bible telle qu'elle se présente à nous aujourd'hui et de nous contenter du témoignage de ses auteurs, lesquels durent effectuer un choix entre les témoignages oraux et écrits qui s'offraient à eux. Nous considérerons quelques prophéties et essaierons de voir si elles peuvent se rapporter au Prophète de l'Islam. Nous procéderons par comparaison, en mettant en parallèle les versets bibliques avec les versets corani-

198 Synonyme de Muhammad.

ques et les textes de la tradition prophétique qui nous fournissent des détails sur les faits et dits du prophète arabe. Dans le cas où il y a désaccord entre chrétiens et musulmans sur l’envoyé concerné par la prophétie, nous argumenterons pour expliquer notre choix.

# Comparaison des écritures

## I – RAPPROCHEMENT ENTRE LE HADITH, LA PRIÈRE D'ABRAHAM DANS LE CORAN, LES PROMESSES DE DIEU À ABRAHAM DANS LA GENÈSE

Selon Ibn Sa'd* le Prophète déclara : « Je suis le serviteur de Dieu et le sceau des prophètes... Vous en avez été avertis (de cela) par la prière de mon père Abraham, par l'annonce que Jésus fit de moi et par le songe que vit ma mère comme les mères de tous les prophètes. »[199]. Ṯabarî nous cite une autre parole du Prophète : « C'est moi qui suis l'objet de la prière de mon aïeul Abraham. »[200].

De quelle prière s'agit-il ?

Le Coran cite une prière du Patriarche et de son fils Ismaël dans laquelle ils demandent au Seigneur que leur descendance forme une communauté qui Lui soit soumise. Ils Le sollicitent pour

199 Ibn Sa'd (GD p.371).
200 Tab1 p. 167.

que du sein de cette communauté vienne un jour un messager qui leur réciterait la Parole de Dieu et leur enseignerait la sagesse :

> « *Et quand Abraham eut avec Ismaël établi les assises de la Maison*[201] *: "Ô Notre Seigneur, accepte, de notre part ! Tu es celui qui entend, qui sait ! Notre Seigneur ! Et fais de nous deux Tes Soumis, et de notre descendance une communauté à Toi soumise. Et montre-nous nos rites et accepte de nous le repentir. Oui, Tu es accueillant au repentir, vraiment, miséricordieux ! Notre Seigneur ! Et suscite-leur un messager des leurs, qui leur récite Tes versets et leur enseigne Le Livre et la sagesse, et les fasse croître en pureté. Tu es le puissant, le sage, vraiment !"* » (S.2, 127/129)

Les versets ci-dessous apparaissent comme l'accomplissement de leur prière :

> « *Dieu a très certainement comblé les croyants lorsqu'Il a suscité chez eux un messager de chez eux qui leur récite Ses versets, les purifie et leur enseigne le Livre et la sagesse, même si auparavant ils étaient dans un égarement manifeste.* » (S.3, 164)

201 La Ka'ba.

« *Un prophète est venu vers vous, un prophète pris parmi vous...* » (S.9, 129K/128)

Cette prière n'apparaît pas clairement dans la Bible. Par contre le Seigneur rassure Abraham quant à l'avenir de sa descendance et en particulier de celle d'Ismaël.

« Je bénirai ceux qui te béniront, qui te bafouera, je le maudirai : en toi seront bénies toutes les familles de la terre. » (Gn.12, 3)

« Pour Ismaël, je t'exauce. Vois, je le bénis, je le rends fécond, prolifique à l'extrême ; il engendrera douze princes et je ferai sortir de lui une grande nation. » (Gn.17, 20)

Il n'est pas précisé que cette grande nation soit formée uniquement par des personnes issues de la descendance d'Ismaël. On peut tout au plus penser qu'à l'origine, cette nation naîtra à partir d'un descendant d'Ismaël mais sa composition ultérieure n'est pas définie. Le fait que le Prophète avait annoncé qu'il n'était pas envoyé uniquement à son peuple, mais à l'humanité tout entière : « Ô mes oncles et mes cousins, je suis l'apôtre de Dieu envoyé vers tous les hommes en général et vers vous en particulier »[202] nous incline à penser que

202 Tab3 p. 77.

cette grande nation est la Umma, c'est-à-dire la communauté formée par l'ensemble des musulmans dans le monde sans distinction ethnique ou culturelle. Il n'y en a pas de plus grande qui soit générée par un descendant d'Ismaël. De plus, ouverte à tous, elle ne cesse de s'agrandir avec une vitesse phénoménale. Si vers la fin des années soixante on évaluait le nombre total de musulmans à 500 millions, vingt ans plus tard soit en 1990, le chiffre avait doublé et l'on estime qu'il va encore doubler – soit deux milliards de musulmans - d'ici 2020, dans l'espace de trente ans. Devant ces chiffres comment ne pas penser que la prière d'Abraham fut exaucée grâce au Prophète de l'Islam ?

*  *  *

D'après le Coran et la Tradition, Abraham et Ismaël demandèrent pour leur peuple un prophète choisi dans leur descendance et qui serait chargé de lui réciter la Parole et de lui enseigner la Sagesse. D'après la Genèse, Dieu bénit Ismaël et promet de faire sortir de lui une grande nation. L'histoire a montré que parmi les descendants d'Ismaël, un homme, Muhammad, fut à l'origine de la grande nation, la Umma, qu'est l'Islam dans le monde. Nous sommes donc fortement encline à penser, que la prière d'Abraham et d'Ismaël fut exaucée en sa personne.

# II - COMPARAISON ENTRE L'ATTENTE DU PROPHÈTE AU TEMPS DU CHRIST ET LA PROMESSE DU PROPHÈTE « COMME MOÏSE » DANS LA THORA

## Trois Prophètes

« Voici quel fut le témoignage de Jean[203] lorsque de Jérusalem, les Juifs envoyèrent vers lui des prêtres et des Lévites pour lui poser la question : « Qui es-tu ? ». Il fit une déclaration sans restriction : « Je ne suis pas le Christ » Et ils lui demandèrent : « Qui es-tu ? Es-tu Élie ? » ; il répondit : « Je ne le suis pas » Es-tu le Prophète ? Il répondit : « non » ». (Jn.1, 20/21)

Quand Jésus vint et qu'il prêcha : « Parmi les gens de la foule qui avaient écouté ses paroles, les uns disaient : « Vraiment, voici le Prophète ! » D'autres disaient : « Le Christ, c'est lui ». Mais d'autres encore disaient : « Le Christ pourrait-il venir de la Galilée ? »... C'est ainsi que la foule se divisa à son sujet. » » (Jn.7, 40/41)

A l'époque de Jean, le Baptiste, le peuple attendait de toute évidence trois envoyés : Élie, le Christ et « le Prophète ».

203 Jean Baptiste, fils de Zacharie, dit aussi « le Baptiste ».

## Élie

Selon Jean (Jn.1, 20/21), le Baptiste répond qu'il n'est pas Élie. Or, d'après Matthieu, Jésus déclare que Jean est Élie : « Tous les prophètes en effet, ainsi que la Loi, ont prophétisé jusqu'à Jean. C'est lui si vous voulez bien comprendre l'Élie qui doit revenir. » (Mt.11, 13/14)

La comparaison de ces versets montre une incompatibilité de propos : Jésus ne peut pas avoir dit que Jean est Élie et Jean de son côté, nier cette identité. De plus, il est difficile d'accepter que Jean-Baptiste et Élie soient la même personne à moins de croire à la réincarnation.

Le Coran vient nous éclairer à ce sujet. Il reconnaît d'abord Élie comme un envoyé du Tout Puissant, celui cité dans l'Ancien Testament dont le peuple adorait Baal[204] :

> « - *Et Élie était, certes oui, du nombre des envoyés. Quand il dit à son peuple : "Invoquerez-vous Baal, et abandonnerez-vous le meilleur des créateurs, Dieu, votre Seigneur, le Seigneur aussi de vos plus anciens ancêtres ?"* » (S.37, 123/126)

mais le distingue clairement de Jean :

204 En 1Rs chap. 17 à 22 et 2Rs chap.1 & 2.

*« De même, Zacharie et Jean Baptiste et Jésus et Élie, - chacun étant du nombre des gens de bien.* » (S.6, 85)

Nous nous en tiendrons à ce qui nous semble le plus logique : Jean et Élie sont deux personnes différentes.

## Le Christ

Le deuxième prophète attendu est celui que l'on surnomme : le Christ. Pour ses disciples, c'est incontestablement Jésus. En effet, quand il leur demande : « Et vous, qui dites-vous que je suis ? », prenant la parole, Pierre lui répond : « Tu es le Christ. » (Mc.8, 29). Jésus ne le nie pas.

Le Coran confirme cette identité :

*« Les anges dirent à Marie : "Dieu t'annonce son Verbe*[205]*. Il se nommera le Messie, Jésus fils de Marie, illustre dans ce monde et dans l'autre, et un des familiers de Dieu"* » (S.3, 40K/45)

L'accord sur l'identité du fils de Marie entre chrétiens et musulmans, est largement suffisant pour affirmer que Jésus est bien le Christ.

205 Verbe signifie ici un ordre de Dieu. Jésus naquit sur ordre de Dieu qui dit « Sois ! » (Rq. de PGDRSI).

## Le Prophète

Le troisième messager n'est pas désigné par un nom particulier. C'est « le Prophète ». Jean-Baptiste répondant aux juifs qu'il n'est ni le Christ, ni le Prophète, prouve qu'il avait conscience qu'il s'agissait de deux personnes différentes.

Après la multiplication des pains, Jésus représente pour les témoins qui l'entourent « le Prophète » : « Celui-ci est vraiment le Prophète, celui qui doit venir dans le monde » (Jn.6, 14). Or, Jésus reconnu comme le Messie, ne peut en toute logique, être également le Prophète.

Qui est donc ce Prophète ?

Dans la plupart des Bibles, comme dans la traduction œcuménique, on peut lire en note de Jn.1, 21 : « En s'appuyant sur Deutéronome 18, 15, beaucoup de Juifs contemporains de Jésus attendaient l'apparition du Prophète des derniers temps ». Dans ce verset, en effet, Moïse annonçait : « C'est un prophète comme moi que le Seigneur, ton Dieu, te suscitera du milieu de toi, d'entre tes frères ; c'est lui que vous écouterez »[206]. Puis,

206 Souvent, comme c'est le cas ici, la narration passe brusquement de la première personne à la troisième personne ou vice-versa. Ici, Moïse commence la phrase puis Dieu la termine, s'adressant à Moïse.

l'Éternel précise à Moïse : « C'est un prophète comme toi que Je leur susciterai du milieu de leurs frères ; Je mettrai Mes paroles dans sa bouche et il leur dira tout ce que Je lui ordonnerai. Et si quelqu'un n'écoute pas Mes paroles, celles que le Prophète aura dites en Mon nom, alors Moi-même, Je lui en demanderai compte. Mais si le prophète, lui, a la présomption de dire en mon nom une parole que je ne lui aurai pas ordonné de dire ou s'il parle au nom d'autres dieux, alors c'est le prophète qui mourra.» (Dt.18, 18/20)

Les chrétiens ne croient pas que le prophète annoncé par Moïse soit le Prophète de l'Islam et les Actes mettent dans la bouche de l'apôtre Pierre que la venue du nouveau Moïse s'est réalisée en Jésus (Ac.3, 22ss). Ainsi ce dernier, déjà reconnu comme le Messie devenait de surcroît « le Prophète ». En octroyant à Jésus cette double identité, la possibilité qu'un autre que lui fut ce « Prophète » était désormais écartée. Le problème était réglé, la discussion close.

La rédaction des Actes ayant eu lieu au moins un demi siècle après la disparition du Christ[207], celui-ci ne pouvait ni infirmer ni confirmer cette opinion.

207 Jésus aurait été élevé en l'an 30 alors que la rédaction du livre des Actes se situe entre 80 et 90. (Cull. p.48).

Tabarî rapportant ces paroles de ‘Abdallâh Ibn ‘Abbâs : « Aucun prophète n’est parvenu au parfait accomplissement de sa mission à moins d’avoir annoncé la venue de Muhammad ou de l’avoir promise. »[208], nous sommes portée à nous demander si Moïse n’annonçait pas la venue du Prophète de l’Islam.

Pour tenter de mieux comprendre la prophétie, examinons-la dans le détail.

## « C’est un prophète comme toi »

Le Tout Puissant établit une comparaison entre Moïse et ce prophète. Résoudre le problème du désaccord sur l’identité de cet Envoyé, revient donc à se poser la question : Qui de Jésus ou de Muhammad est le plus comparable à Moïse ? Pour y répondre, suivons chacun de ces trois envoyés dans chaque période de sa vie : naissance, petite enfance, adolescence, vie adulte, mort.

### Leur naissance

Le Coran établit un parallèle entre Adam et Jésus :

> « *Oui, au regard de Dieu, il en est de Jésus comme d’Adam qu’Il créa de poussière, puis à qui Il dit “Sois” et il fut.* » (S.3, 59)

208 Tab2 p. 107.

Il confirme la virginité de Marie :

« *“Seigneur ! Comment y aurait-il pour moi un enfant, quand aucun homme ne m'a touchée ?” - “Comme cela ! dit-Il, Dieu crée ce qu'Il veut : quand Il décide d'une chose, rien d'autre : Il dit : ‘Sois’ ; et c'est”.* » (S.3, 47)

Jésus, pas plus qu'Adam, n'eut de père. Leur naissance relève, pour l'un comme pour l'autre, du miracle. Mu<u>h</u>ammad par contre avait des parents comme ce fut le cas pour Moïse. Pas de naissance miraculeuse pour ces deux derniers envoyés.

Sur ce premier point, au moins, on ne peut soutenir que le prophète comme Moïse, puisse être Jésus.

## Leur petite enfance

Le fils de Marie parlait dès le berceau et savait déjà qu'il était un envoyé de Dieu :

« *Marie leur fit signe d'interroger l'enfant : “Comment, dirent-ils, parlerons-nous à un enfant au berceau ?” - “Je*[209] *suis le serviteur de Dieu ; Il m'a donné le Livre et m'a constitué prophète.”* » (S.19, 30/31K/29/30)

209 C'est Jésus qui répond.

Pleinement conscient des pouvoirs dont l'avait doté le Seigneur, Jésus s'amusait à accomplir des prodiges devant ses petits camarades. Il façonnait des petits oiseaux en argile puis, ceux-ci s'envolaient lorsqu'il battait des mains... Les évangiles de l'Enfance, regorgent de récits de tels miracles : Jésus, âgé de cinq ans, prit de la terre glaise, pétrit douze petits moineaux, puis il « frappa dans ses mains et cria aux moineaux : « Partez ! ». Les oisillons déployèrent leurs ailes et s'envolèrent en pépiant. »[210]

Dès l'enfance, Jésus avait donc conscience d'être un envoyé de Dieu, était déjà doté du pouvoir des miracles. A l'inverse, ni Moïse ni Mu<u>h</u>ammad ne possédaient enfants ce pouvoir et le Seigneur ne s'était pas encore révélé à eux. Il ne les informa de leur qualité de prophète que bien plus tard, quand ils eurent atteint l'âge adulte.

Enfin, Jésus passa son enfance auprès de Marie et de Joseph, tandis que Mu<u>h</u>ammad à l'instar de Moïse se trouva très tôt séparé des siens. Mu<u>h</u>ammad bébé fut placé en nourrice dans la tribu des Beni Sa'd, Moïse n'avait que trois mois quand sa mère le déposa dans une corbeille sur le Nil d'où il fut aperçu puis recueilli par la famille

210 Évangile du Pseudo-Thomas, 4 (Apo. p.87) Le Coran cite ce miracle sans préciser à quel âge Jésus l'accomplit (S.3, 49).

de Pharaon[211]. Dans un cas comme dans l'autre, la motivation était le bien de l'enfant : Yokébed[212] se sépara de Moïse par crainte que Pharaon le découvre et le mette à mort comme ce dernier en avait donné l'ordre pour tous les fils Hébreux ; Âmina confia son bébé aux femmes du désert pour l'éloigner de l'air malsain de Makkah, responsable d'une grande mortalité infantile.

Par ces trois caractéristiques : pouvoir des miracles, prise de conscience dès l'enfance de sa qualité d'envoyé de Dieu, période qu'il passa au sein de sa famille, Jésus se démarque un peu plus des deux autres envoyés.

## Leur adolescence

Jésus grandit entouré de Marie et de Joseph, lesquels étaient convaincus de l'existence d'un Dieu Unique et Un, conformément à la profession de foi israélite[213]. Chaque année, ils se rendaient à Jérusalem pour la Pâque. C'est à l'occasion d'un de ces pèlerinages, que Jésus, âgé seulement de douze ans, converse de la Loi et des paraboles des prophètes avec les maîtres du Temple et «Tous ceux qui l'entendaient s'extasiaient sur l'intelli-

211 Ex.2, 2/10.
212 Ou Yokèvèd (Ex.6, 20).
213 Dt.6, 4 : Credo juif par opposition au Dieu unique en trois personnes des chrétiens.

gence de ses réponses. » (Lc.2, 47)

L'ambiance religieuse et les croyances populaires dans lesquelles Moïse et Muhammad évoluèrent furent à l'opposé de celles de Jésus : Pharaon polythéiste, ne pouvait enseigner à son fils adoptif des croyances contraires à ses convictions ; Abû Tâlib qui recueillit son neveu ne se distinguait pas sur ce point des Quraych idolâtres.

Une nouvelle fois, Muhammad est plus près de l'image de Moïse que ne l'est Jésus.

Leur vie adulte

*Vie de famille*

Muhammad et Moïse furent mariés. Le prophète hébreu, à l'instar du prophète arabe, semble même avoir été polygame. Selon la Thora, ses beaux-pères s'appelaient Jéthro[214], Réouël[215], Hobab[216]. Le Coran cite un vieillard de Madian[217] .

Tous deux eurent des enfants : « Moïse prit sa femme et ses fils, les fit monter sur un âne et retourna au pays d'Égypte » (Ex.4, 20). Khadîja donna au Prophète deux, trois fils selon Tabarî (al-Qâsim, at-Tahîr et at-Tayyîb) et quatre filles

214 Ex.3, 1.
215 Ex.2, 18.
216 Nb.10, 29 ; Jg.4, 11.
217 S.28, 27 qui serait le prophète Chu'ayb (Tab1 p. 233).

(Zaynab, Ruqayya, Umm Kulthûm et Fâṯima)[218]. Par contre, Jésus resta célibataire. De plus, il termina sa mission à 30 ou 33 ans, alors que les deux autres envoyés n'avaient pas commencé la leur. Le Seigneur ne se révéla, en effet, à eux qu'après leur mariage[219] et après leurs quarante ans[220].

*Première révélation*

**Le lieu**

L'Ange du Seigneur[221] apparut à Moïse sur le mont Sinaï (Ex.3, 2). Muḫammad reçut la visite de l'Archange Gabriel sur le mont Ḫirâ'.

Etienne nous dit en Actes 7, 30 en parlant de Moïse : « Au bout de quarante ans, un ange lui apparut au désert du mont Sinaï dans la flamme d'un buisson en feu » puis au verset 35 : « … C'est lui que Dieu a envoyé comme chef et libérateur par l'entremise de l'ange qui lui était apparu dans le buisson ».

D'après Waraqa Ibn Nawfal, Gabriel qui

218 Tab3 p.60.
219 Moïse faisait paître le petit bétail de son beau-père quand il vit le buisson ardent (Ex.3,1). Muhammad était marié à Khadîja.
220 Cf. Ac.7, 30 cité ci-dessous pour Moïse. En 609/610 pour Muḫammad.
221 L'Ange du Seigneur dans l'AT est identifié « à Dieu lui-même ou bien une certaine distinction est marquée entre l'un et l'autre » précise E. Osty en note de Ex. 3,2.

s'adressa au Prophète n'était ni plus ni moins que l'Ange qui visitait Moïse[222].

Les évangiles ne décrivent pas de lieu où, pour la première fois, Jésus aurait été en présence de l'Archange qui l'aurait informé de sa qualité de prophète. C'était inutile puisque, dès le berceau, il le savait. Rappelons-nous ses propos lorsqu'il était bébé :

> « *Je suis le serviteur de Dieu ; Il m'a donné le Livre et m'a constitué prophète.* » (S.19, 31K/30)

### Réactions de Moïse et Mu<u>h</u>ammad à cette rencontre

Lorsque le Tout Puissant ordonna à Moïse d'aller délivrer les fils d'Israël du joug de Pharaon, Moïse évoqua son handicap : « Je t'en prie Seigneur, je ne suis pas doué pour la parole, ni d'hier, ni d'avant-hier, ni depuis que tu parles à ton serviteur. J'ai la bouche lourde et la langue lourde. » (Ex.4, 10), propos repris en Exode 6, versets 12 et 30 quand il se qualifie « d'incirconcis des lèvres ».

Le Coran évoque la requête du prophète hébreu :

---

222 Din. p.47 ; Ibn Iq1 p. 184 ; <u>T</u>abarî cite de nombreuses apparitions de Gabriel à Moïse (Tab1 p. 299ss).

« *Et dénoue le nœud de ma langue, afin qu'ils comprennent ma parole* » (S.20, 27/28)[223]

Selon la Thora, Dieu rassura Moïse : « Qui a donné une bouche à l'homme ? Qui rend muet, sourd, voyant ou aveugle ? N'est-ce pas moi, le Seigneur ? Et maintenant, va, je suis avec ta bouche et je t'enseignerai ce que tu devras dire. » (Ex.4, 11/12)

Lorsque Gabriel ordonna au Prophète de lire ce qui était écrit sur l'étoffe déployée devant lui, celui-ci s'exclama : « Je ne sais pas lire ».

Aucun récit semblable pour Jésus. Outre l'inexistence d'une première rencontre, aucune mention d'une quelconque difficulté, d'une quelconque gêne, d'un handicap. Il savait lire, le Nouveau Testament nous le décrivant à plusieurs reprises lisant les textes d'Isaïe. Il s'exprimait aussi avec aisance puisque déjà à douze ans, il suscitait l'admiration des maîtres du Temple[224].

Ainsi, dès le premier contact avec l'Ange du Seigneur, la comparaison entre les envoyés rapproche une fois de plus Moïse de Mu<u>h</u>ammad. Dans un cas comme dans l'autre, la rencontre a

223 De même S.28, 34 ; S.26, 13. Moïse était-il bègue ?
224 Lc.2, 47.

lieu sur un mont, l'un comme l'autre évoquent un handicap : le premier a la langue pesante, le second ne sait pas lire.

*Supports de la Révélation*

« *Très certainement, Nous avions envoyé à Moïse et Aaron le Discernement*[225] *et une Lumière et un Rappel aux pieux* » (S.21, 48)

« *Et ceci*[226] *est un Rappel béni que Nous avons fait descendre...* » (S.21, 50)

Ce Rappel, dans le cas de Moïse et de Muhammad fut écrit de leur vivant. Pour le premier, les versets furent gravés sur des tablettes de pierre :

« *Nous avons écrit pour lui sur les Tables une exhortation sur tous les sujets et une explication de toute chose. "Prends-les avec fermeté ; ordonne à ton peuple de se conformer à ce qu'elles contiennent de meilleur"...* » (S.7, 145)[227]

Pour le second, les compagnons les écrivirent sur des supports variés pour les recopier ensuite sur des matériaux aux dimensions plus importan-

225 Ici la Thora. Le terme « Le Discernement » est employé aussi pour désigner le Coran.
226 Le Coran.
227 cf. Ex.31, 18.

tes. Comme pour les tablettes, ces supports contenaient la Révélation à proprement parler.

Rien de tel chez Jésus. Aucun disciple n'inscrivait les révélations qu'il recevait. Lui-même, n'a laissé aucun écrit.

De toute évidence, si la Parole reçue par Moïse et Muhammad fut dès les premiers temps inscrite sur des supports matériels, elle resta uniquement orale pour Jésus. Ce dernier se démarque donc une nouvelle fois des deux autres envoyés et cette différence est de taille !

### *Déroulement de leur ministère*

Jusqu'à leur levée en tant que prophètes, les trois messagers furent très appréciés des milieux dans lesquels ils grandirent :

Pharaon élevait Moïse comme s'il était son propre fils et selon les hellénistes, l'avait même nommé commandant en chef de ses armées.

Jésus « progressait en sagesse et en taille et en faveur auprès de Dieu et auprès des hommes. » (Lc 2, 52).

Muhammad bénéficiait d'une semblable considération parmi les Quraych d'où le surnom d'*Al-Amîn*.

La bienveillance ou la sympathie qu'ils inspiraient furent mises à rude épreuve lorsqu'ils informèrent le peuple, les autorités politique ou religieuse, de leur qualité de messager de Dieu.

## La reconnaissance populaire

Moïse et Aaron réunirent les anciens d'Israël et réalisèrent des signes sous les yeux du peuple. « Et le peuple crut. Ayant compris que le Seigneur était intervenu en faveur des fils d'Israël et qu'il avait vu leur misère, ils s'agenouillèrent et se prosternèrent. » (Ex.4, 31)

Malgré l'incrédulité de quelques notables Quraych, Mu<u>h</u>ammad fut rapidement reconnu comme un prophète par son peuple et malgré les persécutions dont les plus faibles furent l'objet, ceux-ci ne le renièrent pas. La communauté musulmane devint au contraire de plus en plus importante. Cent quarante mille musulmans[228] l'écoutaient au pèlerinage de l'Adieu en 632.

Le tableau est tout à fait différent en ce qui concerne Jésus. Il ne fut reconnu prophète que par une poignée d'hommes et la plupart des juifs, malgré tous les miracles qu'il accomplit sous leurs yeux ne crurent pas en lui : « Il est venu chez lui et les siens ne l'ont pas accueilli. » (Jn.1, 11) ;

228 Introd. MH p. VI n° 13.

« Quoiqu'il eût opéré devant eux tant de signes, ils ne croyaient pas en lui. » (Jn.12, 37) ; Jésus en témoigne : « ils ne croient pas en moi » (Jn.16, 9) ; « A qui donc vais-je comparer les hommes de cette génération ?... Le Fils de l'Homme est venu, il mange, il boit, et vous dites : Voilà un glouton et un ivrogne, un ami des collecteurs d'impôts et des pécheurs. » (Lc.7, 31.34)

Leur incrédulité était tellement grave que devant la décision de Pilate* de relâcher Jésus, ils « insistaient à grands cris, demandant qu'il fut crucifié, et leurs clameurs allaient croissant » (Lc.23, 23). Vous connaissez la suite : ils lui préférèrent la libération du bandit Barabbas.

Tous ces récits montrent que de leur vivant, Muhammad comme Moïse furent reconnus prophètes par leur peuple. Par contre, Jésus ne le fut que par une minorité.

## Les opposants aux messagers

Moïse vint à la cour de Pharaon et accomplit toutes sortes de miracles. Seuls les magiciens, à la vue de ces prodiges comprirent qu'ils s'étaient trompés « et dirent à Pharaon : « C'est le doigt de Dieu ». Mais le cœur de Pharaon resta endurci. Il n'écouta pas Moïse et Aaron comme l'avait dit le Seigneur.» (Ex.8, 15)

Le Coran confirme le comportement des magiciens :

> « Les magiciens tombèrent prosternés et ils dirent : « *Nous croyons au Seigneur des mondes, au Seigneur de Moïse et d'Aaron !* » (S.7, 120/122)

Les incrédules pensèrent que Moïse représentait un danger pour leur souverain :

> « *Les chefs du peuple de Pharaon dirent : "Laisserez-vous Moïse et son peuple corrompre la terre, et te délaisser, toi*[229] *et tes divinités ?"...* » (S.7, 127)

Finalement, après avoir donné l'ordre de tuer tous les fils de ceux qui croyaient comme Moïse[230], Pharaon, décida de l'assassiner :

> « *Et Pharaon dit : "Laissez-moi tuer Moïse. Et qu'il appelle son Seigneur ! Je crains qu'il ne change votre religion"...* » (S.40, 26)[231].

Jésus ne s'adressa pas aux autorités politiques. Celles-ci étant romaines, là n'était pas sa mission puisqu'il n'était envoyé « qu'aux brebis perdues de la maison d'Israël. »[232] Les évangélistes ne le

229 « Toi », sous-entendu Pharaon.
230 Suite du verset S.7, 127 ; S.50, 25.
231 Cf. Ex.10, 28.
232 Mt 15, 24.

montrent face à elles qu'après son arrestation et les réactions des gouverneurs démontrent bien qu'à aucun moment ils ne sentent en lui un danger potentiel : Luc rapporte qu'Hérode*, gouverneur de Galilée, se réjouit quand il le vit : « A la vue de Jésus, Hérode se réjouit fort, car depuis longtemps il désirait le voir, à cause de ce qu'il entendait dire de lui, et il espérait lui voir faire quelque miracle. » (Lc.23, 8) ; Pilate, gouverneur de Judée tente de le gracier, ne voyant en lui « rien qui mérite la mort » (Lc.23, 13/16). Ces récits montrent qu'il n'existait aucun conflit entre Jésus et les représentants du pouvoir politique. L'opposition, dans son cas, vint des religieux qui professaient dans les synagogues et ne le reconnurent pas comme Messie. A plusieurs reprises, les évangélistes nous les montrent essayant de le piéger : « Les pharisiens* et les sadducéens* s'avancèrent et, pour lui tendre un piège, lui demandèrent de leur montrer un signe qui vienne du ciel. » (Mt.16, 1) ; « Alors les pharisiens allèrent tenir conseil afin de le prendre au piège en le faisant parler. » (Mt.22, 15) ; « Alors les grands prêtres et les anciens du peuple se réunirent dans le palais du Grand Prêtre, qui s'appelait Caïphe. Ils tombèrent d'accord pour arrêter Jésus par ruse et le tuer » (Mt.26, 3/4)[233].

233 Concernant la prémonition d'assassinat sur la personne de Jésus et la connaissance que celui-ci en avait, voir Jn.7, 1 ; Jn.7, 19/20 ; Jn.7, 25.

De son côté, le Prophète de l'Islam s'adressa à tous les habitants de Makkah. Il ne fit pas de distinction entre ceux qui détenaient le pouvoir et les autres. Cependant, comme dans le cas de Moïse, l'opposition vint des polythéistes qui, outre un rôle religieux, détenaient le pouvoir politique, en l'occurrence les notables Quraych. En effet, suite au rejet par Al-Amîn de leurs propositions alléchantes, ils complotèrent pour l'assassiner :

> « *Quand les infidèles tramaient un complot contre toi, quand ils voulaient te saisir, te tuer ou te chasser...* » (S.8, 30K)

En résumé, Moïse et Muhammad adressèrent leur message à toute leur communauté y compris aux autorités politiques. Ils voulurent les persuader que Dieu est Unique et Un. Dès le début, le peuple les reconnut comme d'authentiques prophètes sauf la cohorte de Pharaon et les notables Quraych, tous polythéistes. Ceux-ci tentèrent de les tuer mais en vain. Rien de tel chez Jésus. Il ne s'adressa pas aux autorités politiques. Amené devant eux, ils ne trouvèrent pas le moindre motif de le condamner. Pourtant ils le firent arrêter. Paradoxalement, ceux qui voulaient sa perte furent ceux avec qui il partageait la même profession de foi.

## L'issue de secours : Exode et Hégire

Devant l'hostilité grandissante, les mauvais traitements, l'Éternel ordonna à deux d'entre eux d'émigrer. Exode pour les hébreux qui échappèrent à Pharaon et à son armée, Hégire pour les musulmans qui déjouèrent les ruses des Quraych et atteignirent Yathrib. Le mot « Exode » signifiant « émigration » est tout à fait identique à celui d'« Hégire ». Dans les deux cas, la fuite eut lieu de nuit[234]. Seule différence, Moïse partit à la tête de son peuple tandis que les musulmans quittèrent Makkah par petits groupes. Muhammad les rejoignit plus tard, quand il les sut à l'abri.

A aucun moment de son ministère, Jésus ne reçoit l'ordre d'émigrer. Dans son cas, l'hostilité ne se manifestait pas de façon violente, ni contre lui, ni contre les apôtres, mais était tout en ruse et en hypocrisie et spécialement dirigée contre lui. D'après les évangiles, il semblait être informé de la trahison de Judas : « En vérité, en vérité, je vous dis que l'un de vous me livrera. » (Jn.13, 21) et s'adressant au traître : « Ce que tu as à faire, fais-le vite » (Jn.13, 27) Quand Judas revint avec les gardes « fournis par les grands prêtres et les pharisiens », Jésus se serait avancé en disant : « Qui cherchez-vous ? » Ils lui répondirent : « Jésus, le

234 Ex.12, 42 ; S.26, 52 ; Ibn Iql. p.389/390.

Nazôréen. » Il leur dit : « C'est moi. » et comme ils eurent un mouvement de recul, il répéta : « Je vous l'ai dit, c'est moi. Si donc c'est moi que vous cherchez, laissez aller ceux-ci[235]» » (Jn.18, 4/5.8)

Apparemment Jésus se laissa donc arrêter. Il n'aurait tenté aucune fuite pour échapper à ses ennemis malgré la connaissance qu'il avait d'une trahison future. Par contre, le Prophète de l'Islam, émigra, tout comme Moïse en son temps.

## Leurs combats

L'Exode et l'Hégire furent suivis de combats sanglants. Les prophètes y sont présentés comme commandants en chef de leur armée.

Moïse dirige sur l'ordre de Dieu de nombreuses batailles contre des peuples idolâtres ou pervers. Il doit « vouer totalement à l'interdit »[236] les Hittites, les Guirgashites, les Amorites, les Cananéens, les Perizzites, les Hivvites, les Jébousites et brûler leurs idoles. (Dt.7, 1/5) Pour toutes ces villes, les ordres sont stricts : « tu ne laisseras subsister aucun être vivant » (Dt.20, 16/17). Lors de l'Exode, il riposte aux Amalécites qui attaquèrent Israël à Réfidîm. (Ex.17, 8) ; Il

235 Les apôtres.
236 Expression consacrée au rituel de la « guerre sainte ».

doit exterminer les Madianites et venger Israël : « Moïse dit au peuple : « Que des hommes parmi vous s'équipent pour partir en campagne. Ils marcheront contre Madian pour exercer la vengeance du Seigneur sur Madian. » (Nb.31, 3). Outre ces guerres livrées contre les peuples pervers, Moïse combattit aussi, à l'intérieur de son propre camp tous ceux qui n'avaient pas respecté l'Alliance avec le Tout-Puissant. Après l'adoration du veau d'or, il fit exécuter 3000 Israélites par les Lévites auxquels il déclare : « Ainsi parle le Seigneur, Dieu d'Israël : Mettez chacun l'épée au côté, passez et repassez de porte en porte dans le camp et tuez qui son frère, qui son ami, qui son proche ! » Les fils de Lévi exécutèrent la parole de Moïse et, dans le peuple, il tomba environ 3000 hommes. » (Ex.32, 27/29). Il ordonna également le massacre de 24 000 israélites qui s'étaient livrés à la débauche et au culte de Baal : « Moïse dit aux juges d'Israël : « Que chacun de vous tue ceux de ses hommes qui se sont mis sous le joug[237] du Baal de Péor ! » » ; « Les victimes de ce fléau furent au nombre de 24 000. » (Nb.25, 5.9)

Les musulmans, à l'instar du prophète hébreu et des siens, livrèrent de nombreuses batailles. Le

237 Qui devinrent esclave et adorateur du dieu qu'ils se sont mis à honorer.

Prophète participa à vingt neuf expéditions[238]. Les campagnes réalisées sans sa participation par les musulmans sont évaluées à trente-cinq par les uns, quarante-huit par les autres[239]. Peu après l'Hégire, Dieu ordonna la guerre mais à condition que celle-ci soit défensive :

> « *Toute autorisation de se défendre est donnée à ceux qui ont été attaqués parce qu'ils ont été injustement opprimés. - Dieu est Puissant pour les secourir -* » (S.22, 39)

> « *Combattez dans la voie de Dieu*[240] *contre ceux qui vous feront la guerre. Mais ne commettez point d'injustice en les attaquant les premiers, car Dieu n'aime point les injustes.* » (S.2, 186K/190)

A aucun moment, les évangiles ne parlent d'un affrontement armé de Jésus avec ceux qui lui veulent du mal. Il ne combat ni ne cherche à se défendre. Les évangélistes nous le montrent se livrant sans résistance à ceux dont il dira : « Ils m'ont haï sans raison. » (Jn.15, 25)

238 Vingt-sept selon Ṯabarî qui considère la campagne de Fadak, de Khaybar et de Wâdî al-Qurâ comme une seule et même expédition.

239 Tab3 p.325/326.

240 Le combat « dans la voie de Dieu » ne signifie pas uniquement la guerre au service de Dieu, mais aussi tout effort pour Lui plaire

Il ressort clairement des lectures de la Bible et du Coran que Muhammad et Moïse, eurent à combattre, non de leur propre chef mais sur ordre divin. Comme Moïse, qui lutta sans relâche contre tout polythéiste, y compris dans son propre camp, le Prophète de l'Islam livra bataille contre les arabes, adorateurs d'idoles. La guerre pour servir Dieu ne constitue donc pas, à l'évidence, une ordonnance spécialement révélée au Prophète de l'Islam. En raison de tous les combats qu'ils ont dirigés, Moïse et Muhammad sont qualifiés de prophètes-guerriers. En revanche, Jésus ne fut pas investi de telles missions. Il n'appela pas au combat armé ni contre les païens, ni contre les juifs dont il semblait connaître pourtant les desseins.

Poursuivons nos investigations sur le Prophète « comme Moïse » en étudiant à présent brièvement leurs rapports avec les pouvoirs législatif, judiciaire et exécutif.

## Les envoyés et la Loi

Moïse fut le premier à recevoir la Loi écrite

c'est-à-dire toute oeuvre pieuse. La charité, entre autres, constitue un effort pour plaire à Dieu. Notons, que la guerre pour convertir par force à l'Islam est absolument proscrite puisque convertir par obligation est interdit comme en témoigne ce verset : « Pas de contrainte en religion ! Car le bon chemin se distingue de l'errance (ou de l'erreur)... » (S.2, 256).

« du doigt de Dieu » pour la transmettre à Israël. La Bible et le Coran s'accordent là-dessus : « Puis, ayant achevé de parler avec Moïse sur la montagne du Sinaï, il lui donna les deux tables de la charte, tables de pierre, écrites du doigt de Dieu. » (Ex.31, 18)

> « *Et Nous écrivîmes pour lui, sur des tablettes, une exhortation sur toute chose, et un exposé détaillé de toute chose...* » (S.7, 145)

Outre le décalogue et le code de l'alliance inscrits dans le chapitre 20 de l'Exode, on trouve dans le Deutéronome une série de décrets, de règles, d'ordres, de commandements dans des domaines très variés : lois cultuelles (ablutions, interdits alimentaires, sabbat), lois concernant les autorités (statut des rois, des religieux), lois diverses de droit familial (mariage, divorce et remariage, droit d'aînesse...), social (commerce, prêt à intérêt, esclaves, défense de la veuve et de l'orphelin), criminel et pénal.

Jésus n'apporta pas une nouvelle réglementation au peuple d'Israël. Sa référence est la Thora : « Vous avez appris qu'il a été dit aux anciens... »[241]. Même s'il ajoute immédiatement après : « Et moi, je vous dis », il ne contredit pas la Loi révélée à Moïse, mais il la commente, l'explique, tente d'ouvrir les yeux de ceux qui la prennent au pied de la lettre. Car cette Loi déjà codifiée, il affirme qu'il ne la remet pas en question : « Ne croyez pas que je sois venu renverser la Loi ou les prophètes : je ne suis pas venu renverser mais compléter »[242], traduit aussi par « je ne suis pas venu abroger mais accomplir », la première traduction paraissant plus proche de la réalité, le verbe « accomplir » possédant une connotation supplémentaire d'achèvement, de perfection, ce qui est peu plausible dans la bouche de Jésus qui promettait, nous y reviendrons, un autre envoyé après lui. Émile Osty dans sa traduction lui préfère « compléter », ajoutant en note que le mot « accomplir » est à éviter comme amphibologique. Charles Guignebert[243] fait remarquer que le mot grec rendu par « accomplir, n'est pas très bien établi et qu'il pourrait être perfectionné, complété, approfondi, toutes acceptions qui s'accorderaient mieux avec la suite. ». Jésus met d'ailleurs en garde ceux qui ne s'y soumettraient pas : « Celui donc qui violera un seul de ces commandements les plus petits et enseignera aux hommes [à faire] ainsi sera déclaré le

241 Répété plusieurs fois dans tout le chap.5 de Matthieu.
242 Mt.5, 17.
243 Ancien professeur d'histoire du Christianisme à la Sorbonne (Guil p. 371).

plus petit dans le royaume des Cieux... » (Mt.5, 19). Dans le sermon sur la montagne[244], notamment aux versets 17 à 48 du chapitre 5, Matthieu nous montre Jésus citant quelques commandements, en approfondir l'étude, en montrer les subtilités. Par ses commentaires, le Messie ne rejette donc pas la Loi mais confirme la Thora, l'approfondit, l'explique afin d'éclairer un peuple qui devait se méfier « du levain des pharisiens et des saducéens »[245]. En partie d'ailleurs, il l'allège :

> « *Et me voici pour confirmer ce qu'il y a devant moi du fait de la Thora, et pour vous rendre licite partie de ce qui vous était interdit...* » (S.3, 50)

Le Coran insiste aussi sur le fait que Jésus n'est pas venu la changer dans le fonds :

> « *Sur les pas des autres prophètes, nous avons envoyé Jésus, fils de Marie, pour confirmer le Pentateuque. Nous lui avons donné l'Évangile qui contient la lumière et la direction : il confirme le Pentateuque...* » (S.5, 50K/46)

Ainsi, Jésus se réfère à la loi qu'Israël possède

244 Mt. chap.5 à 7.
245 Mt.16, 11.

déjà et l'accepte. Notons que d'une manière générale, il cite peu la Loi. Ses quelques interventions en la matière sont vraiment insuffisantes pour le considérer comme un législateur au même titre que Moïse.

Comme pour le législateur hébreux, le Tout Puissant transmit au Prophète la Loi afin qu'il la transmette à son tour aux croyants. A l'instar de Moïse et à la différence du Christ, elle ne lui avait pas été enseignée auparavant ; Il n'en prit connaissance que grâce à la Révélation :

> « *Et avant cela*[246], *tu ne récitais pas le Livre, ni ne l'écrivais de ta main ; - alors les gens du faux*[247] *auraient certainement eu du soupçon.* » (S.29, 48)

Les Arabes païens ne la connaissaient pas non plus. En la leur apportant, il devint leur législateur. Le Coran, en effet, statue en législation sociale en particulier familiale[248], en droit civil, pénal, constitutionnel. Il prescrit en matière de relations internationales. Certains versets concernent l'économie et les finances, les procédures et la juridiction. Au total, 214 versets sur les 6236 du Coran sont d'ordre législatif soit 3,33% du Livre[249]. Il nous

246 La Révélation.
247 Ceux qui croient au faux, ceux qui nient la vérité.
248 cf. S. 4 ; S.2, 220 ss.

indique la voie à suivre conformément à la volonté divine. Rien de plus naturel donc que de retrouver, dans les prescriptions coraniques, des commandements de la Thora, en guise de rappel. A cela s'ajoutent des commandements nouveaux, donnés dans le but de parfaire la religion révélée aux anciens, à Moïse, à Jésus :

> « *...Aujourd'hui, J'ai rendu votre religion parfaite ; J'ai parachevé Ma grâce sur vous ; J'agrée l'Islam comme étant votre Religion...* » (S.5, 3)

Afin de ne pas alourdir le développement, je ne citerai que quelques versets. Une étude détaillée montrerait comme ont pu le remarquer les théologiens, qu'il « ne serait pas très difficile de montrer que les exigences de la morale coranique et ses conséquences sociales sont en harmonie avec le Décalogue judéo-chrétien »[250]. Cette harmonie constitue la preuve d'une origine commune.

> « *Ô les croyants ! On vous a prescrit le talion au sujet des tués : homme libre pour homme libre, esclave pour esclave, femme pour femme. Mais celui à qui son frère aura pardonné en quelque façon doit faire face à*

249 LF p.73.

250 EU94 p. 691 à Islam (Les expressions : c : La cité musulmane).

*une requête convenable et doit payer des dommages de bonne grâce. Ceci est un allègement de la part de votre Seigneur, et une miséricorde. Donc, quiconque après cela transgresse, aura un châtiment douloureux.* » (S.2, 178)[251]

« *Dieu vous a seulement interdit*[252] *la bête morte*[253]*, le sang,*[254] *la viande de porc*[255] *et tout animal sur lequel on aura invoqué un autre nom que celui de Dieu. Nul péché ne sera imputé à celui qui serait contraint d'en manger sans pour cela être rebelle, ni transgresseur, - Dieu est celui qui pardonne, il est miséricordieux -* » (S.2, 173)

« *Ô vous qui croyez ! Lorsque vous vous disposez à la prière : lavez vos visages et vos mains jusqu'aux coudes ; passez les mains sur vos têtes et sur vos pieds, jusqu'aux chevilles...* » (S.5, 6)

« *Voici ce qui vous est prescrit : Quand la*

251 La loi du Talion donnée à Moïse (Ex.21, 23/25) est allégée ici par l'incitation au pardon de la part de celui qui est lésé et par une compensation pécuniaire.
252 Pour ce qui est de la nourriture.
253 Cf. S.5, 3 pour plus de détails.
254 Interdiction existant dans la Thora : Gn.9, 4 ; Lev.3, 17 ; Lev.17, 10/15.
255 Interdiction qui se retrouve en Lev.11, 7.

*mort se présente à l'un de vous, si celui-ci laisse des biens, il doit faire un testament en faveur de ses père et mère, de ses parents les plus proches, conformément à l'usage. C'est un devoir pour ceux qui craignent Dieu.* » (S.2, 180)[256]

Comme Il le fit pour Moïse, le Tout Puissant enseigna au Prophète des prescriptions, des règles auxquelles doivent se conformer les croyants. La Loi divine révélée d'abord aux Fils d'Israël, le fut ensuite aux Fils d'Ismaël afin que ce peuple d'Arabie égaré par l'idolâtrie puisse également obtenir le salut en se soumettant à la volonté du Seigneur. De peuple ignare, il allait devenir une grande nation conformément à la promesse faite à Abraham[257]. Alors que Moïse fut le Législateur aux enfants d'Israël, Muhammad lui succéda comme Législateur aux enfants d'Ismaël et vu l'universalité de sa mission, comme Législateur pour l'humanité tout entière.

## Les envoyés et la justice

Moïse dut « donner des lois et établir le droit » (Ex.15, 25), juger conformément à elles : « Or, le

256 Détails du partage des biens entre les héritiers au verset 240 ; S.5, 106/107 ; S.4, 7/13.176.
257 Gn.17, 20 ; Même promesse à Hagar (Gn.21, 18).

lendemain matin, Moïse siégeait pour juger le peuple et le peuple restait devant Moïse du matin au soir » (Ex.18, 13) ; « Moïse dit à son beau-père : « C'est que le peuple vient vers moi pour consulter Dieu. Lorsqu'ils ont une affaire, ils viennent vers moi ; je prononce entre les parties et je fais connaître les décrets de Dieu et ses lois » » (Ex.18, 15/16)

Le Prophète détenait également ce pouvoir :

« *...On m'a commandé de faire la justice entre vous...* » (S.42, 15)

En d'autres versets, L'éternel demande au Prophète d'établir la justice en jugeant d'après Sa Loi :

« *Et vers toi Nous avons fait descendre le Livre avec vérité, en tant que confirmateur du Livre qui était devant lui et en tant que son protecteur. Juge donc parmi eux d'après ce que Dieu a fait descendre...* » (S.5, 48)

« *Quant à ceux qui écoutent habituellement le mensonge, et ceux qui dévorent des gains illicites : juge entre eux, ou bien détourne-toi d'eux... Si tu les juges, juge-les avec équité. - Dieu aime ceux qui jugent avec équité -* » (S.5, 42)

A l'opposé des deux précédents envoyés, Jésus affirme que là n'est pas sa mission : « Si quelqu'un entend mes paroles et ne les garde pas, ce n'est pas moi qui le juge : car je ne suis pas venu juger le monde, je suis venu sauver le monde. » (Jn.12, 47)

**Les envoyés et l'exécutif**

Muhammad et Moïse en tant que chefs de leur communauté, détenaient le pouvoir exécutif. A eux revenait la décision finale.

Jésus n'eut pas à juger ni par conséquent à faire exécuter un jugement qu'il aurait rendu. Il s'en tint essentiellement à un rôle de prédicateur et d'annonceur de la Bonne Nouvelle.

Les trois messagers que nous comparons furent, nous sommes tous d'accord, des guides spirituels. Jésus fut le seul à ne pas être aussi un chef politique, un prophète-guerrier. Il me semble clair, par conséquent, qu'il ne peut être le prophète auquel se référait Moïse quand il disait « C'est un prophète comme moi... ».

Venons-en à présent au terme de leur vie :

Leur mort

Les trois religions monothéistes sont d'accord

sur le fait que Moïse et Muhammad sont décédés. La polémique éclate dès qu'est abordée la mort du Christ. Pour les juifs et les chrétiens, Jésus est mort crucifié. Pour les musulmans, Dieu l'a élevé au ciel, vivant :

> « *Ils*[258] *disent : "Nous avons mis à mort le Messie, Jésus fils de Marie, l'apôtre de Dieu." Non, ils ne l'ont point tué, ils ne l'ont point crucifié ; un homme qui lui ressemblait fut mis à sa place*[259]*, et ceux qui se disputaient là-dessus ont été eux-mêmes dans le doute. Ils ne le savaient pas de science certaine, ils ne le savaient que d'opinion. Ils ne l'ont point tué réellement. Dieu l'a élevé à Lui et Dieu est puissant et sage.* » (S.4, 156K/157)

Ceci n'est pas sans nous rappeler que dès les premiers siècles du christianisme, nombreux étaient ceux, qualifiés bien évidemment d'hérétiques - Manichéens*, Marcionites*, - qui étaient persuadés de la substitution d'un inconnu à Jésus. Les gnostiques docètes, croyaient que le corps de Jésus n'avait été qu'une apparence, et pensèrent

258 Les Juifs.
259 Denise Masson précise que la traduction mot à mot donne : « il lui fut ressemblé pour eux » ; M. Hamidullah traduit « on leur a apporté quelque chose de ressemblant ». PGDRSI : « mais, ce n'était qu'un faux semblant ».

que Simon de Cyrène « réquisitionné pour porter la croix de Jésus, avait été transfiguré par lui à sa propre ressemblance et crucifié à sa place pendant que le Christ, sous les traits de Simon lui-même, se tenait auprès de la croix et se moquait des bourreaux. »[260]

Qui sait ? Si l'on en croit certaines paroles de Jésus, on peut supposer également que Dieu l'éleva à Lui avant même l'arrestation : Jésus vient d'enseigner au Temple et son enseignement est entrecoupé à plusieurs reprises par les menaces de mort à son égard. Il leur dit : « ... "Pourquoi cherchez-vous à me faire mourir ?" La foule lui répondit : "Tu es possédé d'un démon ! Qui cherche à te faire mourir ?" » (Jn.7, 19/20) ; « Des gens de Jérusalem disaient : "N'est ce pas là, celui qu'ils cherchent à faire mourir ?" » (Jn.7, 25). Jésus clôture la polémique en annonçant son départ prochain : « Pour peu de temps encore, je suis avec vous, et je m'en vais vers Celui qui m'a envoyé. Vous me chercherez et vous ne me trouverez pas, et où je suis, moi, vous, vous ne pouvez venir. » Les juifs se dirent donc entre eux : « Où doit-il aller celui-là, que nous, nous ne le trouverons pas ? Doit-il aller vers ceux qui sont dispersés parmi les Grecs, et instruire les Grecs ? Que

260 Guil p. 589.

signifie cette parole qu'il vient de dire : Vous me chercherez et vous ne trouverez pas, et où je suis, moi, vous, vous ne pouvez venir ? » (Jn7, 33/36)[261]

Par conséquent, s'il est certain que Mu<u>h</u>ammad et Moïse sont décédés, rien ne nous permet d'affirmer que le crucifié du milieu fut Jésus, les avis divergeant très tôt après la disparition du Maître. De plus, les propos de Jésus annonçant son départ vers le Seigneur et précisant aux Juifs qu'ils ne le trouveront pas vont dans le sens de la révélation coranique qui affirme que le Christ a échappé à la crucifixion.

Le fossé est donc de plus en plus profond entre d'un côté le Nazaréen, Moïse et Mu<u>h</u>ammad de l'autre. De sa conception miraculeuse à sa disparition qui ne l'est pas moins, Jésus est une figure absolument unique dans l'histoire des prophètes, qui ne peut, tout au plus, être comparée qu'à celle d'Adam. Les multiples similitudes entre les deux autres envoyés nous permettent de conclure que Mu<u>h</u>ammad correspond certainement au « prophète comme moi » dont parlait Moïse.

Nous pourrions arrêter ici la comparaison entre ces trois messagers vu l'évidente harmonie

261 En Jean 8, 14, Jésus s'adresse aux Pharisiens : « ...Mais vous, vous ne savez pas d'où je viens, ni où je m'en vais. »

entre Moïse et Muhammad. Nous analyserons toutefois la suite de la prophétie du Deutéronome afin d'avoir une idée encore plus précise sur le prophète qu'elle introduit.

## « Que Je leur susciterai du milieu de leurs frères »

Quand le Tout-Puissant informe Moïse qu'il enverra un prophète comme lui « du milieu de leurs frères », on pourrait prendre le mot frère au sens strict et comprendre que Dieu choisirait Son futur envoyé parmi les Israélites. Or, rappelons-nous que le mot « frères » dans l'Ancien Testament, s'applique aussi par extension aux peuples descendants d'un même ancêtre[262]. Ainsi, le cercle s'élargit. Nous en déduisons que puisque Isaac et Ismaël étaient frères, les Ismaélites, descendants d'Ismaël sont frères des Israélites, descendants d'Isaac bien qu'en réalité ils soient cousins. Si l'on considère la prophétie au sens large, l'Envoyé promis peut par conséquent, tout à fait être un descendant d'Ismaël, c'est-à-dire un arabe.

En outre, d'après la Thora, le Seigneur bien qu'il s'adressait à Moïse a dit « du milieu de leurs frères » et non « du milieu de tes frères ». Moïse

262 Par exemple les descendants d'Ésaü et de Jacob sont frères (Dt.2, 4 ; Am.1, 11).

ne constitue donc pas la référence mais c'est l'ensemble de son peuple qu'il faut prendre en compte, soit l'ensemble des Israélites. Leurs frères sont incontestablement les Ismaélites, l'ancêtre commun étant Abraham. Le prophète annoncé à Moïse et choisi « du milieu de leurs frères » a donc toutes les chances d'être un Ismaélite.

> « *Qâf. Par le glorieux Coran ! Non mais ils s'étonnent qu'un avertisseur des leurs soit venu à eux...* » (S.50, 1/2)

Pourquoi s'étonner ? Il me semble au contraire tout à fait logique, que le Seigneur dans sa miséricorde, ait décidé d'envoyer aux Ismaélites, comme il l'avait fait pour les Israélites, un prophète, les Mecquois étant à cette époque là dans l'égarement le plus total, d'autant plus qu'aucun prophète depuis Ismaël ne les avait avertis.

> « *Oui, tu es certes du nombre des Envoyés, sur un chemin droit. Descente*[263] *de la part du Tout Puissant, du Miséricordieux, pour que tu avertisses un peuple dont les ancêtres n'ont pas été avertis : ces gens là sont donc inattentifs.* » (S.36, 3/6)

> « *...Mais voici une miséricorde de ton Seigneur*[264]*, afin que tu avertisses un peuple*

263 Le Coran est la « Descente », c'est-à-dire la Révélation qui est descendue sur le Prophète.
264 La révélation coranique est une miséricorde de la part de Dieu.

*à qui nul avertisseur avant toi*[265] *n'est venu...* » (S.28, 46)

Il aurait exaucé de ce fait la prière d'Abraham et d'Ismaël :

« *Et suscite leur un messager des leurs...* » (S.2, 129)

**« Je mettrai Mes paroles dans sa bouche et il leur dira tout ce que Je lui ordonnerai... Mais si le prophète, lui, a la présomption de dire en Mon nom une parole que Je ne lui aurai pas ordonné de dire ou s'il parle au nom d'autres dieux, alors c'est le prophète qui mourra.»**

Le Coran atteste que le Prophète répète la Parole de Dieu :

« *Votre camarade ne s'égare ni n'erre ; et il ne parle pas non plus d'impulsion : ce n'est là que révélation révélée. Un fort de puissance l'a enseigné* » (S.53, 2/5)

puis dans un autre verset précise :

« *S'il*[266] *Nous avait attribué quelques paroles mensongères, nous l'aurions pris par la main droite, puis Nous lui aurions tranché*

265 Depuis Ismaël.
266 Muhammad.

*l'aorte et nul d'entre vous n'aurait été capable de s'y opposer.* » (S.69, 44/47)

D'après l'évangile de Jean, le successeur du Christ : « ... vous fera accéder à la vérité tout entière. Car il ne parlera pas de son propre chef, mais il dira ce qu'il entendra » (Jn16, 13).

Ainsi, la Thora, le quatrième évangile et le Coran s'accordent sur une caractéristique fondamentale pour l'Envoyé : un transmetteur intègre de la Parole. En outre, le Coran comme le Deutéronome évoque la peine capitale en cas de transmission altérée du Message.

Le Prophète de l'Islam prit-il des précautions particulières pour préserver ce qu'il présentait comme Révélation ?

La Tradition nous signale un comportement tout à fait exceptionnel : Chaque fois que Muhammad recevait une révélation qui devait être incluse dans le Coran pour la postérité, il la récitait en précisant : « C'est de Dieu - écrivez-le et apprenez-le par cœur pour le réciter liturgiquement dans les offices de prière – et c'est le Coran. »[267]. Il appelait également un de ses secrétaires[268] et lui dictait les versets qu'il venait de recevoir. Puis il

267 Introd. MH p.VI

268 Il en aurait eu vingt neuf (Dz p.20)

demandait à celui-là de lui lire ce qu'il venait d'écrire afin, si besoin était, de le corriger. Cette démarche (récitation par cœur, écriture, vérification orale) couvre les versets d'une triple protection et montre avec évidence combien Muhammad était déterminé dans sa volonté de transmettre le Message sans la moindre erreur. Rappelons-nous à cette occasion son refus de modifier ce qu'il récitait malgré les exhortations des Quraych[269], les tentatives de corruption ou les menaces[270].

Grâce à cette manière de procéder, le Livre ne pouvait être confondu avec ses propres paroles. Celles-ci, nous l'avons vu, étaient notées à part par ses proches et font l'objet des recueils de hadiths.

Ainsi, par sa démarcation des autres envoyés dans sa volonté de toujours distinguer entre ses propres paroles et Celle du Créateur, par son refus de modifier même d'un iota ce qui lui était révélé, le Prophète de l'Islam est incontestablement celui qui a pris toutes les précautions pour éviter que son auditoire confonde la Révélation coranique

269 Cf. S.10, 16K/15 dans la partie : Prépara-t-il le Livre à l'avance ?

270 « … S'ils mettaient dans ma main droite le soleil et dans ma main gauche la lune, et s'ils me brûlaient par le feu, je ne retrancherais pas une lettre de ce que Dieu ordonne, et je ne dirais ni plus ni moins. » (Voir partie : Aspirait-il à des ambitions politiques ?)

avec ses paroles personnelles.

« **Et si quelqu'un n'écoute pas Mes paroles, celles que le Prophète aura dites en Mon nom, alors Moi-même, Je lui en demanderai compte**.»

Ces versets montrent que c'est Dieu qui demandera des comptes aux mécréants, et non Son prophète car le prophète est chargé d'appeler à la foi, de transmettre la Parole, d'avertir les hommes, mais nullement de leur demander de se justifier de leur incrédulité. Il ne sera pas tenu pour responsable s'ils n'ont pas cru au Message qu'il transmettait.

« *Oui, Nous t'avons envoyé avec la Vérité, en annonciateur et en avertisseur ; et on ne te demandera pas compte des gens de l'Enfer-Jahîm.* » (S.2, 119)

« *Et, que Nous te fassions jamais voir partie de ce que Nous leur promettons*[271]*, ou que Nous t'achevions, à toi seulement, la communication et à Nous le compte. Ne voient-ils pas que Nous venons à la terre la réduire de tous côtés ? Et Dieu juge, - personne pour casser Son jugement, - et Il fait vite les comptes.* » (S. 13, 40/41)

* * *

271 Le châtiment aux mécréants.

Le Seigneur promit à Moïse d'envoyer « du milieu de leurs frères » un prophète comme lui. Celui-ci était encore espéré par les contemporains du Christ comme l'évangile de Jean en témoigne.

Les comparaisons que nous venons d'effectuer entre Muhammad, Moïse et Jésus tant dans le déroulement de leur vie que dans les responsabilités et missions qui leur furent confiées, montrent de flagrantes similitudes entre les deux premiers. De plus Al-Amîn est un descendant d'Ismaël donc issu du milieu des frères des Israélites ; Il transmit les versets qui lui étaient inspirés avec la plus grande vigilance, y compris au péril de sa vie. Nous pensons donc fortement qu'il correspond au prophète annoncé par Moïse dans la prophétie 18, 18/20 du Deutéronome.

## III - COMPARAISON DES VERSETS CITÉS PAR 'ABDULLÂH IBN 'AMRÛ ET CEUX DU LIVRE D'ISAÏE (42,1/8)

Al-Bukhârî[272] raconte que 'Atâ' Ibn Yasâr demanda à 'Abdullâh Ibn 'Amrû Ibn Al-'Âs[273] : « Raconte-moi comment le Messager de Dieu est

272 HD p. 156 n° 62 ; SB n° 985 ; Les perles n° 532.

273 Mecquois compagnon du Prophète. Il nota pendant des années tout ce que ce dernier disait puis compila ses récits – près de mille – dans un recueil qu'il appela « As-Sahîfa As-Sâdiqa » (les feuilles véridiques). Ils furent plus tard incorporés dans les grandes collections de hadiths.

décrit dans la Thora. » Celui-ci répondit : « Par Dieu, il est décrit dans la Thora par quelques-unes de ses qualités citées dans le Coran :

> « *Ô Prophète ! Nous t'avons envoyé comme témoin, comme annonciateur de la Bonne Nouvelle et comme avertisseur* »[274]

et ajoute que ce verset a figuré aussi dans le Pentateuque. « Ô Prophète ! Nous t'avons envoyé comme témoin, comme annonciateur de la Bonne Nouvelle et comme avertisseur pour servir de refuge aux illettrés. Tu es Mon adorateur et Mon Envoyé. Je t'ai appelé : celui qui se confie entièrement en Dieu, qui n'est ni méchant, ni grossier, qui ne vocifère pas sur les marchés, qui ne repousse pas le mal par le mal mais il est indulgent et bienveillant. Dieu ne recueillera pas son âme tant qu'il n'aura pas remis, grâce à la religion dans la voie droite, (les gens), de sorte que tous diront : « Il n'y a d'autre divinité que Dieu. Il ouvrira les yeux aveugles, les oreilles sourdes, et les cœurs fermés. »

'Abdullâh Ibn 'Amrû nous expose très précisément les termes par lesquels le Prophète de l'Islam

274 Il s'agit de la sourate 33 verset 45 : « *Ô Prophète, Nous t'avons envoyé (pour être) témoin, annonciateur, avertisseur* » ; cf. aussi S.48, 8 : « *Nous t'avons envoyé en tant que témoin, annonciateur de la Bonne Nouvelle et avertisseur* ».

est décrit dans la Thora. Or, une telle description ne figure pas, comme on pourrait s'y attendre dans la Thora que nous possédons aujourd'hui. Sachant que cette dernière ne correspond pas à celle remise à Moïse, nous ne nous polariserons pas sur l'emplacement annoncé qui est quelque peu différent de l'emplacement actuel. Nous remarquons que le livre d'Isaïe 42, 1/8 renferme des versets pouvant tout à fait être mis en parallèle avec ceux que cite 'Abdullâh Ibn 'Amrû. Appartenant aux « Livres Prophétiques », ils font partie de la Bible Hébraïque.

Prenons connaissance de ces versets[275]:

« *Voici mon serviteur que je soutiens, mon élu que j'ai moi-même en ma faveur, j'ai mis mon Esprit sur lui. Pour les nations, il fera paraître le jugement (Il annoncera la justice aux nations.). Il ne criera pas, il n'élèvera pas le ton, il ne fera pas entendre dans la rue sa clameur ;... il fera paraître le jugement (il jugera dans la vérité). Lui, ne s'étiolera pas, lui ne ploiera pas, jusqu'à ce qu'il ait imposé sur la terre le jugement (la justice), et les îles seront dans l'attente de ses lois... C'est moi le Seigneur, je t'ai appelé selon la justice, je t'ai tenu par la main, je t'ai mis en réserve et je*

275 Trad. Œcuménique. Le texte entre parenthèses correspond à celle de l'abbé Glaire.

*t'ai destiné à être l'alliance de la multitude, à être la lumière des nations, à ouvrir les cœurs aveuglés, à tirer du cachot le prisonnier, de la maison d'arrêt, les habitants des ténèbres. C'est moi le Seigneur, tel est mon nom ; et ma gloire, je ne la donnerai pas à un autre, ni aux idoles la louange qui m'est due.* »

'Abdullâh Ibn 'Amrû faisait-il vraiment allusion à ces versets ? Afin de répondre à cette question, comparons-les point par point :

1 - 'Abdullâh parle de « Mon adorateur et Mon Envoyé », Isaïe de « mon serviteur et mon élu ». Le serviteur de Dieu étant aussi son adorateur, tout comme l'envoyé celui que Dieu a choisi pour une mission : l'élu pour cette mission, la concordance est évidente.

2 - Cet envoyé qui « ne vocifère pas sur les marchés », correspond tout à fait à l'élu qui ne « criera pas, n'élèvera pas le ton, ne fera pas entendre dans la rue sa clameur ».

3 - 'Abdullâh ajoute que « Dieu ne recueillera pas son âme tant qu'il n'aura pas remis grâce à la religion, les gens dans la voie droite ». D'après Isaïe, « Lui, ne s'étiolera pas, lui ne ploiera pas jusqu'à ce qu'il ait imposé sur la terre le jugement ». Dans les deux cas, l'envoyé ne disparaîtra

pas avant d’avoir amené sa mission au triomphe. Dans cette mission, le religieux et le législatif sont intimement liés.

4 - L’adorateur « ouvrira les yeux aveugles, les oreilles sourdes et les cœurs fermés ». Le serviteur « ouvrira les cœurs aveuglés ». Sachant que le cœur[276], n’est pas à prendre au sens propre mais désigne dans les langues bibliques, le plus souvent « le centre caché de l’homme », « le résumé de l’homme tout entier », ou parfois « le siège des sentiments, de la pensée et de la volonté », ouvrir les cœurs aveuglés signifie éclairer l’homme dans son intégralité, ouvrir le cœur de ceux qui ne veulent rien entendre (oreilles sourdes), de ceux qui ne veulent pas voir la vérité (yeux aveugles). Le serviteur « tirera aussi du cachot le prisonnier, de la maison d’arrêt, les habitants des ténèbres », c’est-à-dire ceux qui ne peuvent voir. Isaïe insiste donc en parlant de ceux qui sont aveuglés et qui verront grâce à ce serviteur qui sera leur « lumière », et en termes plus précis : la « lumière des nations ».

5 - D’après ‘Abdullâh, ces aveugles seront éclairés et « tous » diront : « Il n’y a d’autre divinité que Dieu ». Pour Isaïe, ce sera une « multitude » qui fera alliance avec le serviteur qui les éclairera puisqu’il sera leur « lumière » et grâce à

276 Glossaire AT1 au mot « cœur ».

lui, cette multitude comprendra les paroles qu'Isaïe prête au Seigneur : « C'est moi, le Seigneur, tel est mon nom ; et ma gloire je ne la donnerai pas à un autre, ni aux idoles la louange qui m'est due. » Ainsi, par son intermédiaire, la multitude réalisera qu'il n'existe pas d'autre divinité que Dieu.

Devant de telles similitudes, nous pouvons conclure que 'Abdullâh évoquait la prophétie du 42ème chapitre, versets 1 à 8 du livre d'Isaïe. Le serviteur est fort probablement le Prophète de l'Islam. Or, les chrétiens l'identifient au Christ et avancent l'évangile de Matthieu (Mt.12, 18/21) pour justifier leur choix[277]. Il faut noter tout de même qu'au sein de la chrétienté, ce choix soulève quelque réticence plus ou moins bien affirmée : L'abbé Glaire, en note du premier verset d'Isaïe, précise : « Dans ce verset et les suivants, il est parlé très clairement du Messie et de la rédemption du genre humain et les évangélistes ont souvent appliqué à Jésus Christ ce qui est dit du libérateur d'Israël. Il y a cependant des expressions dont on peut faire l'application à Cyrus[278] ». Cette remarque montre indirectement que le Christ ne répond pas à toutes les caractéristiques du serviteur. S'il fut un élu, reçut l'Esprit, c'est-à-dire une révélation divine, on ne peut lui reconnaître les

277 Les autres évangiles n'en parlent pas.
278 Fils de Cambyse et roi de Perse.

rôles de juge et de législateur attribués à Cyrus. Jésus ne remplissant pas tous les critères du serviteur, ce ne peut donc être lui. Cyrus, pas davantage puisque qu'il n'avait pas reçu de révélation. Il s'agit donc d'un troisième personnage. L'analyse des missions du serviteur de Dieu d'après le texte d'Isaïe, comparées à celles du Prophète de l'Islam, et par souci d'impartialité, à celles de Jésus, doit nous éclairer sur son identité.

### « Il fera paraître le jugement » ou Il « jugera dans la Vérité »

Le Créateur institua Muhammad comme juge parmi les hommes. Le Coran en témoigne tout comme l'histoire.

> « *Nous t'avons envoyé le Livre contenant la vérité, afin que tu juges entre les hommes d'après ce que Dieu t'a fait connaître...* » (S.4, 106K/105)

> « *...et dis : "Je crois en tout ce que Dieu a fait descendre en fait de Livre" ; et - : On m'a commandé de faire la justice entre vous. Dieu est notre Seigneur tout comme votre Seigneur...* »[279](S.42, 15)

279 Le Prophète s'adresse aux Gens du Livre c'est-à-dire aux Juifs et aux Chrétiens.

« *...Juge donc parmi eux d'après ce que Dieu a fait descendre...* » (S.5, 48)

D'après les évangiles, Jésus ne s'estime pas juge : « Si quelqu'un entend mes paroles et ne les garde pas, ce n'est pas moi qui le juge : car je ne suis pas venu juger le monde, je suis venu sauver le monde. » (Jn.12, 47)[280]

**« Lui, ne s'étiolera pas, lui ne ploiera pas jusqu'à ce qu'il ait imposé sur terre la justice et les îles[281] seront dans l'attente de ses lois »**

Cette description ne peut s'appliquer au Christ. On ne peut en effet soutenir qu'il ait imposé la justice sur terre, puisque lui-même fut condamné de manière tout à fait injuste au supplice de la croix. Sa mission fut interrompue brutalement. Jésus, pas plus qu'il n'imposa la justice, n'eut le temps de promulguer des lois.

A l'inverse, le Prophète de l'Islam fit respecter la Loi, réorganisa toute la société. Il devint un chef d'état incontesté. De son vivant, une grande partie de l'Arabie embrassa l'Islam qui s'étendit ensuite sur tous les continents avec une rapidité d'expansion jusqu'à présent jamais égalée par aucune autre religion. Le Prophète correspond donc bien à

280 Cf. également Mt 5, 17.
281 Les pays lointains.

celui qui imposa la justice et ses lois[282] que les pays lointains adoptèrent par la suite.

## « Je t'ai mis en réserve »

En général, ce qui est mis en réserve (les réservistes pour les personnes), est sorti (ou appelé) en dernier recours. Le prophète Muhammad vint accomplir sa mission après que tous les prophètes eurent accompli la leur. Il fut ainsi celui que Dieu « avait mis en réserve » pour clôturer la révélation et le fait qu'il fut appelé le Sceau des prophètes, montre une fois de plus qu'il correspond à l'Élu mis en réserve et annoncé par Isaïe.

> « *Muhammad n'est le père d'aucun de vous. Il est l'envoyé de Dieu et le sceau des prophètes. Dieu connaît tout.* » (S.33, 40K)

Jésus n'a pas déclaré être le sceau des prophètes. Au contraire il annonça la venue d'un Messager après lui : « Moi, je prierai le Père : Il vous donnera un autre Paraclet... » (Jn.14, 16)

## « Je t'ai destiné à être l'alliance de la multitude »

D'après l'évangile de Matthieu, le Christ précise que son message ne s'adresse qu'aux « brebis

282 Celles de Dieu puisqu'il n'était qu'un transmetteur.

perdues de la maison d'Israël »[283]. Il ne peut donc être considéré comme celui qui réalisa l'alliance de la multitude. Si l'on en croit l'évangile de Luc il aurait même précisé, qu'il n'est pas venu pour rallier mais au contraire pour diviser : « Pensez-vous que ce soit la paix que je suis venu mettre sur la terre ? Non, je vous le dis, mais plutôt la division. Car désormais, s'il y a cinq personnes dans une maison, elles seront divisées : trois contre deux et deux contre trois. On se divisera père contre fils et fils contre père, mère contre fille et fille contre mère, belle-mère contre belle-fille et belle-fille contre belle-mère » (Lc.12,51/53)

A l'opposé, dès le début de la prédication publique, le Prophète de l'Islam informa les Quraych que sa mission s'adressait à tous : « O mes oncles et mes cousins, je suis l'apôtre de Dieu envoyé vers tous les hommes en général et vers vous en particulier. »[284]

Ce qui est certifié par le Coran :

> « *Dis-leur : "Ô hommes, je suis l'apôtre de Dieu envoyé vers vous tous"* » (S.7, 156K/158)

283 Mt.10, 5 ; Mt.15, 24.
284 Tab3 p. 77.

« *Et Nous ne t'avons envoyé que comme annonciateur et avertisseur pour la totalité des gens. Mais la plupart des gens ne savent pas.* » (S.34, 28)

L'histoire en témoigne. Outre le ralliement de toutes les tribus d'Arabie qui se livraient jusqu'alors à des luttes intestines, dès l'an 6 de l'Hégire, après la trêve d'Al-Hudaybiyya, le Prophète exhorta à l'Islam les grandes puissances étrangères en envoyant des lettres aux empereurs byzantin, persan, abyssin, au patriarche d'Alexandrie, au gouverneur de Busrâ.[285]

Ainsi, il entreprit lui-même la propagation de l'Islam hors des frontières de l'Arabie. Dans les paroles comme dans les faits, le Message n'était pas destiné à un peuple particulier mais à l'humanité tout entière. Muhammad accomplit donc ce passage de la prophétie d'Isaïe qui annonçait que le serviteur serait destiné à « être l'alliance de la multitude ».

**« Je t'ai destiné à être la lumière des nations »**

Le mot « nations » vient de l'hébreu « *goyim* » qui signifie en français « païens ». Il sert à désigner, en langage biblique, tous ceux qui adorent plusieurs dieux. Les nations sont ainsi opposées à

285 Introd. MH p. XII/XIII.

Israël, peuple du Dieu Un.

Le serviteur devait s'adresser aux nations. Jésus ne pouvait donc être ce serviteur puisqu'il fut précisément envoyé à Israël. Il le dit, il l'impose aux Douze : « Je n'ai été envoyé qu'aux brebis perdues de la maison d'Israël » (Mt.15, 24) ; « Ces Douze, Jésus les envoya en mission avec les instructions suivantes : « Ne prenez pas le chemin des païens et n'entrez pas dans une ville de Samaritains ; allez plutôt vers les brebis perdues de la maison d'Israël. » (Mt.10, 5)

Le Coran corrobore les évangiles sur ce point précis : L'ange annonce à Marie qu'elle enfantera un fils auquel Dieu enseignera :

> « *...Le Livre et la sagesse, le Pentateuque et l'Évangile. Jésus sera son envoyé auprès des enfants d'Israël...* » (S.3, 43K/48/49)

A l'inverse, Mu<u>h</u>ammad s'adressa aux nations, aux païens de Makkah qui adoraient une multitude de dieux ! Il fut celui qui les éclaira :

> « *Tu appelles les hommes à Dieu, tu es le flambeau lumineux.* » (S.33, 45K/46)

« *Ceux qui croiront en lui*[286]*, et qui l'assisteront, qui suivront la lumière descendue avec lui, ces hommes-là seront bienheureux.* » (S.7, 155K/157)

## Il fera sortir « les habitants des ténèbres »

Le Coran explique de façon très concise la mission du Prophète :

« *Alif, Lam, Ra. Voici un livre que nous avons fait descendre sur toi, afin que - par la permission de leur Seigneur - tu fasses sortir les gens des ténèbres vers la lumière, sur la voie du Tout Puissant, du Digne de louange* » (S.14,1)

« *C'est lui qui fait descendre sur son serviteur*[287] *des signes évidents pour vous conduire des ténèbres à la lumière...* » (S.57, 9K)

## « et ma gloire, je ne la donnerai pas à un autre, ni mon honneur aux idoles »

Cette déclaration visait un peuple polythéiste qui adorait les idoles. Tel était le peuple arabe du temps de l'ignorance. Le Prophète de l'Islam est venu corriger leurs erreurs ne cessant de leur rappeler l'unicité divine, condamnant radicalement le culte des idoles :

286 En Mu<u>h</u>ammad.
287 Mu<u>h</u>ammad.

> *« Dis-leur, Ô Muhammad : Je ne suis que votre apôtre : il n'y a point d'autre dieu que Dieu, l'Unique, le Tout-Puissant* » (S.38, 65K)

> *« Ô vous, les hommes ! Une parabole vous est proposée ; écoutez-la : Ceux que vous invoquez en dehors de Dieu ne créeront jamais une mouche, même si tous s'unissaient... et si la mouche leur enlevait quelque chose, ils ne pourraient le lui reprendre. -Combien faible est celui qui demande et celui qui est sollicité !- Ils n'ont pas estimé Dieu à sa juste mesure. -Dieu est, en vérité, celui qui est fort et puissant-* » (S.22, 73/74)

Jésus n'avait pas besoin de rappeler l'unicité de Dieu, puisque cela était déjà chose acquise. A contrario, il était nécessaire de le rappeler aux païens de Makkah qui l'avait oublié depuis bien longtemps !

* * *

Le Prophète de l'Islam fut un serviteur de Dieu, un élu, reçut l'Esprit, fut envoyé aux nations auprès desquelles il agit comme juge et auxquelles il apporta la Loi. Il sut rallier une multitude de tribus et de peuples ennemis les uns des autres sous une même bannière. Il éclaira ceux qui vivaient dans les ténèbres de l'idolâtrie en leur rappelant qu'il n'existait qu'un seul Dieu, Unique et Tout Puissant. Mis en réserve par le Seigneur, il fut appelé pour être celui par lequel la Révélation devait s'achever. Il répond par conséquent à toutes les caractéristiques du serviteur décrit par Isaïe dans les huit premiers versets du chapitre 42.

'Abdullâh ibn 'Amrû n'aurait pas fait allusion à la suite de la prophétie d'Isaïe. Cependant, elle apporte des précisions capitales sur le lieu, les peuples chez lesquels elle devait se réaliser. Elle corrobore nos conclusions précédentes.

## IV - SUITE DE LA PROPHÉTIE D'ISAÏE (42, 10 SS. ; 60, 6/7)

**« Chantez pour le Seigneur un chant nouveau[288], chantez sa louange, depuis l'extrémité de la terre, gens de la haute mer, et tout ce qui l'emplit, les îles et leurs habitants. Qu'élèvent la voix, le désert et ses villes, les villages où habite Qédar ; que les habitants du roc poussent des acclamations, du sommet des montagnes qu'ils lancent des vivats ; qu'on rende gloire au Seigneur, qu'on publie dans les îles sa louange ! »**

**(Is.42, 10/12)**

288 Ou un cantique.

En parlant d'un « cantique nouveau » qui sera chanté notamment par les habitants du désert, dans les villages où habite Qédar, par les habitants du roc et des montagnes, Isaïe cite nommément le second fils d'Ismaël[289], la région où il habitait, région désertique surplombée de montagnes. Ce paysage est typique du territoire de Makkah où vécurent Ismaël et ses descendants. Le cantique sera donc, en particulier, chanté par ces derniers. Les vivats lancés du sommet des montagnes par les habitants du roc, nous font penser à l'appel à la prière qui se fait par la voix et sur des lieux surélevés chez les musulmans. Devant être entendu jusqu'aux extrémités de la terre, jusque dans les îles, « le cantique nouveau » a une destinée universelle. Il ne peut correspondre, logiquement aux versets bibliques puisque chaque prophète d'Israël s'adressait exclusivement à son peuple. A ce propos, l'évangile de Marc, (Mc.16, 15) où soit disant Jésus « ressuscité » demande à ses disciples de proclamer l'évangile « à toutes les créatures » est très surprenant et à l'opposé de ce que le Christ disait avant sa disparition. Ne nous y fions donc pas trop d'autant plus que nous lisons en note du verset 8 (Mc.16, 8) : « selon les meilleurs manuscrits, l'Évangile de Marc se termine ici »[290]. Il est

289 cf. Gn.25, 12/13 ; 1Chr.1, 29 pour la descendance d'Abraham.
290 Traduction œcuménique.

donc clair que si nous avons aujourd'hui, sous les yeux, les versets 9 à 20, alors qu'ils n'existaient pas dans les plus anciens manuscrits, c'est qu'ils furent rajoutés ultérieurement ! Jésus qui limita sa mission à Israël n'aurait donc pas demandé à ses disciples, même en supposant qu'il fut mort et ressuscité, de s'adresser à d'autres peuples[291]. Cela me paraît capital et tout nous porte, par conséquent, à croire, vu que les prophètes d'Israël ont toujours limité leur mission à leur communauté, que « le cantique nouveau » correspond à la révélation coranique puisque celle-ci est la seule révélation destinée à tout le genre humain. Le Prophète de l'Islam l'a clairement spécifié.

Reste à vérifier si le Coran peut être considéré comme un cantique.

Le Seigneur dans le Livre incite fortement les musulmans à « psalmodier le Coran » :

291 Charles Guignebert précise à propos de ces versets 9 à 20 : « Des manuscrits entre tous considérables (le Vaticanus, le Sinaïticus grec, le Syrus sinaïticus) n'ont pas cette finale canonique, tandis que d'autres en portent une différente. Au IVème siècle, Eusèbe disait que « dans les manuscrits exacts », Marc se terminait sur les mots : car elles avaient peur (16,8). » (Guil p. 627) En plus des ajouts sur la portée du message, Oscar Cullmann signale que « Des manuscrits grecs plus récents et certaines versions ont ajouté à cet endroit une conclusion sur des apparitions, qui n'est pas de Marc mais est tirée d'autres évangiles ».(Cull. p. 26)

« *Chante pureté, donc, par le nom de ton Seigneur, le Grand !* » (S.69, 52)

Le Prophète nous recommandait également cette pratique : « Enjolivez le Coran par vos voix »[292]

Devant les maintes sollicitations de « chanter le Coran », les musulmans s'investirent dans l'art de la psalmodie. Ils rédigèrent une multitude d'ouvrages et développèrent une véritable science de la cantilation grâce à une écriture vocalisée extrêmement précise, si précise « qu'on n'a pas besoin de notation musicale pour réciter correctement le Coran, pour le chanter. Outre les signes de vocalisation, les éditions arabes du Coran marquent toujours ces autres signes conventionnels qui indiquent la correspondance des sons, l'allongement des voyelles lors des liaisons, et autres caractéristiques de la récitation artistique. »[293]

Le Coran est psalmodié dans sa totalité. Ne peut-il être, dans ce cas, qualifié de cantique, de chant ?

**« Le Seigneur, tel un héros, va sortir, tel un homme de guerre, il réveille sa jalousie, il pousse un cri d'alarme, un grondement et contre ses ennemis se comporte en héros. » (Is.42, 13)**

292 Introd. MH p. XXXI n° 141.
293 Introd. MH p. XXXI n° 143.

En annonçant que le Seigneur va sortir tel un homme de guerre et contre ses ennemis se comporter en héros, Isaïe fait allusion aux guerres pour la cause de Dieu auxquelles participera le serviteur. Après une telle allusion, comment croire encore que ces prédictions annonçaient Jésus alors que la guerre ne lui fut pas prescrite ?

**« Je ferai marcher les aveugles sur un chemin inconnu d'eux, sur des sentiers inconnus d'eux, je les ferai cheminer. Je transformerai devant eux les ténèbres en lumière, ... Les voici rejetés en arrière, tout honteux, ceux qui mettent leur assurance dans une idole, ceux qui disent à du métal fondu : « Nos dieux, c'est vous ! » (Is.42, 16/17)**

En promettant de transformer pour les aveugles, les ténèbres en lumière, le Créateur éclairera ainsi ceux « qui mettent leur assurance dans une idole, ceux qui disent à du métal fondu : « Nos dieux, c'est vous ! » En raison du parallélisme « aveugles » « ténèbres » avec « idoles », le terme aveugle doit s'entendre de toute évidence au sens spirituel. Il sous-entend des adorateurs d'idoles, comme c'était le cas des peuplades de l'Arabie antéislamique.

**« Un afflux de chameaux te couvrira, de tout jeunes chameaux de Madîan et d'Eifa ; tous**

**les gens de Saba viendront, ils apporteront de l'or et de l'encens, et se feront les messagers des louanges du Seigneur. Tout le petit bétail de Qédar sera rassemblé pour toi, les béliers de Nebayoth seront pour tes offices ; ils monteront sur mon autel, ils y seront en faveur[294] ; oui, je rendrai splendide la Maison de ma splendeur. » (Is. 60, 6/7)**

Madian désigne des tribus arabes vivant à l'est du golfe d'Aqaba. Eifa est un clan madianite[295] et le royaume de Saba se situait au sud-ouest de l'Arabie. De plus, Qédar et Nebayoth sont deux fils d'Ismaël : Nebayoth, l'aîné, Qédar le second[296]. Il est donc clair qu'Isaïe parle là de peuplades arabes.

Le petit bétail de Qédar ainsi que les béliers de Nebayoth seront rassemblés pour les sacrifices et Dieu les aura « en faveur ». C'est pour rendre louange à Dieu que tous ces peuples viendront à dos de chameaux, vers Sa Sainte Maison. Comment ne pas voir là, l'afflux des pèlerins à Makkah qui venaient dans les premiers temps de l'Islam à dos de chameaux ? Les béliers de Qédar et de Nebayoth sacrifiés lors des offices ne corres-

294 « C'est-à-dire que Dieu agréera ce sacrifice » (note de AT1).
295 En note d'Is.60, 6.
296 Gn.25, 13.

pondent-ils pas à ceux offerts en holocauste lors de la fête musulmane de l'Aïd el Kébir ou « fête du sacrifice du mouton »[297] ? Quant à la maison de Sa splendeur comment ne pas y reconnaître la Maison Sacrée, la Ka'ba appelée depuis sa construction « Bayt Allâh », Maison de Dieu ! Recouverte à chaque pèlerinage d'un tissu de soie noire brodée de fils d'or et d'argent, sans cesse entourée d'une foule de pèlerins venus des quatre coins du monde qui prient face à elle, n'est-elle pas magnifiée, glorifiée ?

Si l'on tient compte de tous les éléments qui précèdent, le titre donné à ce chapitre 60 : « Gloire de la Jérusalem future » ; « La gloire du Seigneur sur Jérusalem » semble complètement inapproprié. On ne voit pas le rapport avec Jérusalem étant donné qu'Isaïe ne cesse de nous citer des peuplades arabes. De plus, il n'existe pas dans la religion chrétienne de rites de sacrifices de béliers.

* * *

La description du lieu désertique entouré de montagnes, la mention des peuples auxquels est adressé le message du serviteur, message appelé « cantique nouveau », l'évocation des guerres d'où le Seigneur sort victorieux et les sacrifices de

297 En commémoration du sacrifice d'Abraham

moutons nous permettent de conclure qu'Isaïe nous parlait certainement des tribus arabes, de la révélation coranique, des combats auxquels participèrent le Prophète et les musulmans, de Makkah, de la Ka'ba, du pèlerinage, de la fête du mouton. Voir en ces lieux, dans ces rites, dans ces prescriptions, Jésus et le peuple d'Israël me paraît une grossière erreur, Jésus n'étant pas arabe, n'ayant pas participé à la moindre bataille, n'ayant pas demandé à ses quelques disciples de sacrifices de béliers.

Comme il est indéniable que Jésus avait annoncé un Messager après lui, étudions à présent ses paroles telles qu'elles sont rapportées dans le Coran et dans les évangiles.

## V - COMPARAISON ENTRE L'ANNONCE DU SUCCESSEUR DU CHRIST DANS LE CORAN ET DANS LE NOUVEAU TESTAMENT

### Le successeur du Christ dans le Coran

Dans le verset ci-dessous, Jésus se présente et annonce son successeur :

« *Jésus, fils de Marie disait à son peuple : Ô enfants d'Israël ! Je suis l'apôtre de Dieu envoyé vers vous, pour confirmer le Pentateuque qui vous a été donné avant moi, et pour vous annoncer la venue d'un autre apôtre après moi, dont le nom sera Ahmed*[298]*...* » (S.61, 6K)

D'après le Coran, Jésus aurait donc précisé son nom : « Ahmed ».

Muhammad Hamidullah a choisi de traduire le mot Ahmed. Sa signification est : « Le Très glorieux ». Il s'agit là du superlatif de « Muhammad » qui signifie « le Glorieux », « le Loué ». La traduction du verset 6 de la sourate 61 donne par conséquent chez lui :

« *Et quand Jésus fils de Marie dit : O Enfants d'Israël, je suis vraiment un messager de Dieu à vous, confirmateur de ce qu'il y a devant moi de par la Thora, et annonciateur d'un messager à venir après moi, dont le nom sera « le Très Glorieux » ! ...* »

En note de ce verset, M. Hamidullah précise : « Muhammad disait : « Je m'appelle Muhammad sur la terre mais Ahmed dans le ciel » ; Lorsque Hassân, poète attitré du Prophète, composa une élégie pour la mort du Prophète, il y employa les deux noms indifféremment. Le sens des deux noms est presque identique. »

298 Ou Ahmad (forme anglophone).

Pour les musulmans, le successeur promis par Jésus du nom de A<u>h</u>med ou Mu<u>h</u>ammad correspond bien évidemment au Prophète de l'Islam.

Voyons à présent comment Jésus l'annonce selon le Nouveau Testament.

## Le successeur du Christ dans le Nouveau Testament

Il fait l'objet d'une promesse. Sa venue, sa spécificité, et surtout ses missions sont précisées dans les chapitres 14 à 16 de l'évangile de Jean.

### D'après l'évangile de Jean

Dans cet évangile, Jésus l'introduit en ces termes : « Moi, je prierai le Père : Il vous donnera un autre Paraclet... » (Jn.14, 16)

Le moment exact de sa venue n'est pas précisé, mais le Nazaréen nous donne un repère. Il viendra quand lui-même sera parti : « Cependant, je vous ai dit la vérité : c'est votre avantage que je m'en aille ; en effet, si je ne pars pas, le Paraclet ne viendra pas à vous ; si, au contraire, je pars, je vous l'enverrai. » (Jn.16, 7)

Sa caractéristique principale sera qu'« il ne parlera pas de son propre chef, mais il dira ce qu'il entendra » (Jn.16, 13)

Ses fonctions seront multiples : « Lorsque viendra le Paraclet que je vous enverrai d'auprès du Père, l'Esprit de vérité qui procède du Père, il rendra lui-même témoignage de moi. » (Jn15, 26) ; « Et lui, par sa venue, il confondra[299] le monde en matière de péché, de justice et de jugement ; en matière de péché : ils ne croient pas en moi ; en matière de justice : je vais au Père et que vous ne me verrez plus ; en matière de jugement : le prince de ce monde a été jugé. J'ai encore bien des choses à vous dire, mais vous ne pouvez les porter[300] maintenant ; lorsque viendra l'Esprit de vérité, il vous fera accéder à la vérité tout entière… et il vous communiquera tout ce qui doit venir. Il me glorifiera car il recevra de ce qui est à moi et il vous le communiquera. » (Jn.16, 8/14) ; « Le Paraclet, l'Esprit Saint que le Père enverra en mon nom, vous enseignera toutes choses et vous fera ressouvenir de tout ce que je vous ai dit » (Jn.14, 26).

Selon l'évangile de Jean, le successeur se nomme donc « le Paraclet ». A ce dénominatif central, est ajouté parfois « l'Esprit de Vérité » et une fois « l'Esprit Saint ». Ce Paraclet correspond-il au « Très Glorieux » que nous promettait Jésus d'après le Coran ? Pour tenter de répondre à cette question, intéressons-nous à l'origine du mot Paraclet.

299 Ou convaincra
300 Les comprendre

Paraclet est la traduction du grec « Paracletos ». Les chrétiens affirment que c'est ce mot qui figurait dans le texte initial de l'évangile de Jean. Des musulmans ont contesté cette affirmation. Pour eux, c'est « Periclitos » qui était écrit. Or Periclitos signifie « le Très Glorieux ». Ibn Is<u>h</u>âq, au VIIIème siècle, cite le passage de Jean 15, 26/27 disant que le mot employé pour désigner le successeur du Christ signifiait « Mu<u>h</u>ammad ».[301]

Dans la perspective où Periclitos figurait dans l'original et les rédactions premières de l'évangile de Jean, celui-ci aurait été en conformité concernant le successeur du Christ au verset 6 de la sourate 61 du Coran. Le doute serait définitivement levé : le Sceau des prophètes devait s'appeler A<u>h</u>med ou Mu<u>h</u>ammad.

Malgré la connaissance qu'ils ont de l'origine et du long cheminement dans l'élaboration du canon néo-testamentaire, les chrétiens persistent dans leur affirmation.

Peut-on aujourd'hui, objectivement, connaître le mot exact employé par Jésus pour désigner son successeur ? Il semble bien que non. Tout d'abord parce que Jésus ne parlait pas grec mais araméen*, et nous ne savons pas quel mot araméen il prononça

301 Ibn Iql, p.179.

en la circonstance, son discours n'ayant pas été pris en note immédiatement, ensuite parce que la tradition orale a duré au moins un demi siècle et qu'entre l'original et les premiers manuscrits complets environ trois siècles se sont écoulés[302]. A supposer que le mot grec Periclitos figurait dans le texte original[303], il ne faut pas oublier que nous ne le possédons pas aujourd'hui. Nous n'avons que des copies de copies : les manuscrits, dont les plus anciens pour les papyrus datent du IIIème siècle[304] et pour les parchemins du IVème. Entre le texte original que nous ne possédons plus et le texte conservé, le temps fut donc suffisamment long pour que le « Periclitos » soit transformé en « Paracletos », cette altération étant tout à fait possible du fait de la morphologie simplifiée du grec utilisé dans ces documents. Il aura suffi qu'un seul copiste de la chaîne se soit trompé[305], qu'au lieu de recopier « Periclitos » écrive « Paracletos » pour que le mot ainsi modifié, mette dans l'erreur des générations de croyants que la lecture de « Periclitos » aurait conduit sur une toute autre voie.

302 Cull p. 7 ; NT Introd. p. XII.

303 Puisque le Nouveau Testament nous est parvenu en grec.

304 Mis à part un fragment de papyrus (Jn.18, 31/33) découvert en 1935 et daté de la fin du IIème siècle. (Cull p.40).

305 A moins que la modification ne soit volontaire puisque le copiste se permettait parfois des corrections en fonction de ses idées personnelles (Cull. p. 9).

Faute du document original, nous sommes, par conséquent, réduits à l'impuissance si nous voulons déterminer sans coup férir, le mot grec traduction exacte du mot araméen prononcé par Jésus. Ne nous étendons donc pas sur cette polémique, d'autant plus qu'un même individu peut recevoir plusieurs dénominations. Si Periclitos correspond exactement au prénom du Prophète de l'Islam, le dénominatif Paracletos lui convient après tout également. En effet, Paraclet est un terme juridique désignant « celui qui est appelé auprès d'un accusé pour le défendre : avocat, assistant, défenseur, consolateur, intercesseur ; autant de traductions possibles mais insuffisantes. »[306]

Or, intercesseur est un qualificatif caractéristique du Prophète de l'Islam puisque d'après la Tradition : « Au jour de la résurrection, Dieu rassemblera tous les hommes, croyants et incrédules... Les croyants diront : « Si nous demandions à quelqu'un d'intercéder en notre faveur auprès de Dieu... ? » Ils commenceront par s'adresser à Adam mais celui-ci répondra qu'il n'est pas l'homme de la situation et les renverra devant Noé. Ce dernier à son tour leur conseillera de s'adresser à Abraham mais celui-ci répondra

306 Note en Jn.14, 16 de la TOB

comme les deux premiers : « Je ne suis pas l'homme qu'il vous faut » et leur proposera l'aide de Moïse. Le prophète hébreu évoquera qu'il a tué un homme et déclarera également qu'il n'est pas celui qui convient. Il ajoutera : « Allez trouver Jésus. ». Le Christ répliquera comme ses prédécesseurs et leur conseillera de demander l'intercession de Muhammad. Le Prophète de l'Islam acceptera d'intercéder. Il demandera audience au Tout Puissant qui lui dira : « Lève-toi Muhammad, parle, on t'écoutera, intercède, tu seras exaucé ; demande et tu obtiendras ». Le Prophète poursuit la narration : « Alors, je lèverai la tête, je louerai le Seigneur... et j'intercèderai. On me fixera un nombre d'hommes, je sortirai et je les ferai sortir de l'Enfer et les ferai entrer au Paradis ». Il intercèdera encore deux fois et à chaque fois, fera sortir de l'Enfer un groupe qui entrera au Paradis. Il ne restera finalement en Enfer que ceux qui y demeureront éternellement.[307]

Ce terme d'intercesseur convient donc tout à fait au Prophète de l'Islam.

Muhammad Hamidullah nous fait remarquer que le mot Paraclet a aussi le sens de « Directeur »

307 HD p. 256 Chap. 35 : De l'intercession. (B. ; T. ; Ib. Mj.)

ou d'Imam[308], c'est-à-dire, celui qui dirige. Mu<u>h</u>ammad fut bien l'Imam de son peuple.

Le Prophète de l'Islam peut ainsi être reconnu dans les deux dénominations : « Paracletos » pour les sens d'Intercesseur ou de Directeur, « Periclitos » parce signifiant Ahmed, synonyme de Mu<u>h</u>ammad.

Dans certaines bibles, vous ne trouverez pas le mot Paraclet, les traducteurs ayant préféré le remplacer par l'un de ses sens possibles : La traduction officielle pour la liturgie[309] ainsi que la nouvelle traduction de la Bible éditée chez Bayard en 2001 lui ont substitué le mot « Défenseur » ; L'Alliance Biblique Universelle, l'a remplacé par un groupe verbal : « Celui qui doit vous venir en aide » ou « quelqu'un d'autre pour vous venir en aide ». On peut se demander pourquoi. Cette appellation serait-elle si dérangeante ? Quelle que soit la raison avancée, le résultat revient à privilégier un sens précis et à confiner le lecteur dans l'ignorance d'un mot qui a fait des gorges chaudes. Pouvait-on se permettre une telle liberté ?

Parmi les autres appellations pour son successeur, Jésus, selon Jean, employa celle d'Esprit de

308 S.61, 6 en note.
309 TOL.

Vérité et d'Esprit Saint. Ces termes apparaissent dans la plupart des Bibles. La nouvelle traduction 2001, s'est distinguée en préférant le mot « Souffle » à celui d'Esprit. Or, toute personne qui lit « Souffle de Vérité » ou « Souffle Saint » ne peut imaginer un seul instant que Jésus ait pu promettre un homme, un prophète, alors que l'emploi du terme « esprit » laissait ouverte cette possibilité, son usage étant assez courant pour désigner un être humain. L'Esprit de Vérité ou l'Esprit Saint peut en effet signifier l'Homme de vérité ou l'Homme Saint. Ne dit-on pas familièrement « c'est un esprit ouvert » pour parler de quelqu'un ouvert au dialogue ? Ne dit-on pas un esprit avisé, « bel esprit » pour désigner une personne cultivée[310] ? L'Esprit de Vérité pouvait, par conséquent, signifier l'Homme de Vérité, ce qu'exclut totalement la traduction « Souffle de Vérité ». Ce choix est peut-être justifiable… Quoiqu'il en soit, sachons que « L'Esprit de Vérité » était l'un des surnoms donné au Prophète de l'Islam dans les litanies traditionnelles. Coïncidence ?

Il s'ensuit que lorsque Jésus promit l'Esprit de Vérité, il a pu tout à fait penser à un homme, à un prophète, au Prophète.

310 Cf. LPL à « Esprit ».

## D'après les synoptiques

Que ce soit Matthieu, Marc ou Luc, nous avons beau chercher la promesse du Paraclet, aucune trace ! D'ailleurs, pas de discours d'adieux ! Il est surprenant qu'un discours d'une si grande importance où Jésus annonce et donne des informations sur celui qui lui succèdera n'apparaisse ni dans Matthieu, ni dans Marc, ni dans Luc. Aurait-il été supprimé ? La promesse du Paraclet serait-elle exprimée différemment ?

Deux sortes de propos peuvent être interprétés comme une promesse :

- Ceux relatifs à l'assistance de l'Esprit Saint qui doit inspirer les apôtres devant les tribunaux, lorsqu'ils seront arrêtés : « Lorsqu'on vous amènera devant les synagogues, les chefs et les autorités, ne vous inquiétez pas de savoir comment vous défendre et que dire. Car le Saint Esprit vous enseignera à l'heure même ce qu'il faut dire. » (Lc. 12,11/12) ; « Quand on vous conduira pour vous livrer, ne soyez pas inquiets à l'avance de ce que vous direz ; mais ce qui vous sera donné à cette heure là, dites-le ; car ce n'est pas vous qui parlerez, mais l'Esprit Saint. » (Mc.13, 11)[311].

- Celui de l'annonce du baptême dans l'Esprit

311 Cf. Mt.10, 5/20.

dont parle Jean-Baptiste : « Moi, je vous ai baptisés d'eau, mais lui[312] vous baptisera d'Esprit Saint » (Mc.1, 8).

Faut-il confondre la promesse du Paraclet avec cette annonce d'un baptême dans l'Esprit et cette promesse d'aide spirituelle devant les tribunaux ? Existe-t-il un lien entre ces promesses et celle du Paraclet de l'évangile de Jean ?

Pour les chrétiens, le Paraclet correspond à l'Esprit Saint[313]. Il n'est donc pas un homme, un prophète, mais l'Esprit de Dieu. Jésus en aurait été le dépositaire et l'aurait dispensé aux disciples à la Pentecôte : « Exalté par la droite de Dieu, il a donc reçu du Père, l'Esprit Saint promis et il l'a répandu, comme vous le voyez et l'entendez. » (Ac.2, 33). Ce jour-là, d'après les Actes des apôtres, ceux qui étaient réunis au Cénacle*, « furent tous remplis d'Esprit Saint et se mirent à parler d'autres langues, comme l'Esprit leur donnait de s'exprimer » (Ac.2, 4). La scène fut interprétée comme la réalisation du baptême dans l'Esprit annoncé par Jean-Baptiste (Mc.1, 8). L'amalgame entre Esprit Saint et Paraclet fit le reste. Jésus se serait acquitté à la Pentecôte de sa promesse du Paraclet. Il n'y avait plus lieu d'en espérer un

312 Jésus.
313 Jn.14, 26.

autre. Tout être humain qui se présenterait désormais comme Paraclet ou successeur du Christ serait forcément un imposteur.

Quel nom ou quel titre donner alors au troisième personnage « le Prophète » encore attendu en ces contrées[314] ? Autant dire tout de suite que les chrétiens ont résolu l'énigme : Jésus, le Messie serait également le prophète avec un grand P[315], le Sceau des prophètes.

Tout le problème vient donc de l'amalgame entre Paraclet et Esprit Saint. En assimilant le Paraclet à l'Esprit, les chrétiens se sont amputés de toute nouvelle révélation qui serait transmise par un ultime prophète. En croyant que le successeur du Christ était l'Esprit Saint, il leur manquait le prophète des derniers temps. La solution était toute trouvée : affecter à Jésus cette dernière identité. Le blocage par rapport à la révélation coranique tire donc son origine de ces deux confusions : le Paraclet correspond à l'Esprit Saint et Jésus au « Prophète ».

Le Paraclet tel que nous le présentait le Nazaréen n'avait-il pourtant pas toutes les caractéristiques d'un être humain ?

314 Jn.7, 40/41.

315 CE52 p. 34 ; « Il est à la fois le Messie qui sauve, le prophète attendu et le Serviteur bien-aimé » VTB p.319 à Esprit de Dieu.

Pour répondre à cette question, revenons au discours d'adieux. Nous développerons trois points essentiels à propos du Paraclet : Sa venue, sa spécificité, les missions dont il devait s'acquitter.

## La venue du Paraclet

Elle est conditionnée au départ de Jésus : « Cependant, je vous ai dit la vérité : c'est votre avantage que je m'en aille ; en effet, si je ne pars pas, le Paraclet ne viendra pas à vous ; si, au contraire, je pars, je vous l'enverrai. » (Jn.16, 7)

Le moment de sa venue n'est pas précisé avec exactitude. Le discours s'adressant aux apôtres, on pourrait penser que le Paraclet viendrait de leur vivant. Or, dans le Coran (61,6), Jésus s'adresse à son peuple : « Ô, enfants d'Israël ». Le cercle étant élargi, rien n'empêche de croire que la promesse devait se réaliser dans un avenir plus lointain, y compris après la disparition des apôtres. Le seul élément sur lequel il n'y a pas d'ambiguïté est que le Paraclet devait se manifester après le départ du Nazaréen.

Cette condition fut pleinement réalisée par le Prophète de l'Islam puisqu'il naquit au VIème siècle alors que Jésus quitta ce monde au début du premier.

Difficile de croire que le Paraclet puisse être

l'Esprit puisque les apôtres en étaient, semble-t-il, déjà investis alors que Jésus était encore parmi eux : « Ayant réunis les Douze, il (Jésus) leur donna puissance et autorité sur tous les démons et il leur donna de guérir les maladies. Il les envoya proclamer le règne de Dieu et faire des guérisons... Ils partirent et allèrent de village en village, annonçant la bonne nouvelle et faisant partout des guérisons. » (Lc.9, 1/2.6) ; « Ces Douze, Jésus les envoya en mission... En chemin, proclamez que le règne des cieux s'est approché. Guérissez les malades, ressuscitez les morts, purifiez les lépreux, chassez les démons. Vous avez reçu gratuitement, donnez gratuitement. » (Mt.10, 5.7/8)

Mis à part le côté apologétique montrant Jésus comme le dispensateur de l'Esprit qui permet d'accomplir guérisons et miracles - ce qui le hausse déjà à un rang divin - il est tout à fait plausible que les Douze furent aidés d'un Esprit de Dieu à l'heure où il fallut assister le Maître dans sa mission[316]. Le départ du Christ qui est présenté comme la condition sine qua non de la venue du Paraclet n'était donc pas nécessaire pour que les Apôtres reçoivent l'aide de l'Esprit. D'une manière générale, Dieu dispense Son esprit sur qui Il veut et quand bon Lui semble, indépendamment

316 « *Il lance, de par Son ordre, l'Esprit sur qui Il veut, de ses esclaves...* » (S.40, 15).

de la présence ou non d'un de Ses envoyés. En conséquence, on peut penser que la promesse du Paraclet correspond non pas à une nouvelle assistance de l'Esprit, mais plutôt à la venue d'un messager de Dieu en tant que successeur du Christ, d'autant plus, ne l'oublions pas, qu'un prophète, le Prophète, était attendu[317].

## La spécificité du Paraclet

Le Paraclet « ne parlera pas de son propre chef, mais il dira ce qu'il entendra... » (Jn.16, 13)

Rappelons que la mission d'un envoyé de Dieu est de montrer le chemin de la Vérité aux hommes. C'est pour cela que Jésus fut envoyé comme il l'a dit lui-même : « ...Si je suis né et si je suis venu dans le monde, c'est pour rendre témoignage de la Vérité... » (Jn.18, 36). La Vérité ne s'invente pas ; Seul le Créateur la connaît. Elle est transmise à l'Homme par l'intermédiaire des prophètes conformément à la définition d'un prophète : « Hommes choisis par Dieu pour dire Sa parole et révéler le sens de l'histoire : passé, présent et avenir[318]. Jésus s'applique cette définition : « mais celui qui m'a envoyé est vrai et moi, ce que j'ai entendu de lui, je le dis au monde » ; « je ne fais

317 Jn.1, 20/21 ; Jn.6, 14.
318 TOL.

rien de moi-même mais je parle comme le Père m'a enseigné » (Jn.8, 26.28) ; « Je n'ai pas parlé de moi-même, mais le Père qui m'a envoyé m'a prescrit ce que j'ai à dire et à déclarer. Et je sais que son commandement est vie éternelle : ce que je dis, je le dis comme le Père me l'a dit. » (Jn.12, 49/50)

En comparant le rôle tenu par Jésus et celui annoncé pour son successeur, on s'aperçoit qu'ils sont similaires, et lorsque Jésus annonce que le Paraclet ne dira rien de lui-même et ne fera que répéter ce qu'il entendra, on ne peut que lui assimiler un être humain et non pas un esprit.

Le Prophète de l'Islam remplit doublement cette fonction, d'abord par sa nature humaine, ensuite parce qu'il récitait scrupuleusement les paroles qui lui étaient révélées :

> « *Votre camarade ne s'égare ni n'erre ; et il ne parle pas non plus d'impulsion : ce n'est là que révélation révélée. Un fort en fait de puissance l'a enseigné...* » (S.53, 2/5)

> «*Et quand leur sont récités Nos signes pour preuves, ceux qui n'espèrent pas Notre rencontre disent : "Apporte un Coran autre que celui-ci !" ou : "Change ça !" -Dis : "Est-ce à moi de le changer de mon propre chef ? Je*

*ne fais que suivre ce qui m'est révélé. Oui, je crains, si je désobéis à mon Seigneur, le châtiment d'une énorme journée."* » (S.10, 15)

En outre, cette capacité d'entendre, puis de transmettre ce qui est entendu, ne peut logiquement s'appliquer à l'Esprit Saint. Peut-on concevoir, en effet, qu'Il ait à entendre une révélation ? En tant qu'Esprit de Dieu n'est-Il pas informé de tout ? Si Jésus pensait à Lui aurait-il employé les verbes entendre et parler ? De tels termes semblent tout à fait inappropriés si l'on veut faire comprendre que des révélations viendront de la part d'un esprit, d'un être immatériel. Inspirer, insuffler auraient été mieux à propos. Il est incroyable que dans un discours d'adieux, si Jésus avait voulu parler d'un successeur-esprit, il n'eut pas été plus explicite.

La logique écarte donc une fois de plus cette opinion selon laquelle le Paraclet, qui doit entendre et répéter, puisse être un esprit et qui plus est l'Esprit de Dieu. Toutefois, nous ne l'écarterons pas encore et la soumettrons aux missions du Paraclet. Celles-ci sont-elles compatibles avec un statut à la fois spirituel et divin ?

## Les missions du Paraclet

Elles sont multiples. Nous les examinerons l'une après l'autre.

Le Paraclet doit :

- Recevoir et communiquer de ce qui appartient à Jésus ;
- Témoigner sur Jésus et le glorifier ;
- Communiquer tout ce qui doit venir ;
- Enseigner toutes choses ;
- Confondre le monde en matière de péché, de justice et de jugement ;
- Faire ressouvenir de tout ce que Jésus a dit ;
- Dévoiler la Vérité tout entière.

### *Recevoir et communiquer de ce qui appartient à Jésus*

> « ...il recevra de ce qui est à moi et il vous le communiquera » (Jn.16, 14)

Selon ce verset, le Paraclet devait recevoir quelque chose que le Christ possédait. Supposons un instant que le Paraclet soit l'Esprit Saint. Que pourrait-Il bien recevoir de Jésus ? L'Esprit de Dieu n'est-Il pas comblé ? N'est-Il pas parfait comme Dieu lui-même ? Peut-il Lui manquer quelque chose ? Envisager que l'Esprit Saint puisse recevoir du Christ semble tout à fait déplacé. Au contraire, c'est l'Esprit que le Seigneur accorde à un envoyé pour le fortifier dans son ministère et non pas l'Esprit qui reçoit d'un envoyé ! Dieu avait aidé le Nazaréen de Son esprit, il est inconcevable que l'Esprit Saint reçoive du Christ. La connaissance du caractère parfait de Dieu et de Son Esprit nous pousse donc à renvoyer l'identité du Paraclet sur une personne et particulièrement sur un prophète. En sa qualité d'être humain, en tant que créature imparfaite, il est à même de recevoir partie ou élément de ce que le Christ possédait.

Jésus avait reçu l'Évangile :

> « *Sur les pas des autres prophètes, nous avons envoyé Jésus, fils de Marie pour confirmer le Pentateuque. Nous lui avons donné l'Évangile qui contient la lumière et la direction : il confirme le Pentateuque...* » (S.5, 50K/46)

Le Prophète de l'Islam reçut le Coran qui nous remémore des révélations contenues dans la Thora et dans l'Évangile. Il nous communiqua certaines parties d'entre elles.

Ce verset lui convient donc tout à fait alors qu'il est incompatible avec l'hypothèse d'un Paraclet qui serait l'Esprit Saint.

## *Témoigner sur Jésus et le glorifier*

« ... il rendra lui-même témoignage de moi » (15, 26)
« Il me glorifiera... » (16, 14)

Quand Jésus dit qu'il rendra « lui-même » témoignage de moi, cela ne peut s'appliquer à un esprit qui ne peut rendre directement témoignage, mais inspire celui que Dieu a choisi comme messager. L'esprit inspire, le messager communique.

Muhammad, rendit de toute évidence témoignage sur Jésus[319]. Il nous rappela son identité, les faits marquants de son enfance, de sa vie adulte, sa mission, nous apprit sa destinée. De nombreux versets coraniques le prouvent :

> « *Quand les anges dirent : "Ô Marie, voilà que Dieu t'annonce un verbe[320] de Sa part : son nom est l'Oint*[321], *Jésus fils de Marie, illustre ici-bas comme dans l'au-delà, et l'un des rapprochés[322]. Dans le berceau, il parlera aux gens, tout comme en son âge mûr ; et il sera du nombre des gens de bien."* » (S.3, 45/46)

319 Plus d'une quinzaine de sourates parlent de lui.
320 Un verbe ou une parole, un ordre.
321 Ou le Messie.
322 Sous-entendu « de Dieu ».

*« Et le voilà messager aux enfants d'Israël - : "En vérité, si je viens à vous, c'est avec un signe de la part de votre Seigneur. Oui, pour vous je pétris de glaise une figure d'oiseau, puis je souffle dedans : et, par la permission de Dieu, c'est un oiseau. Et je guéris l'aveugle-né et le lépreux, et je ressuscite les morts, par la permission de Dieu. Et je vous apprends ce que vous mangez et ce que vous amassez dans vos maisons. Voilà bien là un signe, pour vous, si vous êtes croyants !" »* (S.3, 49)

*« Celui-ci*[323] *dit : "Je suis, en vérité, le serviteur de Dieu. Il m'a donné le Livre ; il a fait de moi un prophète" »* (S.19, 30)

*« Ils*[324] *disent : "Nous avons mis à mort le Messie, Jésus fils de Marie, l'apôtre de Dieu." Non, ils ne l'ont point tué, ils ne l'ont point crucifié ; un homme qui lui ressemblait fut mis à sa place, et ceux qui se disputaient là-dessus ont été eux-mêmes dans le doute. Ils ne le savaient pas de science certaine, ils ne le savaient que d'opinion. Ils ne l'ont point tué réellement. Dieu l'a élevé à Lui et Dieu est puissant et sage. »* (S.4, 156K/157)

323 Jésus.
324 Les Juifs.

*« Ô gens du Livre, n'exagérez pas dans votre religion, et ne dites de Dieu que la vérité. Le Christ Jésus, fils de Marie, n'est jamais qu'un messager de Dieu, Sa parole qu'Il jeta vers Marie, un Esprit*[325] *de Sa part. Croyez donc en Dieu et en Ses messagers. Et ne dites pas « Trois ». Cessez ! Ce sera meilleur pour vous. Dieu est un seul Dieu. Rien d'autre. Il aurait un enfant ? Pureté à lui ! A Lui appartient tout ce qui est dans les cieux et tout ce qui est sur la terre. Et quelle suffisante garantie que Dieu ! »* (S.4, 171)

En affirmant que Jésus était le Messie, humble serviteur du Tout Puissant, en précisant qu'il était né sur ordre de Dieu, en nous remémorant les miracles qu'il accomplit « par la permission de Dieu », en le qualifiant d'« un des rapprochés de Dieu », le Prophète de l'Islam rendit incontestablement sur le Christ un témoignage de taille et lui rendit gloire.

325 Traduit aussi par « un souffle de vie venant de Lui » (PGDRSI) comme lors de la création d'Adam (Gn.2, 7).

### *Communiquer tout ce qui doit venir*

> « Il vous communiquera tout ce qui doit venir » (16, 13)[326]

Cette annonce peut correspondre à des prédictions sur des évènements ou des peuples particuliers. On peut la situer dans un avenir proche ou plus lointain, à la fin du monde ou encore dans le cadre d'évènements postérieurs en l'occurrence la résurrection des morts, le Jugement dernier...

Le Prophète de l'Islam nous fit part de prédictions, qu'elles lui soient contemporaines ou lointaines :

Il avertit les Quraych que les Romains, qui ne détenaient plus que l'Empire Byzantin, seraient vainqueurs sur les Perses :

> « *Les Roum ont eu le dessous, dans le pays voisin, tandis qu'ils auront le dessus après avoir eu le dessous; dans moins de dix ans, - à Dieu le commandement, avant comme après ! - et ce jour-là les Croyants*[327] *se réjouiront du secours de Dieu. Il secourt qui Il veut, tandis qu'Il est, Lui, le puissant, le*

326 Traduit également par « il vous dévoilera les choses à venir. » (BJ).

327 Dans ce contexte, il s'agit des Byzantins qui étaient chrétiens. Les Perses étaient adorateurs du feu.

*miséricordieux ; Promesse de Dieu. Dieu ne manque pas à Sa promesse, mais la plupart des gens ne savent pas* » (S.30, 2/6)

La défaite des Perses eut lieu en effet neuf ans après cette révélation, en 627, lors de la bataille de Ninive[328].

Le Prophète annonça également une grande épreuve pour les musulmans à Médine : « Dieu dit qu'il viendra une armée dont l'aspect étonnera les hommes ; leurs cœurs failliront et leurs bras tomberont ; personne ne saura si Médine sera sauvée : mais la ville subsistera... Dieu nous donnera la victoire, et ceux-là prendront la fuite. »[329]

Lors de la bataille du Fossé en l'an 5 de l'Hégire, lorsqu'ils furent assiégés par près de 10 000 hommes de la confédération des tribus, les musulmans comprirent que cette prédiction se réalisait mais les moins croyants désespéraient du secours de Dieu :

« *Lorsque vos ennemis fondaient sur vous du haut et du bas de la vallée, lorsque vos yeux s'égaraient et vos cœurs vous quittaient, vous aviez alors sur Dieu des pensées coupables. Les fidèles subissaient alors une*

328 MH t1 § 27 et 554.
329 Ṯab3 p.224.

*rude épreuve, ils tremblaient d'un tremblement violent. Lorsque les hypocrites et ceux dont le cœur est atteint d'une maladie vous disaient que Dieu vous avait fait une fausse promesse.* » (S.33, 10/12K)

Or, en dépit de toute attente, les coalisés quittèrent le siège et Médine fut libérée. La prédiction s'accomplissait :

« *Et quand les croyants virent les coalisés, ils dirent : "C'est ce que Dieu et Son Messager nous avaient promis ; et Dieu et Son Messager disaient la vérité." Et cela ne fit que les faire croître en foi et soumission.* » (S.33, 22)

Il révéla également que les musulmans entreraient triomphants à Makkah et sans crainte :

« *Dieu, très certainement, réalisera par la vérité la vision de Son messager*[330] *: très certainement, vous entrerez dans la Sainte Mosquée, si Dieu veut, en sécurité, ayant rasé vos têtes et coupé les cheveux, n'ayant point de crainte. -Il sait, donc, ce que vous ne savez pas !- Puis Il a prévu, au préalable, une victoire prochaine.* » (S.48, 27)

330 Le Prophète avait eu la vision de l'entrée des musulmans à Makkah. Ce verset confirme que cette vision va se réaliser bientôt.

Les croyants prirent en effet Makkah pacifiquement en 630, conquête qui fut précédée de la victoire des musulmans à Khaybar.

Le Coran comme la tradition témoigne donc de prédictions que l'histoire confirma et cela du vivant du Prophète. Les premiers musulmans furent confortés dans leur croyance.

D'autres prophéties se situent sur le plan eschatologique. Les nombreux versets qui y sont consacrés nous apportent des détails très intéressants en matière de cosmogonie.

> « *Il*[331] *interroge : "A quand, le jour de la Résurrection ?" Lors donc que le regard s'éblouira, et la lune s'éclipsera, et le soleil et la lune seront réunis, l'homme, ce jour-là, dira : "Où fuir ?"* » (S.75, 6/10)

> « *Ce jour-là*[332]*, les gens sortiront séparément pour que leur soient montrées leurs oeuvres. Donc, quiconque fait un bien du poids d'un atome, le verra, et quiconque fait un mal du poids d'un atome, le verra.* » (S.99, 6/8)

> « *Quand le ciel se brisera et que les astres se disperseront et que les mers seront déver-*

331 L'être humain en général.
332 Le jour de la Résurrection.

*sées*[333] *et que les tombeaux seront bouleversés, l'âme saura ce qu'elle a mis devant et mis derrière elle !* » (S.82, 1/5)

Ce jour-là, les étoiles ne brilleront plus, les mers seront surchauffées :

« *Quand le soleil sera décroché et que les étoiles seront obscurcies et les montagnes, mises en marche et les chamelles à terme, négligées et les fauves, rassemblés et les mers, surchauffées* » (S.81, 1/6)

Ces prédictions ne se sont pas encore, bien entendu, réalisées. Cependant, les connaissances scientifiques actuelles dévoilent leur valeur. Qui ne sait aujourd'hui que les étoiles suivent un cycle de développement et finissent par s'éteindre ? Qui n'a pas entendu parler du réchauffement de la planète et donc en particulier de celui des eaux ? Qui n'a pas entendu parler de la fonte des glaces, conséquence de l'augmentation de la température ? Et qui dit fonte des glaces, dit augmentation du niveau des mers et des océans… Notre niveau de connaissance nous permet par conséquent de nous rendre compte que le processus est en marche. Ces prédictions n'étaient donc pas fantaisistes, issues de l'imagination d'un visionnaire en

333 Débordement des mers à la fin du monde.

climatologie. Elles ne pouvaient venir que du Connaisseur de l'Invisible, de Celui qui connaît à l'avance la destinée et la fin de toutes choses.

Outre ces prédictions sur les éléments naturels, le Prophète nous prévint que dans les derniers temps viendra un calife, « le Mahdî », c'est-à-dire « le Bien-Guidé » : « Le Mahdî sera de ma race et aura le front large et un nez aquilin. Il remplira la terre de droit et de justice là où ne régnaient auparavant qu'iniquité et oppression. Son règne durera sept ans. »[334] Puis viendra l'Antéchrist (ou Dajjâl). Le Prophète précisa que ce dernier apparaîtra dans sa communauté et « ne séjournera sur la terre que pendant quarante jours, mais le premier de ces jours sera aussi long qu'une année, le deuxième jour aussi long qu'un mois, le troisième jour aussi long qu'une semaine, et le restant des jours comme vos jours normaux... »[335]. Il ressemblera à un homme aux cheveux très frisés « dont l'œil droit est aveugle, sans aucun éclat, terne comme un grain de raisin »[336] ; « Il sera borgne et sur son front entre ses deux yeux il y a écrit : « *kâfir* » c'est-à-dire « mécréant », ce que chaque croyant pourra déchiffrer qu'il sache lire ou pas »[337]. Il

334 Ab. D. (Lgs p.393).
335 M. (MH t2 §1305) ; SM n°1497/1498.
336 M. (Lgs p.393); RJ p.83.
337 JA p.128

sèmera la corruption sur terre séduisant de plus en plus de personnes sauf un petit groupe qui demeurera musulman. « Puis reviendra Jésus, en tant que confirmateur de Muhammad et comme membre de sa communauté. »[338]. Dans son Sahîh[339], Muslim ajoute que Jésus tuera l'antéchrist, puis les gens resteront pendant sept ans sans aucune hostilité. Après tous ces évènements, viendra alors la fin du monde[340].

Lorsque les compagnons interrogèrent le Prophète sur l'Heure Suprême, il répondit qu'elle sera précédée de dix signes précurseurs. « Il mentionna la Fumée, l'Antéchrist, la Bête, le lever du soleil de son coucher[341], la descente de Jésus, fils de Marie – Que Dieu lui accorde Sa grâce et Sa paix – *Ya'jûj* et *Ma'jûj* (Gog et Magog), trois éclipses : la première à l'orient, la deuxième à l'occident et la troisième à la presqu'île arabe. Le dernier signe sera un feu qui jaillira au Yémen et qui conduira les gens au lieu de leur rassemblement. »[342]

Revenons à présent à la croyance chrétienne et demandons-nous si le responsable des effusions à

338 Ibn Hanbal (MH t2 §1042)
339 Sahîh = authentique. Collection de hadiths très réputés.
340 SM n°1498 ; RJ p.81 ss.
341 A l'ouest.
342 SM n°1481.

la Pentecôte, admettons un esprit, et que les chrétiens prennent pour le Paraclet, aurait assuré, par l'intermédiaire de tous ceux qui se crurent inspirés, quelques prédictions. Dans les commentaires chrétiens de Jean 16,13/14 : « ... et il vous communiquera tout ce qui doit venir. Il me glorifiera... », nous pouvons lire : « il ne s'agit pas ici d'une prophétie de l'avenir, comme on peut en trouver une dans l'Apocalypse, mais d'une manifestation de toutes les richesses du Christ »[343] ; « L'Esprit fait comprendre que l'élévation du Christ sur la croix sera aussi son élévation dans la gloire. En ce sens, il « glorifiera » le Christ. »[344].

Le Coran, comme les recueils de hadiths témoignent de prédictions de la bouche du Prophète de l'Islam. Force est de constater que l'inspirateur de la Pentecôte ou des assemblées, n'a annoncé aucune « des choses à venir ». Faute de prédire, il aurait fait comprendre....

343 CE52 p.40. J'ajouterai que les textes de l'Apocalypse rapportent des visions de l'auteur. « Ces visions n'ont pas de valeur pour elles-mêmes, mais pour le symbolisme dont elles sont chargées » (BJ p.2495). Selon la TOB, l'Apocalypse doit être considérée « comme un écrit de circonstance, dont le but est de fortifier les chrétiens soumis à la persécution. » NT p.XII.
344 BJ, en note.

### *Enseigner toutes choses*

« Le Paraclet, l'Esprit Saint vous enseignera toutes choses » (14, 26)

Nous voici devant le seul verset de l'évangile de Jean - et d'ailleurs le seul verset de tout le Nouveau Testament - où les mots Paraclet et Esprit Saint sont juxtaposés. Cela mérite de s'y attarder un instant puisque cette juxtaposition sème la confusion et pousse à l'amalgame. Ce binôme aurait-t-il été prononcé par Jésus ?

Il me semble que si tel avait été le cas, les autres écrits néo-testamentaires en auraient gardé trace et Jean l'aurait mentionné, ne serait-ce qu'une seconde fois. Or, lorsque Jean nous parle du Paraclet, mis à part ce verset, c'est indépendamment de l'Esprit Saint, quand il parle de l'Esprit[345], il ne cite pas le Paraclet. Cette juxtaposition paraît par conséquent tout à fait artificielle voire tendancieuse. Elle a pu être rajoutée ultérieurement car reflétant la croyance de l'Église en gestation. Ne nous y fions donc pas trop, d'autant plus qu'il ne serait pas raisonnable de figer son opinion juste en raison d'un regroupement de mots que l'on ne retrouve nulle part ailleurs. Intéressons-nous plutôt à la suite du verset qui fait

345 Dans le cadre du baptême (Jn.1, 33).

allusion à l'étendue de l'enseignement du Paraclet. Il doit porter sur « toutes choses ».

Le Prophète de l'Islam dispensa-t-il un enseignement aussi vaste ?

Le Coran l'atteste :

> « *...Et Nous avons fait descendre sur toi le Livre, comme un exposé manifeste de toute chose et comme guidée et miséricorde et bonne annonce pour les Soumis.* » (S.16, 89)

et il suffit de le lire pour en être persuadé. Les versets révélés au Prophète nous offrent un enseignement très riche et varié. Ils nous apportent une connaissance sur le Créateur, (unicité, transcendance, toute puissance, bonté envers Ses créatures...), sur Ses prophètes (entre autres, Abraham, Noé, Joseph, Moïse, David, Jésus) ; ils nous remettent en mémoire des récits (le Déluge, le Veau d'or, l'ouverture de la Mer lors de la sortie d'Égypte des hébreux...) ou des personnages célèbres (Pharaon, Marie...). Les uns évoquent des thèmes particuliers tels le péché originel, la Trinité, le libre arbitre, la prédestination, les signes de la fin du monde, le Jugement dernier, le Paradis, l'Enfer, d'autres sont consacrés au culte et à la Loi : droit civil, pénal ou international, droit constitutionnel, droit de la famille (mariage, célibat, adoption, successions, divorce...). Certains traitent de commerce, d'économie ou encore de morale et de relations humaines (vertu, charité, loyauté, amitié, amour, solidarité...). En reliant tous ces versets aux causes et aux circonstances pour lesquelles ils furent révélés, on en tire édification et un enseignement supplémentaire. Enfin, nous l'avons déjà vu, nous trouvons également des versets en rapport avec différents domaines scientifiques que ce soit en astronomie, géologie, biologie, médecine... Indéniablement, le Prophète de l'Islam nous a transmis un enseignement pluridimensionnel et ceci dans une langue claire, « dénuée de tortuosité »[346] et au moyen « d'exemples de toutes sortes »[347].

Revenons à l'esprit qui se serait manifesté à la Pentecôte ou lors des rassemblements ultérieurs de piétistes. Peut-on lui accorder d'avoir enseigné « toutes choses » ?

Si nous recherchons d'après les Actes ou les Épîtres des versets qui constitueraient l'enseignement direct du Paraclet chrétien, nous sommes contraints d'abandonner, bredouilles. Ce n'est pas lui qui enseigne, qui fait des déclarations, mais tous ceux qui se croient inspirés par lui, apôtres au

346 S.39, 28.
347 S.39, 27.

sens strict et fidèles au sens large. L'instruction vient alors de ceux-là en fonction de leurs capacités à analyser des inspirations qu'ils pensent venir de l'Au-delà, spécifiquement de l'Esprit Saint.

Deux cas de figure sont possibles : Soit l'inspiré pense comprendre quelque chose et en fait part à l'assistance, soit, il est dans un tel état d'exaltation, de transe, qu'il en est absolument incapable et c'est un autre à son écoute qui tente de donner un sens aux irruptions vocales qui sortent de sa bouche. Nous nous trouvons dans ce dernier cas, en présence de tentatives d'interprétations pour lesquelles l'imagination de l'interprète tient un rôle déterminant. Elles sont de plus toutes relatives, un autre interprète pouvant analyser les exaltations tout à fait différemment.

Pour mieux comprendre la relativité de ces inspirations que les inspirés attribuaient à l'Esprit Saint, voyons dans le détail comment cela se passait.

Revenons au récit de la Pentecôte. Alors que chaque témoin est censé entendre parler dans sa propre langue (Ac.2, 6), nous apprenons qu'« Ils étaient tous déconcertés et dans leur perplexité, se disaient les uns les autres : « Qu'est-ce que cela veut dire ? » » (Ac.2, 12). Cette interrogation peut certes exprimer une surprise mais si chacun avait entendu parler dans sa propre langue comme le texte l'affirme, on peut penser que la réponse se serait trouvée dans les paroles entendues. Celles-ci ne devaient donc pas être aussi claires qu'on veut bien nous le faire croire et d'autres témoins de la scène ne se seraient pas esclaffés : « Ils sont pleins de vin doux. » (Ac.2, 13). De plus, un seul parmi les apôtres, les disciples et tous les badauds présents ce jour là aurait compris ce qui se passait : « Alors s'éleva la voix de Pierre, qui était là avec les Onze ; il s'exprima en ces termes : « Hommes de Judée, et vous tous qui résidez à Jérusalem, comprenez bien ce qui se passe et prêtez l'oreille à mes paroles.... » (Ac.2, 14). Il ne va pas répéter ce qu'il aurait entendu du soit disant Esprit, mais il va donner son interprétation de la situation. Nous le verrons plus loin si tant est qu'il ait effectivement prononcé les paroles qu'on lui attribue, le livre des actes des apôtres étant de l'avis des historiens d'une authenticité plus que douteuse. Marcel Simon commente à son sujet : « Mais le texte initial pourrait avoir été remanié par un ou plusieurs rédacteurs : la composition, l'intégrité, et par conséquent la valeur historique du livre posent des problèmes extrêmement délicats » ; « le rédacteur lui-même n'est probablement pas un témoin oculaire. Nous avons de bonnes raisons de penser que son récit n'est pas des plus fidèles. Deux facteurs en particulier peuvent l'avoir déformé : l'auteur a, çà et là, projeté inconsciemment aux origines de l'Église la situation ecclésiastique dans laquelle il vivait lui-même ou interprété à contre sens, en fonction de cette situation, des traits qu'il ne comprenait plus. » et de conclure : « Il exige donc d'être lu d'un oeil prudent et critique. »[348]

Voyons à présent les prétendues manifestations de ce même esprit à Corinthe dans l'Église de Paul de Tarse. Je prendrai pour référence l'épître aux Corinthiens dont les critiques sont pratiquement unanimes pour faire remonter l'authenticité du texte à Paul[349] qui parle donc de ce qu'il a vu et vécu. Qu'y apprend-t-on ? Alors qu'à Jérusalem on pouvait se targuer d'entendre parler dans sa propre langue – même s'il fallut que Pierre explique à l'assistance ce qu'elle devait comprendre – à Corinthe l'auditeur doit se faire une raison car les privilégiés de l'Esprit énoncent des paroles inintelligibles[350] : « Car celui qui parle en langues ne parle pas aux hommes, mais à Dieu. Personne ne le comprend : son esprit énonce des choses mystérieuses. » (1Cor.14, 2)

348 MS p. 8/9.
349 Appelé St Paul qui s'est donné le titre d'« Apôtre des Gentils ».
350 Connues sous le terme « parler en langues » ou glossolalie.

Avouez que c'est peu pratique quand on espère en tirer des enseignements… Paul, tout de même, s'en plaint aux inspirés : « Supposez maintenant frères que je vienne vous voir et parle en langues : en quoi vous serais-je utile, si ma parole ne vous apporte ni révélation, ni connaissance, ni prophétie, ni enseignement ? » « Vous de même, si votre langue n'exprime pas des paroles intelligibles, comment comprendra-t-on ce que vous dites ? Vous parlerez en l'air. » (1Cor14, 9)

Que faire ? Ici, comme à Jérusalem, un seul homme guide tous ceux qui se croient inspirés. Cet homme, le même Paul qui vient de les réprimander, leur propose une solution : prier pour avoir le don d'interprétation : « C'est pourquoi celui qui parle en langues doit prier pour avoir le don d'interprétation » (1Cor.14, 13). Si ce don n'est pas accordé, le fidèle devra se débrouiller pour chercher un interprète et « S'il n'y a pas d'interprète, que le frère se taise dans l'assemblée » (1Cor.14, 28).

Malheureux inspirés qui ne comprennent pas ce qu'ils disent et ne trouvent pas d'interprètes ? Non… car le Paraclet-Esprit dispense d'autres aptitudes. Par exemple, le charisme de prophétie. Paul a d'ailleurs une préférence pour ce dernier don : « Je souhaite que vous parliez tous en langues mais je préfère que vous prophétisiez. Celui qui prophétise est supérieur à celui qui parle en langues, à moins que ce dernier n'en donne l'interprétation pour que l'assemblée en soit édifiée. » (1Cor.14, 5)

La prophétie est donc devenue en ces contrées un don qui se recherche… Comme le don des langues, ce serait un don de l'Esprit et à la portée de tous ! Celui qui se croit investi par l'un ou l'autre n'a qu'à se laisser aller à l'inspiration. C'est ce qu'ils firent… Vous imaginez le résultat : une belle pagaille ! Paul ne nous le cache pas et réprimande, car de tels débordements ne peuvent que nuire à l'image de marque de l'Église naissante : « Si par exemple, l'église est tout entière rassemblée et que tous parlent en langues, les simples auditeurs ou les non croyants qui entreront ne vous croiront-ils pas fous ? » (1Cor.14, 23). En superviseur, il se doit de les réglementer : « Quant aux prophéties, que deux ou trois prennent la parole et que les autres jugent. Si un assistant reçoit une révélation, celui qui parle doit se taire. Vous pouvez tous prophétiser mais chacun à son tour, pour que tout le monde soit instruit et encouragé. Le prophète est maître de l'Esprit prophétique qui l'anime. » (1Cor.14, 29/32 )

Le Seigneur aurait donc décidé de clôturer la

Révélation non pas par un prophète, mais par une communauté de prophètes maîtres de l'Esprit qui les inspire. Ces prophètes seraient capables de se taire, de retenir l'inspiration, de la libérer à leur tour de passage. Finalement, ils auraient un pouvoir sur l'Esprit. L'inspirateur, leur Paraclet, l'Esprit Saint, n'aurait pas autorité sur eux !

Si, dans le souci d'une étude ouverte, nous avons envisagé que l'Esprit Saint soit le Paraclet promis, ici la coupe déborde. Comment accepter que l'Esprit de Dieu puisse se soumettre à un être humain qui lui-même se soumettrait à la réglementation imposée par un autre ?

D'autres passages des Actes nous montrent Pierre, Jean et Paul allant dispenser l'Esprit Saint par imposition des mains : « Pierre et Jean se mirent donc à leur imposer des mains et les Samaritains recevaient l'Esprit Saint. » (Ac.8, 17) ; « Paul leur imposa des mains et l'Esprit Saint vint sur eux : ils parlaient en langues et ils prophétisaient. » (Ac.19, 6). Il suffisait donc de Le demander et l'Esprit se serait « dupliqué » en passant du dispensateur aux receveurs ?

Voilà quel serait donc le successeur du Christ : l'Esprit Saint soumis à une multitude de prophètes, transmissible selon le bon vouloir d'un dispensateur. D'abord manifesté à ceux réunis au

Cénacle le jour de la Pentecôte, il aurait investi un cercle beaucoup plus large, au delà du groupe des apôtres. Certains auraient reçu de sa part le don des langues, d'autres le charisme de prophétie ou l'auraient recherché. Ceux qui n'auraient pas reçu l'Esprit d'emblée n'avaient qu'à le demander à ceux qui le dispensaient qui le leur transmettaient par imposition des mains ! Belle affaire ! Les ultimes révélations seraient donc sorties de la bouche de qui s'annonçait inspiré, de qui s'arrogeait interprète, de qui se disait prophète…

N'était-ce pas là un début d'égarement, la manifestation d'une impatience à accueillir le successeur du Maître disparu brutalement ?

Dominés par la contagion inspiratrice, on se mit, peu à peu, à oublier qu'était annoncé depuis bien longtemps « le Prophète ». Nous avons vu que l'Église l'assimila à Jésus. Elle censura ainsi tous les chrétiens, de la venue d'un homme, successeur du Christ.

L'analyse des prochaines missions aidera peut-être au discernement des esprits. Nous y verrons le type d'inspirations révélées au Prophète de l'Islam, et celles venant soit disant de l'Esprit telles que les Actes et les Épîtres Pauliniennes nous les rapportent. Nous verrons lesquelles sont conformes aux missions annoncées.

### *Confondre le monde*

> « Et lui, par sa venue, il confondra le monde en matière de péché, de justice et de jugement » (16, 8)

Dans d'autres traductions, nous lisons : « convaincre »[351] ou « dénoncer »[352] ou encore « établir la culpabilité »[353] du monde.

S'il veut convaincre le monde, le Paraclet doit logiquement s'adresser à lui. Nous avons déjà vu que le Prophète de l'Islam précisa que sa mission s'étendait à tous les hommes en général. Je rappelle ses propos : « Ô mes oncles et mes cousins, je suis l'apôtre de Dieu envoyé vers tous les hommes en général et vers vous en particulier. »[354], ce que le Coran confirme :

> « *Et Nous ne t'avons envoyé que comme annonciateur et avertisseur pour la totalité des gens. Mais la plupart des gens ne savent pas.* » (S.34, 28)[355]

Nous avons vu également qu'il envoya de par le monde des ambassadeurs porteurs chacun d'une

351 GL.
352 TOL.
353 BJ.
354 Tab3 p. 77.
355 De même S.7, 158 déjà citée.

lettre pour inviter divers gouverneurs à embrasser l'Islam. Il les envoya en Égypte, en Syrie, à Oman, à Bahreïn, en Abyssinie, en Perse, dans l'empire Byzantin[356]...

Par tous les moyens qu'il mit en oeuvre, le Prophète de l'Islam nous a amplement prouvé qu'il ne confinait pas sa mission seulement à son peuple mais qu'il tenait à ce que la Révélation fut connue au delà des frontières de l'Arabie.

En fut-il de même pour l'inspirateur des assemblées ? S'adressa-t-il au monde ?

Rien ne nous permet d'avancer une réponse positive. Au mieux, nous pouvons dire qu'une poignée d'inspirés se sentit capable de parcourir les contrées avoisinantes pour expliquer leurs convictions. Pierre et Paul s'affrontèrent d'ailleurs sur des points essentiels comme l'observance ou non de la Loi de Moïse pour les chrétiens issus du paganisme. C'est à se demander si leur source d'inspiration était la même.

## Confondre le monde en matière de péché

> « Il confondra le monde en matière de péché : ils ne croient pas en moi » (16, 9)

356 Tab3 p. 250.

La non croyance en Jésus revêt au moins deux aspects : Celui de ne pas croire qu'il était le Messie, celui, bien qu'en le considérant comme le Messie, de l'affubler en plus d'une fausse identité.

Le Prophète de l'Islam dénonça ce péché. Il déclara que Jésus était bien le Messie :

> « *Les anges dirent à Marie : Dieu t'annonce son Verbe*[357]*. Il se nommera le Messie, Jésus fils de Marie, illustre dans ce monde et dans l'autre, et un des familiers de Dieu.* » (S.3, 40K/45)

et accusa les chrétiens d'avoir corrompu son image. Il les avertit de la gravité et des conséquences d'un tel blasphème :

> « *Ils disent : "Dieu a adopté un fils" ; - pureté à Lui ! en tout Il est à l'abri : à Lui appartient tout ce qui est aux cieux et tout ce qui est sur la terre- vous n'avez pour cela aucune autorité ! Allez-vous dire, contre Dieu, ce que vous ne savez pas ? Dis : "En vérité, ceux qui blasphèment le mensonge contre Dieu ne seront pas gagnants."* » (S.10, 68/69)

---

357 Verbe signifie ici un ordre de Dieu. Jésus naquit sur ordre de Dieu qui dit « Sois ! » (Rq. de PGDRSI).

*« Si Dieu avait voulu adopter un enfant, Il aurait certes choisi ce qu'Il eût voulu parmi ce qu'Il crée. Pureté à Lui ! Dieu c'est Lui l'unique, le dominateur.* » (S.39, 4)

*« Ce sont à coup sûr des mécréants ceux qui disent : "En vérité, Dieu c'est le Christ, fils de Marie !" -Alors que le Christ a dit : "Ô Enfants d'Israël, adorez Dieu, mon Seigneur est votre Seigneur." Quiconque, en vérité, donne à Dieu des Associés, eh bien oui, Dieu lui interdit le Paradis ; et son refuge est le Feu...* » (S.5, 72)[358]

*« Voilà Jésus, fils de Marie, Parole de la vérité, dont ils doutent encore ! Pourquoi Dieu aurait-il adopté un enfant ? Pureté à Lui ! Quand il décrète un commandement, Il dit : « Sois ! » et c'est. Rien d'autre. – "Oui, Dieu est Mon Seigneur tout comme Votre Seigneur. Adorez-Le. Voilà un droit chemin." Par la suite, des partis divergèrent entre eux. A ceux qui mécroient, donc, malheur, à cause de la comparution de l'énorme Jour !* » (S.19, 34/37)

Dénoncer le péché en ce qui concerne l'identité de Jésus est donc une mission dont s'acquitta, sans

358 Cf. Lc.4, 8 ; Mt.4, 10.

laisser d'ambiguïté, le Prophète de l'Islam.

Voyons à présent ce qu'inspira l'esprit des assemblées concernant l'identité de Jésus. Dès le jour de la Pentecôte, Pierre nous donne son interprétation de l'événement du jour : « Exalté par la droite de Dieu, il[359] a donc reçu du Père, l'Esprit Saint promis et il l'a répandu, comme vous le voyez et l'entendez. » (Ac.2, 33)... « Que toute la Maison d'Israël le sache donc avec certitude : Dieu l'a fait et Seigneur et Christ ce Jésus que vous, vous avez crucifié » (Ac.2, 36)

Dès la première heure, Jésus aurait été hissé au rang de Seigneur[360] ! Le Verbe, qui pour les chrétiens est Dieu lui-même[361] , se serait donc fait chair comme le proclame Jean dans son évangile[362] ? Et comme le dit Paul dans sa lettre à Tite : « notre grand Dieu et sauveur Jésus Christ » (Ti.2, 13)

Jésus avait pourtant mis ses compatriotes en garde prévenant, que ceux qui auront attribué à l'Esprit Saint des paroles qu'Il n'a pas dites, ceux-là seront les perdants : « Mais celui qui m'aura renié par devant les hommes, sera renié par devant

359 Jésus ressuscité d'après Pierre.
360 Grande responsabilité que les Actes attribuent à Pierre.
361 « Au commencement était le Verbe, et le Verbe était tourné vers Dieu, et le Verbe était Dieu » (Jn.1, 1)
362 « Et le Verbe s'est fait chair. » (Jn.1, 14).

les anges de Dieu. Quiconque dira une parole contre le Fils de l'Homme, celui-là sera pardonné ; mais qui aura blasphémé contre le Saint Esprit, cela ne lui sera pas pardonné. » (Lc.12, 10)[363]

En attribuant à l'Esprit Saint les inspirations concernant les titres attribués à Jésus, du Fils unique au Dieu fait homme, les chrétiens n'ont-ils pas blasphémé contre l'Esprit ? En les avertissant d'une grave méprise, le Nazaréen ne faisait-il pas référence par anticipation à toutes ces inspirations que les chrétiens attribuèrent à l'Esprit Saint ?

## Confondre le monde en matière de justice

> « En matière de justice : je vais au Père et que vous ne me verrez plus » (16, 10)

Ce verset met en parallèle la justice, au départ de Jésus vers le Créateur en précisant au passage que les gens ne le verront plus désormais. Il confirme un autre verset cité précédemment dans lequel Jésus avait dit : « Pour peu de temps encore, je suis avec vous, et je m'en vais vers Celui qui m'a envoyé. Vous me chercherez et vous ne me trouverez pas, et où je suis, moi, vous, vous ne pouvez venir. » (Jn7, 33/36)

363 Matthieu ajoute : « ni en ce monde ni dans le monde à venir » (Mt.12, 32).

Mu*h*ammad expliqua, que si le crucifié du milieu avait l'apparence de Jésus, ce ne fut pourtant pas lui car le Seigneur l'avait déjà élevé à Lui pour qu'il échappe à la crucifixion et à la mort.

« *Ils disent : "Nous avons mis à mort le Messie, Jésus fils de Marie, l'apôtre de Dieu." Non, ils ne l'ont point tué, ils ne l'ont point crucifié ; un homme qui lui ressemblait fut mis à sa place*[364]*, et ceux qui se disputaient là-dessus ont été eux-mêmes dans le doute. Ils ne le savaient pas de science certaine, ils ne le savaient que d'opinion. Ils ne l'ont point tué réellement. Dieu l'a élevé à Lui et Dieu est puissant et sage.* » (S.4, 156K/157)

Grâce à ce verset, il nous fit réellement comprendre où était la justice car il aurait été injuste qu'un envoyé de Dieu, qui n'avait commis aucun blasphème, qui déclarait « Celui qui m'a envoyé est avec moi ; il ne m'a pas laissé seul, parce que moi je fais toujours ce qui lui plaît. »[365], meure par le supplice ignominieux de la croix, supplice des maudits -puisque selon la Thora, celui qui est pendu au bois est maudit de Dieu[366] - d'autant plus injuste que Ponce Pilate, qui avait pouvoir de déci-

364 « Il lui fut ressemblé pour eux » (trad. D. Masson) ; « ce n'était qu'un faux semblant » (PGDRSI).
365 Jn.8, 29.
366 Dt.21, 23.

sion, jeta l'homme en pâture à la foule déclarant : « Pour ma part, je ne trouve contre lui aucun chef d'accusation »[367] ; « Quel mal a donc fait cet homme ? Je n'ai rien trouvé en lui qui mérite la mort... »[368] . Envoyer au poteau d'exécution sans motif d'accusation, n'est-ce pas la pire des injustices ? La protection que le Seigneur lui accorda, le miracle de son élévation au ciel, vivant, n'est-elle pas de nature à convaincre le monde en matière de justice divine à son égard ?

## Confondre le monde en matière de jugement

> « En matière de jugement : le Prince de ce monde[369] a été jugé. » (16, 11)

Le Prophète de l'Islam nous a montré ce qui est condamnable. C'est d'abord de ne pas croire en un Dieu unique et Un, en ses anges, en ses livres, en ses prophètes. C'est ensuite d'avoir hissé le Christ au rang de divinité. En ajoutant que le prince de ce monde est déjà jugé, Jésus veut nous montrer la responsabilité de Satan dans ce qu'il devait inspirer aux hommes. C'est certainement lui qui leur fit accepter qu'il n'était devenu le Messie qu'une fois élevé de terre, qu'il était le Dieu fait homme ou comme disent communément les chrétiens « le

367 Jn.18, 38.
368 Lc.23, 22 ; cf. Mt.27, 23 ; Mc.15, 14
369 Satan.

Verbe fait chair », lui, qui leur inspira le dogme de la Trinité. Satan n'est-il pas le Prince de ce monde et ne lui fut-il pas accordé de tromper les humains jusqu'au jour de la Résurrection ? N'est-il pas déjà jugé depuis longtemps ?

« *Dis : "Gens du Livre, n'exagérez pas en votre religion ! La vérité : rien d'autre ! Ne suivez pas les passions d'un groupe d'hommes qui déjà se sont égarés et qui ont égaré beaucoup de monde, et qui se sont égarés de la droiture du sentier."* » (S.5, 77)

« *Gens ! De ce qui est dans la terre, mangez le licite, le pur ; et ne suivez point les pas du Diable : il est vraiment, pour vous, un ennemi déclaré. Rien d'autre : il vous commande le mal et la turpitude et de dire en dépit de Dieu ce que vous ne savez pas.* » (S.2, 168/169)

Mais le Prophète de l'Islam fit encore plus. Il disculpa Jésus d'une quelconque responsabilité dans le dogme chrétien qui le place au même niveau que Dieu, en portant à notre connaissance la question que le Tout-Puissant lui posera le jour du Jugement et la réponse que le fils de Marie Lui donnera :

« *Et quand Dieu dira : "Ô Jésus, fils de*

*Marie, est-ce toi qui as dit aux gens : 'Prenez-moi, ainsi que ma mère*[370]*, pour deux divinités en dehors de Dieu ?' Il dira : "Pureté à Toi ! Qu'aurais-je à dire ce à quoi je n'ai aucun droit ? Si je l'avais dit, alors tu l'aurais su certes : Tu sais ce qu'il y a en moi, et je ne sais pas ce qu'il y a en Toi. Tu es, en vérité, le grand connaisseur des invisibles"* » (S.5, 116)

En nous apprenant ce qui s'est réellement passé au sujet du Christ, il nous éclaire sur un point dont quelques uns se doutaient. En nous faisant part de l'interrogation du Créateur au jour des Comptes, le Prophète de l'Islam blanchit le Nazaréen d'un mensonge qu'il n'a jamais proféré. De plus, il incrimine Satan dans ce sens qu'il inspire et fait dire aux gens ce dont ils n'ont aucune science.

*Faire ressouvenir de tout ce que Jésus a dit*

« Le Paraclet, l'Esprit Saint que le Père enverra en mon nom vous enseignera toutes choses et vous fera ressouvenir de tout ce que je vous ai dit. » (14, 26)

Nous avons déjà traité la première partie du verset. A propos de la deuxième partie, nous aborderons deux enseignements que les inspirés attri-

370 Allusion aux Collyridiens ?

buent à l'Esprit :

- La représentation qu'ils se font du Christ et sa position par rapport à Dieu dans la Royauté,
- Le rapport du croyant à la Loi.

La procédure sera la même pour les deux exemples. Après avoir pris connaissance de l'enseignement du soi-disant Esprit Saint, via les inspirés, nous chercherons ce que disait Jésus sur ce même point et finirons par l'enseignement du Prophète de l'Islam en la matière. Nous conclurons après avoir déterminé qui de l'inspirateur ou de Muhammad a fait ressouvenir ce que Jésus a dit.

## La représentation du Christ et sa fonction

Dès la Pentecôte, Pierre, ce même Pierre qui à la question de Jésus : « Et vous, qui dites-vous que je suis ? » considérait pourtant, déjà, Jésus comme le Christ[371], aurait modifié son point de vue à son sujet. Devant la stupéfaction de l'assemblée, il aurait été le seul à avoir tout compris. Je rappelle ses propos : « Alors s'éleva la voix de Pierre, qui était là avec les Onze ; il s'exprima en ces termes : « Hommes de Judée, et vous tous qui résidez à Jérusalem, comprenez bien ce qui se passe et prêtez l'oreille à mes paroles.... » (Ac.2, 14). « Ce

371 Mc.8, 29.

Jésus, Dieu l'a ressuscité, nous en sommes tous témoins. Exalté par la droite de Dieu[372], il a donc reçu du Père l'Esprit Saint promis et il l'a répandu, comme vous le voyez et l'entendez. » (Ac2, 32/33) ; « Que toute la maison d'Israël le sache donc avec certitude : « Dieu l'a fait et Seigneur et Christ ce Jésus que vous, vous avez crucifié » (Ac.2, 36).

Si l'on en croit les Actes, Pierre aurait tout à coup, sous l'inspiration de l'Esprit, attribué un statut divin au Christ puisqu'il le hisse au rang de Seigneur. Il y aurait ajouté son intronisation royale : Jésus ne serait devenu le Christ c'est-à-dire le Messie qu'après la résurrection car grâce à elle, il est « exalté » à la droite de Dieu »[373], comprenez qu'il est glorifié parce qu'il est installé sur la droite du Trône.

Paul nous confirme que c'est bien l'inspirateur qui fait dire cela : « … Nul ne peut dire « Jésus est Seigneur » si ce n'est par l'Esprit Saint. » (1Cor.12, 3)

Jésus en plus d'être le dépositaire de l'Esprit de Dieu qu'il aurait ensuite dispensé à qui bon lui semble, serait donc devenu Seigneur et Messie,

372 Assis à la droite de Dieu.
373 Ac.2, 33.

autrement dit - l'égal de Dieu - et Roi, Messie ou Christ signifiant tous deux « celui qui a reçu l'onction » et en particulier l'onction royale. La mort et la Résurrection auraient été nécessaires pour qu'il acquière ces titres. On peut se demander jusqu'à quand cet associé de Dieu sur le trône divin devrait régner. Paul dit que ce sera jusqu'à la fin du monde, date à laquelle il passera le relais : « ensuite viendra la fin quand il remettra sa royauté à Dieu le Père, après avoir détruit toute domination, toute autorité, toute puissance. Car il faut qu'il règne, jusqu'à ce qu'il ait mis tous ses ennemis sous ses pieds. » (1Cor.15, 24/25)

Le créateur aurait donc non seulement laissé Son Esprit à la disposition de Jésus mais en plus lui permettrait de régner à Sa place jusqu'à la fin du monde ! On se demande alors pourquoi Jésus a tant insisté sur la bonne nouvelle de l'approche du Royaume de Dieu. Pourquoi n'aurait-il pas plutôt parlé de l'imminence de son propre règne ?

Pour les inspirés, Jésus est devenu le Seigneur de tous les hommes (Ac.10, 36), le Seigneur des morts et des vivants[374]. Ce titre de Seigneur a véritablement une valeur divine comme l'atteste ce texte de l'Épître aux Philippiens, résumé de la

374 « Car c'est pour être seigneur des morts et des vivants que le Christ est mort et qu'il a repris vie. » (Rom.14, 9).

doctrine sur la représentation du Christ : « Comportez-vous entre vous comme on le fait en Jésus Christ : lui qui est de condition divine n'a pas considéré comme une proie à saisir d'être l'égal de Dieu[375]. Mais il s'est dépouillé, prenant la condition de serviteur, devenant semblable aux hommes, et reconnu à son aspect comme un homme ; il s'est abaissé, devenant obéissant jusqu'à la mort sur une croix[376]. C'est pourquoi, Dieu l'a souverainement élevé et lui a conféré le Nom qui est au-dessus de tout nom[377] , afin qu'au nom de Jésus tout genou fléchisse, dans les cieux, sur la terre et sous la terre[378], et que toute langue confesse que le Seigneur, c'est Jésus Christ, à la gloire de Dieu le Père[379]. » (Ph.2, 6/11)

Paul nous affirme que Jésus est « de condition divine » Il a reçu le Nom au dessus de tout nom et c'est à ce nom que tout genou fléchit. Or, Dieu, n'avait-il pas dit, selon Isaïe 45, 23 : « Devant moi tout genou fléchira » ? et avant cela : « « C'est moi qui suis Dieu, il n'y en a pas d'autre. » (Is.45, 22) ? Paul nous pousse de cette manière à l'amalgame. Un seul Dieu mais... Il cultive cette ambi-

375 « N'a pas revendiqué son droit d'être traité comme l'égal de Dieu » (BJ).
376 Obéissant à qui puisqu'il est censé être le Seigneur ?
377 Le Kyrios grec c'est-à-dire le nom de Seigneur.
378 Lieu de séjour des morts.
379 On voit se profiler le dogme de la Trinité.

guïté jusqu'à dire « il n'y a pour nous qu'un seul Dieu, le Père, de qui tout vient et vers qui nous allons, et il n'y a qu'un seul Seigneur, Jésus Christ, par qui tout existe et par qui nous sommes. » (1Cor.8, 6)

L'évangile de Jean écrit après la foi de Pâques[380], met dans la bouche de Thomas qui croit voir le Nazaréen ressuscité : « Mon Seigneur et mon Dieu » (Jn.20, 28). Précédemment, Jean avait introduit son évangile par cette représentation clé. Après nous avoir dit qu'au commencement était le Verbe et que le Verbe était Dieu (Jn.1, 1), il continuait par : « Et le Verbe s'est fait chair, et il a habité parmi nous… » (v.14)

A la lumière des inspirations diverses, Jésus ne fut donc pas seulement un prophète. Ce fut un Dieu fait homme, qui par son statut temporaire d'humain serait mort puis revenu à la vie et prit place sur le Trône divin. C'est par la mort et la résurrection qu'il serait devenu le Messie. Il aurait éclairé le monde sur son statut divin, par l'intermédiaire de l'Esprit Saint, qu'il aurait répandu sur les fidèles dès le jour de la Pentecôte.

Jésus avait-il fait de semblables déclarations ?

L'objet premier de la prédication de Jésus était

380 Foi en la résurrection de Jésus.

l'annonce de la Bonne Nouvelle qui pour lui représentait l'instauration, dans un avenir proche, du Royaume de Dieu : « Après que Jean eut été livré, Jésus vint en Galilée. Il proclamait l'Évangile[381] de Dieu et disait : Le temps est accompli et le règne de Dieu s'est approché : convertissez-vous et croyez à l'Évangile » (Mc.1, 14/15) ; « Mais il leur dit : Aux autres villes aussi il me faut annoncer la bonne nouvelle du règne de Dieu, car c'est pour cela que j'ai été envoyé. » (Lc.4, 43). Jésus n'a nullement dit que c'était son royaume qui était proche, qu'il allait gouverner sur le monde.

Jésus est en train d'enseigner à la synagogue de Nazareth et ceux qui l'écoutent « s'étonnaient du message de la grâce qui sortait de sa bouche » (Lc.4, 22). Devant leur incrédulité, Jésus leur répond : « Oui, je vous le déclare, aucun prophète ne trouve accueil dans sa patrie » (Lc.4, 24) Bien qu'il parle dans un cas général, Jésus parle certainement de lui. A l'évidence, il avait conscience de sa qualité de prophète.

Marc signale qu'il priait le Seigneur : « Au matin, à la nuit noire, Jésus se leva, sortit et s'en alla dans un lieu désert ; là, il priait. » (Mc.1, 35) S'il s'était considéré comme un Dieu personnifié, aurait-il prié ? Le Seigneur peut-Il s'adresser des

381 Ou Bonne Nouvelle.

prières à Lui-même ?

Lors de sa retraite de quarante jours dans le désert, le diable aurait essayé de causer sa perte : « Le diable l'emmène encore sur une très haute montagne ; il lui montre tous les royaumes du monde avec leur gloire et lui dit : « Tout cela je te le donnerai, si tu te prosternes et tu m'adores. » Alors Jésus lui dit : « Retire-toi Satan ! Car il est écrit : «Le Seigneur ton Dieu tu adoreras et c'est à lui seul que tu rendras un culte. » (Mt.4, 8/10). En proposant à Jésus de l'adorer en contre partie du don des royaumes, Iblîs a pleinement connaissance de la faiblesse du Nazaréen et par conséquent de son statut humain. Un tel marché n'est pas proposable à Dieu puisqu'Il possède déjà l'Univers tout entier visible et invisible et qu'Il en est le Maître absolu.

A une autre occasion, Jésus rejette un épithète qu'il n'attribue qu'à Dieu : Il ne supporte pas d'être traité de « bon ». Au riche qui se jette à ses genoux, le qualifiant de « bon Maître », Jésus rétorque : « Pourquoi m'appelles-tu bon ? Nul n'est bon que Dieu seul. » (Mc.10, 18) A l'évidence, s'il s'était pris pour Dieu personnifié, il ne se serait pas offusqué.

L'évangéliste Jean met dans sa bouche : « Je ne suis pas venu de mon propre chef, c'est Lui qui m'a envoyé » (Jn.8, 42) ; « Tant qu'il fait jour, il nous faut travailler aux oeuvres de Celui qui m'a envoyé... » (Jn.9, 4). Jésus se considérait donc bien comme un envoyé de Dieu, un porte-parole qui n'a pas décidé de sa venue. Il a été choisi pour accomplir une certaine mission.

Les témoignages des évangélistes nous poussent à penser que Jésus se considérait seulement comme un prophète. Étant donné qu'il ne contredit pas Pierre quand ce dernier lui dit : « Tu es le Christ» (Mc.8, 29) ou « Le Christ[382] de Dieu » (Lc.9, 20), on peut ajouter qu'il acceptait ce titre de Messie. Enfin, il ne s'est jamais présenté comme un Dieu personnifié ou un futur associé de Dieu en royauté.

Concernant la personne du Nazaréen, l'inspirateur des assemblées, fit par conséquent dévier la petite communauté de disciples dès les premières heures de la disparition du Maître. Il transforma l'image d'un Jésus prophète et Messie en un Dieu métamorphosé en être humain qui après être mort et ressuscité aurait obtenu sa propre permission pour s'asseoir à Sa propre droite et aurait régné à Sa place en attendant la fin des temps pour Se réattribuer Sa royauté ! On ne peut pas dire qu'il ait fait ressouvenir ce que Jésus disait de lui-même et de Dieu.

382 Ou Le Messie.

Le Prophète de l'Islam remplit-il cette fonction de rappel, de souvenir, en ce qui concerne l'identité de Jésus ?

> « *Mais lui*[383] *: "Je suis vraiment l'esclave de Dieu. Il m'a apporté le Livre, et m'a désigné prophète. Où que je sois, Il m'a béni"* » (S.19, 30/31)

> « *Les anges dirent à Marie : "Dieu t'annonce son Verbe. Il se nommera le Messie, Jésus fils de Marie, illustre dans ce monde et dans l'autre, et un des familiers de Dieu"* » (S.3, 40K/45)

Concernant la représentation du Christ, il nous rappela que Jésus n'était qu'un prophète et « le Messie ». Il l'était depuis sa naissance. Il ne l'est pas devenu après son élévation au ciel.

Il insista en outre, sur le fait que Jésus ne s'est jamais pris pour Dieu et n'a jamais demandé d'être adoré. Toutes ses déclarations sont sans ambiguïté : il n'y a qu'un seul Seigneur qui est Dieu :

> « - *« Oui, Dieu est mon Seigneur tout comme votre Seigneur. Adorez-Le. Voilà un droit chemin. »* » (S.19, 36)

383 Jésus bébé parlant pour défendre sa mère de la calomnie dont on l'accusait.

Il précisa que le Créateur est bien Seul à gouverner. Il n'a aucun associé, aucun intérimaire à ses côtés, aucun fils :

« *Et dis : "Louange à Dieu qui n'a point adopté d'enfant, et qui n'a point d'associé en la royauté, et qui n'a point de protecteur contre l'humiliation*[384]*." Et grandis-Le de grandeur*[385]*.* » (S.17, 111)

« *Béni soit Celui qui a fait descendre le Discernement*[386] *sur Son esclave*[387] *afin qu'il soit aux mondes un avertisseur, Celui-là même à qui appartient la royauté des cieux et de la terre, et qui n'a point adopté d'enfant, et à qui il n'est point d'associé en la royauté, et qui a créé toute chose en la mesurant avec mesure.* » (S.25, 1/2)

Il insista sur le fait que le vrai roi, c'est Dieu et que tous ceux qui disent le contraire devront en rendre compte :

« *Mais, très haut est Dieu, vrai Roi ! Pas de Dieu, que Lui, le Seigneur du noble Trône. Et quiconque invoque un autre dieu à côté*

384 Il n'en a pas besoin parce que l'humiliation ne l'atteint pas.
385 (Ou) Proclame Sa grandeur.
386 Autre nom du Coran.
387 Mu<u>h</u>ammad.

*de Dieu, sans en avoir la preuve, son compte, alors, devra être rendu auprès de son Seigneur. Rien d'autre. Non, les mécréants ne seront pas les gagnants.* » (S.23, 116/117)

Ces versets visaient donc à rétablir plusieurs points fondamentaux, à savoir : L'existence d'un Dieu unique qui gouverne seul le monde, la reconnaissance par Jésus de sa condition de prophète, la confirmation qu'il était le Messie. Le Prophète de l'Islam nous fit donc « ressouvenir » ce que Jésus disait en son temps.

## Le croyant et la Loi

Paul qui se dit inspiré par « l'Esprit » explique aux croyants que la Loi est responsable du péché car « Je n'ai connu le péché que par la loi. Ainsi, je n'aurai jamais connu la convoitise si la loi n'avait dit : *Tu ne convoiteras pas*... Car, sans loi, le péché est chose morte. Jadis, sans loi, je vivais. Mais le commandement est venu, le péché a pris vie. » (Rom.7, 7/9)

Il assure aux frères que depuis la mort de Jésus et sa résurrection, ils sont libérés du péché et affranchis de la Loi ; selon lui, puisque Dieu aurait sauvé le Christ en le ressuscitant, tous ceux qui croient en lui, seront aussi sauvés. Ce n'est plus l'observance de la Loi qui donnerait le salut, c'est la foi en Jésus-Christ mort et ressuscité : la Loi est dépassée par la foi. « Car la fin de la loi, c'est Christ, pour que soit donnée la justice à tout homme qui croit. » (Rom.10, 4) ; « Si, de ta bouche tu confesses que Jésus est Seigneur et si, dans ton cœur, tu crois que Dieu l'a ressuscité des morts, tu seras sauvé. ». Il certifie que « le péché n'aura plus d'empire sur vous, puisque vous n'êtes plus sous la Loi mais sous la grâce. » (Rom.6, 14) ; « Vous de même mes frères, vous avez été mis à mort à l'égard de la loi par le corps du Christ… » (Rom.7, 4) ; « Mais maintenant, morts à ce qui nous tenait captifs, nous avons été affranchis de la Loi, de sorte que nous servons sous le régime nouveau de l'Esprit et non plus sous le régime périmé de la lettre. » (Rom.7, 6)

Jésus serait donc venu sur terre pour nous libérer du joug de la Loi et placer sous la grâce divine celui qui croit en sa mort et en sa résurrection.

Paul va même jusqu'à dire que celui qui agit selon la loi est déchu de la grâce divine : « Vous avez rompu avec le Christ si vous placez votre justice dans la loi ; vous êtes déchus de la grâce. » (Gal.5, 4) Dans sa logique, Jésus ayant accepté la crucifixion pour libérer les hommes de l'observance de la loi, celui qui veut continuer de s'y soumettre rejette ce sacrifice qui aurait été inutile : « C'est pour que nous soyons vraiment libres, que Christ nous a libérés. Tenez donc ferme et ne vous laissez pas remettre sous le joug de l'esclavage. Moi, Paul, je vous le dis : si vous vous faites circoncire, Christ ne vous servira plus de rien. » (Gal.5, 1/2) ; « Christ a payé pour nous libérer de la malédiction de la loi, en devenant lui-même malédiction pour nous, puisqu'il est écrit : *Maudit quiconque est pendu au bois.* » (Gal.3, 13) Il voit dans la crucifixion et la grâce qui en découle, la réalisation de la promesse de Dieu à Abraham. C'est une bénédiction pour les païens qui ne sont pas soumis à la loi de Moïse : « Cela pour que la bénédiction d'Abraham parvienne aux païens en Jésus Christ et qu'ainsi nous recevions, par la foi, l'Esprit, objet de la promesse. » (Gal.3, 14)

Et pourtant malgré toutes ces affirmations, Paul n'hésite pas à dire : « Enlevons-nous par la foi toute valeur à la loi ? Bien au contraire, nous confirmons la loi ! » (Rom.3, 31) L'ambiguïté de la pensée du personnage se révèle au travers de ce verset.

A aucun moment dans les évangiles, Jésus ne remet en question la Loi révélée à Moïse. Il met d'ailleurs en garde ceux qui ne s'y soumettraient pas : « Car, en vérité je vous le dis, avant que ne passent le ciel et la terre, pas un iota ou un seul menu trait ne passera de la Loi que tout ne soit arrivé. Celui donc qui violera un seul de ces commandements les plus petits et enseignera aux hommes [à faire] ainsi sera déclaré le plus petit dans le royaume des Cieux, mais celui qui pratiquera et enseignera, celui-là sera déclaré grand dans le royaume des Cieux. » (Mt.5, 18/19)

Il demande d'écouter les docteurs de la Loi car ils la connaissent, même s'ils ne la pratiquent pas : « Alors Jésus s'adressa aux foules et à ses disciples : « Les scribes et les pharisiens siègent dans la chaire de Moïse : faites donc et observez tout ce qu'ils peuvent vous dire, mais ne vous réglez pas sur leurs actes ; car ils disent et ne font pas... » (Mt.23, 1/3)

Dans le Sermon sur la montagne, il insiste sur la nécessité de suivre la Loi. Il explique qu'il ne suffit pas de le croire envoyé de Dieu. Il faut également et surtout obéir au Tout Puissant : « Ce ne sont pas tous ceux qui me disent : Seigneur, Seigneur[388] ! qui entreront dans le Royaume des Cieux, mais celui qui fait la volonté de mon Père qui est dans les Cieux. » (Mt.7, 21)

Les propos de Jésus sont donc clairs. L'entrée

388 Appellation de Jésus par ses disciples et sans aucun rapport avec la co-notation divine qu'on lui donnera après la foi de Pâques. Ce titre de « Seigneur » est à prendre dans le sens de « Maître ».

dans le Royaume passe par l'observance de la Loi c'est-à-dire par l'obéissance à la volonté de Dieu.

Quel fut l'enseignement du Prophète à ce sujet ? Sommes-nous dispensés de la Loi ?

Dieu, dans le Coran, après avoir énuméré de nombreux prophètes[389], continue en ordonnant à Son ultime envoyé :

> « *Voilà ceux que Dieu a guidés : conduis-toi, donc, par leur guidée ! Dis : "Je ne vous demande pas pour cela de salaire : ce*[390] *n'est là qu'un rappel, à l'intention des mondes."* » (S.6, 90)

Il confirme que c'est Lui qui a donné la Thora à Moïse et que le Coran la confirme :

> « *Ils*[391] *ne mesurent pas Dieu à Sa vraie mesure quand ils disent : "Dieu n'a rien fait descendre sur un humain !" -Dis : "Qui a fait descendre le Livre que Moïse a apporté à titre de lumière et de guidée, pour les gens, que vous mettez en pages pour les montrer, mais dont vous cachez beaucoup, et par lequel vous avez été instruits de ce que vous*

389 Il cite Abraham, Isaac, Jacob, Noé, David, Salomon… pour finir par Jésus.S.6, 83/86.
390 Le Coran.
391 Les mécréants.

*ne saviez pas non plus que vos ancêtres ?" - Dis : "Dieu". Et puis laisse-les s'amuser à patauger. Voici un Livre*[392] *que Nous avons fait descendre, - béni, confirmant ce qui déjà était devant lui*[393]*,- afin que tu avertisses la Mère des Cités*[394] *et les gens tout autour. Quant à ceux qui croient au jour dernier, ils croient à ceci et persévèrent dans l'Office.* » (S.6, 91/92)

Il insiste sur le fait que les livres révélés montrent la Voie aux croyants qui doivent agir en s'y conformant, tandis qu'un châtiment attend ceux qui n'en tiennent pas compte :

« *Dieu ! Pas de Dieu que Lui, le Vivant, l'Absolu ! Il a peu à peu fait descendre sur toi le Livre, avec vérité, en tant que confirmateur de ce qui était avant lui. Et Il a fait descendre en bloc la Thora et l'Évangile, auparavant, en tant que guidée pour les gens. Et Il a fait descendre le Discernement*[395]*. Oui, à ceux qui mécroient aux signes de Dieu, un dur châtiment ! Et Dieu est puissant, détenteur de vengeance.* » (S.3, 2/4)

---

392 Le Coran.
393 La Thora et l'Évangile révélé à Jésus.
394 Makkah.
395 Autre nom du Coran qui fut descendu ou révélé petit à petit par opposition aux livres précédents que Dieu a révélé en bloc.

Tout comme Jésus assouplit la Loi révélée à Moïse[396], le Tout Puissant révéla des versets qui l'assouplirent encore davantage, notamment concernant le Talion :

« *Ô les croyants ! On vous a prescrit le talion au sujet des tués : homme libre pour homme libre, esclave pour esclave, femme pour femme. Mais celui à qui son frère aura pardonné en quelque façon doit faire face à une requête convenable et doit payer des dommages de bonne grâce. Ceci est un allègement de la part de votre Seigneur, et une miséricorde. Donc, quiconque après cela transgresse, aura un châtiment douloureux.* » (S.2, 178)

« *Nous avons, en vérité, révélé la Thora, où se trouvent une Direction*[397] *et une Lumière. D'après elle, et pour ceux qui pratiquaient le Judaïsme, les prophètes qui s'étaient soumis à Dieu, les maîtres et les docteurs rendaient la justice, conformément au Livre de Dieu dont la garde leur était confiée et dont ils étaient les témoins. Ne craignez pas les hommes ; craignez-moi ! Ne vendez pas mes*

396 « *Et je confirme ce qu'il y a dans la Thora révélée avant moi, et je vous rends licite une partie de ce qui vous était interdit...* » (S.3, 50).
397 La Voie à suivre.

*Signes à vil prix. Les incrédules sont ceux qui ne jugent pas les hommes d'après ce que Dieu a révélé. Nous leur avons prescrit, dans la Thora : vie pour vie, œil pour œil, nez pour nez, oreille pour oreille, dent pour dent. Les blessures tombent sous la loi du Talion ; mais celui qui abandonnera généreusement son droit obtiendra l'expiation de ses fautes. Les injustes sont ceux qui ne jugent pas les hommes d'après ce que Dieu a révélé. Nous avons envoyé, à la suite des prophètes, Jésus, fils de Marie, pour confirmer ce qui était avant lui, de la Thora. Nous lui avons donné l'Évangile où se trouvent une Direction et une Lumière, pour confirmer ce qui était avant lui de la Thora : une Direction et un Avertissement destinés à ceux qui craignent Dieu. Que les gens de l'Évangile jugent les hommes d'après ce que Dieu y a révélé. Les pervers sont ceux qui ne jugent pas les hommes d'après ce que Dieu a révélé. Nous t'avons révélé*[398] *le Livre et la Vérité, pour confirmer ce qui existait du Livre, avant lui, en le préservant de toute altération. Juge entre les gens d'après ce que Dieu a révélé ; ne te conforme pas à leurs désirs en te détournant de ce que tu as*

398 À Mu_h_ammad.

*reçu de la Vérité. Nous avons donné, à chacun d'entre eux, une règle et une Loi. Si Dieu l'avait voulu, Il aurait fait de vous une seule communauté. Mais Il a voulu vous éprouver par le don qu'Il vous a fait. Cherchez à vous surpasser les uns les autres dans les bonnes actions*[399]*. Votre retour, à tous, se fera vers Dieu ; Il vous éclairera, alors, au sujet de vos différends.* » (S.5, 44/48)

S'adressant à la dernière communauté, il ajoute :

« *Ho, les croyants ! Entrez à plein dans la Soumission ; et ne suivez point les pas du Diable. Oui, il est pour vous un ennemi déclaré.* » (S.2, 208)

« *...Dis à ceux auxquels le Livre a été donné, et aux infidèles : "Êtes-vous soumis à Dieu ?" S'ils sont soumis à Dieu, ils sont bien dirigés...* » (S.3, 20)

Le Seigneur a donc révélé à Moïse, à Jésus, à Mu<u>h</u>ammad une partie du Livre montrant la Voie à suivre en fonction des déviations propres à chaque communauté. Chacune d'entre elles devait se

399 Et en particulier d'être charitable. Cf. S.2, 177 pour les détails sur les actions de charité.

soumettre à ce qui lui était révélé. Il exhorte ceux qui sont nés après la Révélation au Prophète de l'Islam, de se conformer à cette dernière. En outre, il nous demande de nous surpasser en bonnes actions, ce qui est repris dans les versets ci-dessous :

> « *Et ceux qui croient et font œuvres bonnes, on les fera entrer dans les Jardins sous quoi coulent les ruisseaux, pour y demeurer éternellement, par permission de leur Seigneur. Et là, leur salutation sera : "Paix !"* » (S.14, 23)

> « ... *Et ceux qui croient et font œuvres bonnes seront dans les parcs des paradis, en possession de tout ce qu'ils voudront, auprès de leur Seigneur. Voilà la grande grâce ! C'est ce dont Dieu fait bonne annonce à ceux de Ses esclaves qui croient et font œuvres bonnes !...* » (S.42, 22/23)

Ceci n'est pas sans nous rappeler ce commandement de la Loi : « Tu aimeras ton prochain comme toi-même » (Mt.22, 39)[400]

que Jésus demande d'observer pour vivre éternellement[401].

400 Lev.19, 18.
401 Lc.10, 28.

Croire en Dieu, agir selon Sa volonté, accomplir des œuvres bonnes, permettront l'ouverture des paradis, autrement dit l'entrée dans le Royaume. Nous ne sommes nullement dispensés de la Loi comme le supposait Paul. C'est ce qu'enseignait Jésus. Le Prophète de l'Islam nous le fit « ressouvenir ».

Les comparaisons que nous venons d'effectuer entre les paroles de Jésus, du Prophète et des inspirés, nous permettent de constater que de l'enseignement de ces derniers à celui du Nazaréen, le gouffre est immense. Au lieu de « faire ressouvenir », l'inspirateur des assemblées s'est complu à inspirer exactement le contraire de ce que Jésus disait, tant sur l'identité du Christ que dans le rapport du croyant à la Loi. L'enseignement du Maître se retrouve, par contre, dans les versets récités par le Prophète de l'Islam : De ce dernier, nous pouvons dire, sans complaisance, qu'il a fait « ressouvenir » celui de Jésus.

### *Dévoiler la vérité tout entière*

> « Il vous fera accéder à la vérité tout entière » (16, 13)

« Dévoiler la vérité tout entière » peut trouver son équivalence dans « l'enseignement de toutes choses ». On peut aussi comprendre que l'Envoyé révèlera des épisodes inconnus de l'histoire ou méconnus des rédacteurs bibliques. Il peut s'agir aussi d'apporter une lumière sur des évènements qui ont été insuffisamment développés ou mal interprétés. Il convient dans ce cas de préciser l'erreur et de la corriger. On peut y voir enfin, la révélation de mystères jamais révélés à ce jour ou tout simplement, la communication du Livre qui renferme la Vérité tout entière.

> « *Et dis : "La Vérité est venue et l'Erreur a disparu. Car l'Erreur est destinée à disparaître."* » (S.17, 81)

> « *Dis : "Ho, les gens ! De votre Seigneur, certes, la vérité vous est venue..."* » (S.10, 108)

> « *Oui, ce Coran raconte aux Enfants d'Israël la plupart de ce en quoi ils divergent, cependant qu'il est, pour les croyants, certes oui, guidée et miséricorde. Oui, Ton Seigneur décidera parmi eux, par Son jugement, tandis qu'Il est, Lui, le puissant, le sage. Place donc confiance en Dieu : oui, tu es sur l'évidente vérité.* » (S.27, 76/79)

> « *Et tout ce que Nous te racontons de nouvelles au sujet des Messagers, c'est pour en raffermir ton cœur. Et en cela t'est venue la*

*vérité, ainsi qu'aux croyants une exhortation et un Rappel.* » (S.11, 120)

Avoir une idée de la Vérité, demanderait à exposer le Message dans sa totalité. Je me contenterai ici, de citer quelques versets.

Concernant d'abord le Créateur. Le Prophète, par le Coran, nous enseigna que le Seigneur n'est pas de ceux qui se fatiguent comme on peut le lire dans la Bible[402]. Si Dieu se fatiguait, alors il ne serait pas parfait :

« *-Ne voient-ils pas que le Dieu qui a créé les cieux et la terre, et qui n'a pas eu de fatigue de leur création, est capable en vérité de revivifier les morts ? Mais si ! Il est capable de tout, vraiment !* » (S.46, 33)

Il nous informa des châtiments divins infligés aux 'Âd et aux Thamûd auxquels la Bible ne fait pas allusion. Ces châtiments nous poussent à réfléchir et surtout à ne pas prendre les avertissements du Tout Puissant à la légère :

« *Les 'Âd*[403] *ont crié au mensonge. Quel fut Mon châtiment, donc, et Mes avertissements ? Oui, Nous avions envoyé contre eux un vent violent, en un jour maintenu tout*

402 « Il se reposa au septième jour, de toute l'œuvre. » (Gn.2, 2).

*entier néfaste : il arrachait les gens comme des souches de dattiers déracinés. Quel fut Mon châtiment, donc et Mes avertissements !* » (S.54, 18/21)

« *Et quant aux Thamûd*[404], *alors Nous les guidâmes ; mais ils ont mieux aimé l'aveuglement que la guidée. Pour ce qu'ils s'étaient acquis, donc, la foudre du châtiment avilissant les saisit* » (S.41, 17)

Il nous instruisit sur la cause de la malédiction divine envers Satan.

« *Et très certainement Nous vous avons créés, puis Nous vous avons donné forme, puis Nous avons dit aux anges : "Prosternez-vous devant Adam." Ils se prosternèrent donc ; sauf Satan : il ne fut point de ceux qui se prosternèrent. Dieu dit : "Qu'est-ce qui t'empêche de te prosterner quand Je te commande ?" lui de dire : "Je suis mieux que celui-là : Tu m'a créé de feu, alors que Tu l'as créé de poussière." – "Va-t-en ! dit Dieu. Ainsi tu n'auras pas ici à t'enfler d'orgueil. Eh bien, sors ! Oui, te voilà de ceux qui se font petits !"* » (S.7, 11/13)

403 'Âd ou 'Âdites à qui le prophète Houd fut envoyé (S.11, 50ss.).
404 Peuple du prophète S̲âlih̲. (S.11, 61ss.).

Il nous apprit que le Christ ne fut pas crucifié. (S.4, 156K/157)

La Vérité étant révélée, le Message devait être clôturé. C'est ce que le Seigneur par l'intermédiaire de Son envoyé nous signifia :

> « *...Aujourd'hui, J'ai rendu votre religion parfaite ; J'ai parachevé Ma grâce sur vous; J'agrée l'Islam comme étant votre Religion...* » (S.5, 3)

* * *

L'Église tout entière fut sous l'influence de l'inspirateur. Il n'y avait pas lieu de se soucier des irruptions blasphématoires du genre « Maudit soit Jésus » (1Cor.12, 3) que l'on entendait parfois dans les assemblées : Paul croit les frères capables de distinguer les inspirations de l'Esprit Saint de celles du Diable ! Or, n'y avait-il pas que des inspirations venant de ce dernier ? Pourquoi ne pas penser qu'il s'agissait du même esprit diabolique qui, par ruse, entre deux célébrations de la grandeur divine[405] se plaisait à inspirer des malédictions ? Comment en présence de celles-ci, d'aucuns se sont méfiés outre mesure des stratagèmes de Satan ? Comment Paul a-t-il pu penser que les frères et lui-même pouvaient se prémunir des subtilités du Trompeur par excellence ? Seraient-ils en la matière plus forts, mieux avertis qu'Adam, premier homme et premier envoyé de Dieu ? Ne savent-ils pas que Satan est malin ? Car, si inspirer des malédictions à l'encontre du Christ est certes une preuve évidente de l'origine maléfique de l'inspiration, le diable peut se manifester de manière très subtile : il peut embellir ce qui est au fond un blasphème. En soufflant notamment que le Messie gouverne le monde assis à la droite de Dieu, il exalte certes le Christ mais en même temps place le Tout Puissant au second plan. Et cette position subalterne du Créateur semble bien acceptée !

Le Malin n'a-t-il pas réussi à égarer ceux qui ne se sont pas assez méfiés ?

Les témoignages cités dans les Actes et les Épîtres nous permettent de penser que les inspirations ne vinrent donc probablement pas de l'Esprit Saint mais plutôt de Satan. D'ailleurs, si dans un premier temps, l'autorité ecclésiastique a encouragé l'euphorie généralisée, dans les siècles suivants, elle « croira devoir proscrire brutalement comme venant du diable, ce qui lui paraîtra présenter des inconvénients et des dangers »[406]. Cependant, si elle proscrit, elle ne remit pas en cause les croyan-

405 Si l'on se réfère à Ac.10, 46 ; Ac.2, 11.
406 Glosso p. 238.

ces qui en avaient découlé. Elle garda l'image de l'homme-Dieu, Jésus, qui serait mort pour le pardon de nos péchés et dont le sacrifice aurait libéré les croyants de la Loi. Elle instaura même le dogme de la Trinité.

A l'inverse, la venue et la spécificité du Prophète de l'Islam sont conformes à celles du Paraclet. Il s'est acquitté de toutes les missions définies pour ce successeur du Christ. Il me semble donc logique de conclure qu'il est le Paraclet annoncé par le prophète d'Israël.

## Conclusion générale

Abraham et Ismaël prièrent le Seigneur de leur accorder une descendance qui Lui soit soumise, guidée par un messager pris au sein de leur peuple[407]. Le Seigneur accepta la prière et promit que d'Ismaël sortirait une grande Nation[408].

Le Prophète à l'origine de cette grande nation, n'était pas encore apparu à l'époque de Jésus-Christ. Ce dernier, la veille de sa disparition, promit sa venue : C'est lui qui viendra dire aux hommes ce qu'ils ne peuvent comprendre dans l'immédiat, les fera accéder à la Vérité car il ne parlera pas de son propre chef, mais dira ce qu'il entendra et communiquera tout ce qui doit venir.[409]

Quand vint le Prophète de l'Islam, il déclara : « Je suis le serviteur de Dieu et le Sceau des prophètes... Vous en avez été avertis par la prière de mon père Abraham, par l'annonce que Jésus fit

407 S.2, 127/129.
408 Gn.17, 20.
409 Jn.16, 13.

de moi... »[410]

Certains parmi les juifs et les chrétiens le reconnurent[411], d'autres hésitèrent. Parmi les païens, plusieurs crurent d'emblée en lui, d'aucuns furent plus méfiants.

Les signes miraculeux ou insolites qui entourent sa personne, les investigations dans sa biographie et dans la Tradition afin de mieux cerner sa personnalité, la constatation des miracles du Coran, enfin la comparaison des versets coraniques et bibliques relatifs au Sceau des prophètes, m'ont amené à me poser des questions et à tirer des conclusions que je résume ici :

Est-il concevable qu'un homme, reconnu sincère et véridique par tous, apprécié pour son honnêteté, mûr, réfléchi comme il le montra en maintes occasions, dont l'avenir s'annonçait prometteur, dont la vie de famille était paisible et aisée, un homme qui ne visait aucun intérêt particulier, illettré de surcroît, se soit levé un jour et de son propre chef, sans un plan défini à l'avance, ait décidé de réformer tout un pays, sur le plan moral, politique, religieux, en prenant en main, les pouvoirs exécutif, législatif, judiciaire, gérant les

410 Ibn Sa'd (GD p.371).
411 S.26, 197.

situations au jour le jour, dictant un livre traitant de tous les aspects de la vie, un livre miraculeux unissant faits historiques, rappels religieux, exhortations diverses, un livre au style unique, lui, qui n'avait reçu aucune formation religieuse, politique ou littéraire ? Est-il concevable qu'il se serait imposé de longues nuits de prières, de longs jours de jeûne, qu'il serait resté fidèle à ses propos malgré les humiliations, les menaces, le bannissement, qu'il aurait risqué sa vie en participant à des batailles ? Peut-on imaginer qu'il aurait pu mener tout cela à bien, s'il n'avait pas été inspiré, guidé, soutenu, fortifié par le Tout Puissant, en un mot s'il n'avait pas été prophète ?

S'il avait été un imposteur ou un fou, aurait-il seulement réussi à persuader ses compatriotes ? Son message lui aurait-il survécu dans l'espace et le temps ? Continuerait-il de persuader encore et toujours davantage de personnes ?

Hormis sa personnalité hors du commun qui fait de lui un modèle pour les croyants, notre attention s'est portée sur quelques prophéties bibliques. Dieu avait promis à Abraham de faire sortir d'Ismaël une grande nation : le Prophète est de la descendance d'Ismaël et il engendra la nation universelle de l'Islam, la *Umma.* Il coïncide en tous points au « prophète comme moi » dont parlait Moïse. Nous l'avons identifié comme celui qui était destiné à être l'alliance de la multitude dont parlait le prophète Isaïe. Nous l'avons enfin reconnu dans le Paraclet qu'annonçait Jésus.

Outre le fait de nous être intéressée au Messager, nous nous sommes penchée sur le Message. Nous avons été subjuguée par les miracles dont il fait l'objet.

C'est pourquoi, compte tenu de la personnalité du Prophète de l'Islam, compte tenu qu'il était annoncé par les envoyés qui l'ont précédé, compte tenu enfin du Miracle coranique, il me paraît réaliste, sensé et sage de conclure d'une part, que Muhammad, fils de 'Abdallâh, était le Sceau des prophètes et d'autre part que le Coran qu'il présentait comme venant de Dieu représente effectivement dans son intégralité la Parole du Créateur.

A présent, à chacun, en toute liberté, de croire ou de ne pas croire, puisque :

> « *Pas de contrainte en religion ! Car le bon chemin se distingue de l'errance...* » (S.2, 256)

Vous, qui êtes conscient que la vie serait absurde si elle n'était que terrestre, sans aucun horizon d'avenir *post mortem*, vous, dont l'âme cherche la Vérité, vous pouvez au moins prier d'être éclairé, car la prière sincère ne saurait être ignorée. Placez votre confiance en Lui et n'oubliez pas que notre Dieu et votre Dieu est l'Unique Dieu, qui nous connaît mieux que nous-mêmes et n'impose pas à Ses créatures plus qu'elles ne peuvent supporter :

> « *Dieu n'imposera à aucune âme un fardeau au dessus de ses forces...* » (S.2, 286K)

> « *Et Nous n'obligeons personne que selon sa capacité...* » (S.23, 62)

Veuillez apprécier l'effort consenti par tous Ses envoyés pour que nous marchions sur le chemin qui mène à la vie éternelle. Rappelez-vous que tous acceptèrent la soumission au Tout Puissant, cette soumission qui est le gage de la Vie. Souvenez-vous d'Abraham, des exhortations du Seigneur à Moïse quand Il lui expliqua que la Vie est conditionnée à l'obéissance à Ses commandements[412], n'oubliez pas cette déclaration de Jésus : « Je fais toujours ce qui Lui plaît »[413], l'exemple du Prophète et la révélation au pèlerinage de l'Adieu :

> « ... *Aujourd'hui, J'ai rendu votre religion parfaite ; J'ai parachevé Ma grâce sur vous ; J'agrée l'Islam comme étant votre*

412 Dt.30, 16/20.
413 Jn.8, 29.

*Religion...* » (S.5, 3)

N'ignorez pas que quel que soit votre choix, cela ne diminuera en rien la puissance de Dieu. Il n'a pas eu besoin de nous, pour créer l'univers que nous exploitons et dans lequel nous évoluons tous et tous les jours. Il n'a pas eu besoin de nous, pour concevoir les lois qui le régissent. Nous sommes petits et Il est grand. Ne soyez pas ingrats envers Lui « *... car quiconque est reconnaissant, c'est pour lui-même qu'il est reconnaissant...* »[414] alors que celui qui est ingrat agit à son propre détriment. Ne croyez pas que Dieu a créé le ciel et la terre par jeu, et que nous ne serons pas ramenés vers Lui[415]. Ne soyez pas insouciants au point d'oublier que l'enjeu est grave car après la mort viendra le Jour où pas un de nous ne sera oublié. Ce Jour là, sera le Jugement pour nos croyances et nos actes. Ce Jour là, certains nourriront l'espoir de revenir sur terre pour se racheter : « *Ah ! s'il y avait pour moi un retour ! alors je serais parmi les bienfaisants !* »[416], mais ce sera trop tard et nul n'aura de seconde chance[417].

A vous, qui avez conscience de cette échéance,

414 S.27, 40 ; cf. aussi S.10, 108.
415 cf. S.44, 38 et S.45, 22.
416 S.39, 58.
417 S.23, 107/108.

je vous souhaite de poursuivre l'effort de réflexion amorcé ici, tant qu'il en est encore temps :

> « *Quand la terre sera réduite en menues parcelles ; Quand ton Seigneur viendra, et que les anges formeront les rangs ; Lorsqu'on approchera de la géhenne, oh ! alors, l'homme réfléchira ; mais à quoi lui servira alors de réfléchir ?* » (S.89, 22/24 K/21/23)

# Annexes

## Glossaire

## Figures de l'islam
## et autres personnages
## ou groupes célèbres

## Quelques dates

## Eléments de bibliographie

## Table des matières

# Glossaire

**Abû** = « père de »

**Abyssinie :** Ancien nom de l'Éthiopie

**Araméen :** Langue sémitique parlée dans l'Orient ancien (Moyen Orient) depuis le VIIIème avant Jésus Christ.

**Bâdiyya :** Lieu où vivent les bédouins. La bâdiyya des Beni Sa'd, famille nourricière du Prophète dans sa petite enfance, est une région montagneuse proche de Ṯâ'if, localité voisine de Makkah.

**Baraka :** Bénédiction, protection divine.

**Byzantin (Empire) :** Empire Romain d'Orient qui avait pour capitale Constantinople (actuelle Istanbul).

**Calame :** Roseau ou bambou taillé en pointe ou en biseau ensuite trempé dans un encrier et utilisé par les scribes pour écrire ou pour la calligraphie.

**Caverne de Hirâ'** (*Ghâr Hirâ'*) Elle se trouve sur un flanc du mont Hirâ', à environ vingt mètres du sommet. Le mont Hirâ' est appelé également, après que le Prophète y reçut la première révélation, *Djebel An-Nûr* (Montagne de Lumière).

**Cénacle (ou chambre haute)** : Pièce située sur ou juste sous la terrasse de la maison, dans laquelle se retrouvaient les disciples pour prier, se réunir. C'est dans cette pièce qu'aurait eu lieu le dernier repas : la Cène, des apôtres avec le Christ.

**Clan :** Ensemble de familles descendant d'un même ancêtre. Ex : le clan des Beni Hâchim désigne tous les descendants de Hâchim.

**Hajj :** Grand Pèlerinage. Il constitue aujourd'hui le 5ème pilier de l'Islam.

**Hedjaz :** Région montagneuse de l'Ouest de la péninsule arabique qui s'étend le long de la Mer Rouge. Makkah en est la capitale.

**Hégire :** Émigration du Prophète de Makkah à Yathrib* en 622.

**Hilf al-Fudûl :** Ordre de chevalerie créé à Makkah pour protéger les faibles et les opprimés et faire respecter la paix intertribale.

**Hirâ' :** cf. Caverne de Hirâ

**Ibn** = Fils de (ex : Ibn 'Abdallâh = fils de 'Abdallâh). Au pluriel, Beni.

**Islam** : Écrit avec une minuscule, désigne la religion musulmane. Écrit avec une majuscule, représente à la fois, l'ensemble du monde musulman c'est-à-dire les pays et les peuples dont l'islam est la religion, et la civilisation qui le caractérise

**Jâhiliyya :** Paganisme. Le temps de la Jâhiliyya correspond au temps de l'ignorance c'est-à-dire l'époque avant l'avènement de l'Islam.

**Paganisme :** Religion des païens dont le culte était polythéiste ou fétichiste.

**Perse :** ancien nom de l'Iran

**Polythéisme :** Religion admettant la croyance en plusieurs dieux.

**Signe :** Par signe on sous-entend miracle. Dans l'ancien Testament les miracles sont toujours désignés par 'signes'. Dans le Nouveau, l'expression 'signes et prodiges' signifie 'miracles'. De même dans le Coran, chaque verset ou 'âya' est un signe c'est à dire un miracle de Dieu.

**Sîra :** Biographie du Prophète. La « *Sîra rasûl l-lâh* » signifie la biographie de l'envoyé de Dieu.

**Sourate :** Nom donné à chacune des 114 parties

(ou chapitres) du Coran. Les sourates ont été classées à partir de la deuxième selon un ordre de longueur globalement décroissant. La première, La Fâtiha (L'ouvrante), comporte 7 versets.

**Suffa :** Partie de la mosquée du Prophète à Médine qui faisait office d'école le jour et de salle d'hébergement la nuit. Les Gens du Suffa est le nom donné aux Musulmans qui résidaient dans la Suffa.

**Tribu :** Ensemble de clans apparentés.

**Uhud :** colline proche de Médine.

**Umm** : mère de

**Yathrib :** Nom de Médine avant l'Hégire.

**Zakât :** La zakat est un impôt sur l'épargne, l'or, l'argent ou les biens (récoltes, troupeaux…) et non sur les salaires. Constitue le 3ème pilier de l'Islam.

## Figures de l'Islam

Et autres personnages ou groupes célèbres

**Abû Bakr** (Ibn Abû Quhâfa) surnommé as-Siddîq (le véridique) : Marchand aisé du clan de Taym, meilleur ami du Prophète et âgé de deux ou trois ans de moins que lui. Père de 'Â'icha, épouse préférée du Prophète. Fut le premier homme à embrasser l'Islam. Homme pondéré et écouté, beaucoup se convertirent par son intermédiaire. Premier calife de 632 à 634.

**Abû Jahl :** Surnom signifiant « père de l'ignorance » que les musulmans donnèrent à 'Amr dit Abû Al-Hakam, fils de Hichâm. Ce riche commerçant, chef des Beni Makhzûm fut avec Abû Lahab*, l'un des adversaires les plus acharnés de l'Islam.

**Abû Hurayra :** Fidèle serviteur du Prophète et l'un des gens du Suffa. A transmis de nombreux hadiths.

**Abû Lahab** : « L'homme voué aux flammes de

l'enfer ». Surnom donné par les musulmans à Abdul 'Uzzâ, l'oncle honni du Prophète. La malédiction dont il fait objet est mentionnée dans le Coran à la sourate 111.

**Abû Sufyân :** Chef du clan Omeyyade. Fut longtemps un adversaire du Prophète. Il embrassa l'Islam peu de temps avant la prise de Makkah. Père du calife Mu'âwiya, premier calife Omeyyade.

**Abû Ṯâlib** (surnom de 'Abd Manâf, fils de 'Abd al-Muṯṯalib) : Oncle, tuteur et protecteur du Prophète. Père de 'Alî, le quatrième calife.

**'Â'icha :** Fille d'Abû Bakr et épouse préférée du Prophète lorsqu'il fut polygame.

**Al-Bukhârî** (Mohammad ibn Ismâ'îl – (Bukhârâ 810 – 870) : Imam et le plus célèbre des compilateurs de hadiths, lesquels sont considérés parmi « les six valides » comme les plus dignes de foi. Sa compilation intitulée le S̱aẖîẖ (« authentique ») d'Al-Bukhârî contient 7397 hadiths.

**'Alî** (Ibn Abû Ṯâlib) **:** Cousin du Prophète et 4ème calife de 656 à 661. Fut le premier enfant musulman, vers l'âge de dix ans. Époux de Fâṯima, fille du Prophète.

**At-Tirmidhî** (Muẖammad Ibn 'Îsâ) : (Tirmidh

824 – 892). Compilateur de hadiths dont la compilation appelée « Sunan » fait partie des « six valides ».

**Al-Wâqidi** : (747-823) Juriste et historien de l'âge d'or des Abbassides.

**Anas (Ibn Mâlik)** : Jeune médinois que les parents proposèrent au Prophète pour le servir quand il arriva à Médine. Anas vécut dix ans chez le Prophète de 622 à 632. Il rapporta de très nombreux hadiths.

**Quraych :** Tribu dominante à Makkah. Le Prophète appartenait à cette tribu.

**Gabriel (ou Jibrîl)** L'ange porteur de la Révélation, intermédiaire entre Dieu et Ses envoyés. Appelé aussi « An-Nâmûs » (la Loi), l'Esprit fidèle ou l'Esprit sûr (S.26, 192)

**Hâchim :** Surnom de 'Amr, arrière grand-père du Prophète, père de 'Abd Al-Muttalib.

**Hanîf :** « *Réfractaire à l'opinion commune* » Par conséquent, la signification est différente selon la religion pratiquée. Chez les arabes, *hanîf* signifie « sincère » par rapport à la religion d'Abraham c'est-à-dire réfractaire par rapport au polythéisme. *Hanîf* est donc parfois traduit par « musulman ». Chez les Babyloniens, il est traduit par « hérétique ».

**Hérode :** Hérode Antipas (fils d'Hérode le Grand – vers 22 av. J.C. – 39 ap. J.C.). Gouverneur nommé par Rome en Galilée. Fit décapiter Jean-Baptiste. En tant que Galiléen, Jésus relevait du pouvoir d'Hérode devant lequel, embarrassé, Pilate l'avait envoyé, mais Hérode ne voulant pas prendre de responsabilité dans le procès de Jésus, renvoya ce dernier devant Pilate[419].

**Hunafâ'** : Pluriel de hanîf.

**Ibn Hanbal :** (780 – 855) Jurisconsulte et fondateur d'une des quatre grandes écoles jurisprudentielles du sunnisme, l'école Hanbalite.

**Ibn Hichâm** (Abû Muhammad 'Abd al-Malik) – (Médine, date inconnue - Bagdad vers 834) : Généalogiste et grammairien. Célèbre pour sa biographie du Prophète, écrite en prenant pour base la « Sîrat Rasûl l-lâh » d'Ibn Ishâq.

**Ibn Ishâq** (Abû 'Abd Allâh Muhammad - Médine vers 704 - Bagdad vers 767) Ayant réuni une très importante documentation sur le Prophète de l'Islam, il est considéré comme le premier auteur de la biographie générale du Prophète connue sous le nom de « Sîrat Rasûl l-lâh ».

**Ibn Sa'd :** (784-845) : surnommé le « secré-

419 Cf. évangile de Luc chap.23

taire d'Al Wâqidi* ». Traditionniste irakien de l'âge d'or des Abbassides. Célèbre pour son « Kitâb at-Tabaqât » (Le Livre des Générations) qui fournit des informations sur plus de 4000 personnes qui ont transmis des hadiths, depuis le début de l'Islam jusqu'à son époque. Son livre contient aussi une biographie du Prophète.

**Mâlik Ibn Anas :** (712-796) Jurisconsulte à l'origine de l'école jurisprudentielle du sunnisme, l'école Malékite.

**Mani :** (216 - vers 275) Fondateur du manichéisme, religion basée sur un strict dualisme entre le bien et le mal. Elle fut rivale du christianisme jusqu'au Moyen-Âge

**Manichéens :** Disciples de Mani*.

**Marcion :** (vers 82 - vers 160) Fils de l'évêque de Sinope et disciple de Paul. Professait une doctrine d'inspiration gnostique donc considérée comme hérétique et basée sur l'opposition Loi-Évangile. Lorsqu'il fut excommunié en 144, il fonda son église qui subsistait encore au Vème siècle en Syrie.

**Marcionites :** Disciples de Marcion*.

**Muslim :** Muslim ibn Al-Hajjâj (818 - 875) : Compilateur de hadiths le plus réputé après Al-

Bukhârî. Sa compilation porte également le nom de Sâhîh.

**Nâmûs :** Du grec Nomos, la Loi Divine. Identifiée parfois à l'archange Gabriel.

**Oint** : Qui a reçu l'onction d'huile que les rois d'Israël ou les prêtres recevaient lorsqu'ils prenaient leurs fonctions. Mot issu de l'hébreu « Mashiah » qui signifie : marqué, consacré pour une mission. A été transcrit en français par Messie. Même signification que le mot grec « Khristos » traduit par Christ.

**'Uthmân** (Ibn 'Affân) : Notable respecté du clan Omeyyade. Epoux de Ruqayya puis après la mort de celle-ci d'Umm Kulthûm, toutes deux filles du Prophète. 3ème calife, de 644 à 656.

**'Umar** (Ibn al-Khattâb) : Quraychite du clan de 'Adiyy et neveu d'Abû Jahl par sa mère. Père de Hafsa, épouse du Prophète. Après la mort d'Abû Bakr, il assuma les fonctions de 2ème calife, de 634 à 644.

**Pharisiens :** Juifs adversaires des Sadducéens. Se caractérisaient par un zèle excessif sur l'observance de la Thora et de la Tradition. Comptaient parmi eux de nombreux scribes et légistes. Accusés d'hypocrites par Jésus (Mt.15, 1/9 - Mc.7, 6ss.) qui leur reprochait de s'attacher davantage à la tradition des hommes qu'à la Loi donnée à Moïse.

**Pilate (Ponce) :** Procureur romain de Judée de 26 à 36.

**Saducéens :** Juifs, rivaux des Pharisiens. Ils n'admettaient que la Thora, ne croyaient ni aux anges ni en la résurrection des morts.

**Ṯabarî :** Surnom d'Abû Ja'far Muḫammad, fils de Jarîr, né à Amol dans le Tabarîstan en 839 d'où son nom de Tabarî et mort à Bagdad en 923. Théologien et juriste réputé, il fut le premier musulman à écrire une chronique générale connue sous le nom de « Chronique de Ṯabarî » (appelée aussi « Histoire universelle) et commençant de la création du monde jusqu'en 915. Sa chronique a été traduite en français par H. Zotenberg. Editée pour la première fois à Paris entre 1867 et 1874, elle fut rééditée en 1980 en cinq volumes. Illustre aussi pour « L'Histoire des rois et des peuples » relatant l'histoire de l'Orient musulman pendant les trois premiers siècles de l'Hégire ainsi que pour son monumental « *Ṭafsîr* » ou commentaire du Coran.

# Quelques dates[419]

569 Mariage de ‘Abdallâh, fils de ‘Abd-al-Mu<u>tt</u>alib et de Âmina, fille de Wahb

570 Naissance de Mu<u>h</u>ammad.

572 Épisode des deux anges.

576 Décès de Âmina, mère du Prophète. Ce dernier est éduqué par son grand-père paternel ‘Abd-al-Mu<u>tt</u>alib.

578 Décès de ‘Abd-al-Mu<u>tt</u>alib. L'Envoyé de Dieu est recueilli par son oncle Abû <u>T</u>âlib.

579 ou 582 1er voyage en Syrie. Rencontre à Bu<u>s</u>râ avec le moine Ba<u>h</u>îra.

594 Le Prophète est engagé par Khadîja. 2ème voyage en Syrie. Rencontre à Bu<u>s</u>râ avec le moine nestorien.

595 Mariage avec Khadîja

419 Les dates jusqu'en 610 sont approximatives à un an près.

605 Reconstruction de la Ka'ba. 1ère retraite sur le mont Hîrâ'

610 1ère révélation

612 La prédication devient publique. Début des persécutions

615 Émigration de quelques musulmans en Abyssinie.

616 Proposition par les mécréants de pratiquer les deux religions

616/617 Bannissement du clan de Hâchim et de Al-Muttalib

619 "Année de la tristesse" : Décès d'Abû Tâlib et de Khadîja

622 HEGIRE : Émigration du Prophète de Makkah à Yathrib qui prendra le nom de "Madînat An-Nabiyy" (la ville du Prophète) abrégé en "Al-Madîna" (Médine). Début de l'ère islamique.

623 (1H) "Constitution de l'an I" (de l'Hégire) - Proclamation de la communauté des croyants ou Umma.

624 (2H) Bataille de Badr (victoire des Musulmans)

625 (3/4H) Bataille de U<u>h</u>ud (défaite des Musulmans)

627 (5/6H) Bataille du Fossé (Victoire des Musulmans.)

628 (6/7H) Conquête de l'oasis de Khaybar par les Musulmans.

629 (7/8H) Pèlerinage des musulmans à Makkah.

630 (8/9H) Conversion d'Abû Sufyân*, 11 janvier : Entrée pacifique des musulmans à Makkah et destruction des idoles de la Ka'ba.

632 (10/11H) Mars : Pèlerinage du Prophète à Makkah (pèlerinage de l'Adieu) 8 juin : Décès du Prophète à Médine.

632-634 Califat d'Abû Bakr

634-644 Califat de 'Umar Ibn Al-Kha<u>tt</u>âb

644-656 Califat de 'Uthmân*

656-661 Califat de 'Alî Ibn Abû <u>T</u>âlib

# Eléments de bibliographie

## I – Essais de traduction du Coran

Le SAINT CORAN - essai de trad. de Muhammad HAMIDULLAH (Amana Corporation, 1989)

Introduction à l'essai de traduction du Saint Coran par M. Hamidullah **Introd. MH**

LE CORAN - essai de trad. de A. de KASIMIRSKI (Ed. RGV, 1986) **S.x,yK**

LE SAINT CORAN - essai de trad. sous la Présidence Générale des Directions des Recherches Scientifiques Islamiques, de l'Ifta, de la Prédication et de l'Orientation religieuse du Royaume d'Arabie Saoudite. (Ed. Complexe du Roi Fahd 1415H) **PGDRSI**

Le CORAN - Trad. Par D. MASSON revue par Dr SOBHI EL SALEH (Dar Al-Kitab Allubnani, 1980)

LE CORAN – essai de traduction par Jacques BERQUE (A. Michel, 2001)

## II –Etudes sur le Coran

EL QOR'AN – Le miracle ultime – Ahmed DEEDAT (Afkar Paris, 1990) **AD**

INTRODUCTION AU CORAN - Régis BLACHERE (Maisonneuve et Larose - 2ème Ed., 1991) **IC**

INITIATION AU CORAN - Dr M. DRAZ (Maison d'Ennour, 1997). **Dz**

L'EXEGESE CORANIQUE - Ali MERAD (« Que Sais-je ? » n° 3406 PUF, 1998) **AM**

ASBAB AN-NUZUL (Les causes et les circonstances de la révélation des versets coraniques) - AL NISSABURI (Dar el Fiker, 1994) CCR

UN CHRETIEN LIT LE CORAN – J. JOMIER (Cahiers EVANGILE n°48 – Cerf, 1984) **CE48**

## III - Hadiths

LES HADITHS DIVINS – Trad F. Chaaban (Dar Al Kutub Al-Ilmiyah - Beyrouth s.d) **HD**

LES JARDINS DE LA PIETE - EN-NAWAWY (Alif ,1991) **Les Jardins**

LES PERLES D'AL-BUKHÂRÎ (recueil de 700 hadiths) - Commentaires d'Al-QASTALANI (Dar el Fiker, 1993) **Les Perles**

PAGES CHOISIES DE HADITHS (Islam International Publications Limited, 1988) **PCH**

LE SOMMAIRE DU SAHIH AL BOUKHARI (Vol I et II) – Trad. Al Hussein ben al-Mubarak al-Zubaidi révisée par Ahmed Harkat (Dar el Fiker, 1994). **SB**

LE SOMMAIRE DU SAHIH MUSLIM – Trad. F.Chaaban révisée par Al Laham (Dar el Fiker, 2001) **SM**

RECITS DES COMPAGNONS DU PROPHETE DE L'ISLAM – Maulana Mohammad Zacharia (Ed. Le Centre Islamique de la Réunion s.d.) **RCP**

### IV - Le Prophète et l'Arabie au VIIème siècle

MOHAMMED, SCEAU DES PROPHETES - tome 3 de la Chronique de TABARI traduite par Hermann Zotenberg - (Sindbad, 1993) **Tab3**

MUHAMMAD - Ibn Ishâq (Al Bouraq, 2001)
Tome 1 **Ibn Iq1**
Tome 2 **Ibn Iq2**

LE PROPHETE DE L'ISLAM Sa vie, son œuvre - Muhammad HAMIDULLAH (A.E.I.F., 1989)
Tome 1 **MH t1**
Tome 2 **MH t2**

LA VIE DE MAHOMET - Émile DERMEN-

GHEM (Charlot, 1950) **EDI**

MAHOMET et la tradition islamique - Émile DERMENGHEM (Seuil, 1955) **EDII**

MAHOMET – Maurice GAUDEFROY DEMOMBYNES (A. Michel, 1957) Tome XXXVI de la collection « L'évolution de l'Humanité ». **GD**

MAHOMET – Maxime RODINSON (Le club français du livre, 1961) **Rod.**

LE PROPHETE MUHAMMAD - Martin LINGS (Seuil, 1986) **Lgs**

LA VIE DE MOHAMMED Prophète d'Allah - Etienne DINET et EL HADJ SLIMAN BEN IBRAHIM - (Ed. Moderne, 1990) **Din**

CE BIEN AIME Muhammad Messager d'Allah – A.B.J. Al Jaza'iri (Dar el Fiker, 1994) **CBA**

MOHAMMAD DANS LA BIBLE ET JESUS DANS LE CORAN - A. ALEM (Daz s.d.) **AA**

### V - Ouvrages généraux sur l'Islam

LA CHRONIQUE DE TABARI - Traduction de Hermann Zotenberg (Sindbad, 1993) –De la création à David **Tab1**

De Salomon à la chute des Sassanides **Tab2**

INITIATION A L'ISLAM - Dr Muhammad HAMIDULLAH - (A.E.I.F 1988) **IAI**

COMPRENDRE L'ISLAM – Abul A'LA MAUDOUDI (Islamic fondation, 1973) **ALM**

ISLAM : FOI ET LOI – Laurence Fritsch (Pocket, 2002) **LF**

L'ISLAM DANS L'IMAGINAIRE OCCIDENTAL – Saddek RABAH (Al Bouraq, 1998) **IIO**

## VI - La Bible et le Christianisme primitif

LA BIBLE : ANCIEN TESTAMENT - Traduction œcuménique (Le Livre de Poche, 1972)
Volume 1 (n° 5146) **AT1**
Volumes 2 (n°5147) **AT2**

LA BIBLE : NOUVEAU TESTAMENT - Traduction oecuménique - (Le Livre de Poche, n° 5148, 1975) **NT**

LA BIBLE – Traduction Emile Osty (Seuil, 1973) **BO**

LA SAINTE BIBLE SELON LA VULGATE - traduction par L'Abbé GLAIRE (A. Roger et F. Chernoviz, 3ème éd., 1889) **GL**

LE NOUVEAU TESTAMENT – Traduction officielle pour la liturgie (A.E.L.F. Éditeurs du

Rameau, 1994) **TOL**

LA BIBLE – Alliance Biblique Universelle (Nouvelle édition révisée, 1997) **AUB**

BIBLE DE JERUSALEM (Fleurus/Cerf, 2001) **BJ**

LA BIBLE – NOUVELLE traduction (Bayard, 2001) **BNT**

EVANGILES APOCRYPHES - réunis par France Quéré (Seuil /Points Sagesses, 1983) **Apo.**

LE NOUVEAU TESTAMENT – O. CULLMANN («Que sais-je ?» n°1231 PUF, 1967) **Cull.**

L'ANCIEN TESTAMENT – E. JACOB (« Que sais-je ? » N° 1280 PUF, 1970) **JB**

L'ESPRIT SAINT DANS LA BIBLE - Cahiers EVANGILE n°52 (Service Biblique Évangile et Vie – Ed. du Cerf, 1985) **CE52**

LES PREMIERS CHRETIENS – M. SIMON (« Que sais-je ? » n°551 – PUF, 1952) **MS**

DE LA GLOSSOLALIE CHEZ LES PREMIERS CHRETIENS ET DES PHENOMENES SIMILAIRES – Thèse de théologie par Émile Lombard (Lausanne, 1910) **Glosso**

## VII – Jésus-Christ

JESUS - Charles GUIGNEBERT (Tome XXIX de la collection « L'évolution de l'Humanité » La renaissance du livre, 1933.) **Gui1**

LE CHRIST - Charles GUIGNEBERT (Tome XXIXbis de la collection « L'évolution de l'Humanité » A. Michel, 1943) **Gui2**

JESUS - Charles PERROT ( « Que Sais-je ? » n°3300 PUF, 2000) **Per.**

LE RETOUR DE JESUS à la fin des temps selon la tradition musulmane – al Suyuti (Iqra, 2000) **RJ**

LA DESCENTE DE JESUS ET L'APPARITION DE L'ANTECHRIST - al Suyuti – (Alburda, 2002) **JA**

## VIII – Ouvrages de réflexions théologique/base scientifique

LA BIBLE, LE CORAN et la science : les Écritures saintes examinées à la lumière des connaissances modernes - Dr Maurice BUCAILLE (Seghers, 1984) **BCS**

FIQH AS-SIRA- Étude scientifique de la biographie du Prophète - Dr M. S.R. Al BOUTI (Dar el Fiker, 1995) **FS**

REFLEXIONS SUR LE CORAN – Pr. Muhammad TALBI & Dr Maurice BUCAILLE (Seghers, 1989) **Rflx.**

CECI EST LA VERITE - Les hommes de science face au Coran – Collectif (Iqra, 1999) **CV**

GLOIRE A DIEU ou LES MILLE VERITES SCIENTIFIQUES DU CORAN - M.Y. KASSAB (Essalam, 2002) **MV**

## IX – Encyclopédies et Ouvrages scientifiques ou de vulgarisation

VOCABULAIRE DE THEOLOGIE BIBLIQUE - Xavier LEON-DUFOUR (Cerf, 1966) **VTB**

L'HOMME D'OU VIENT-IL ? - Dr Maurice BUCAILLE (Seghers, 1981) **HV**

LA TERRE – sous la direction de Peter J. SMITH (A. Colin, 1987) **LT**

ENCYCLOPÉDIE « LA NATURE » (Hachette, 1993) **Nat.**

ENCYCLOPAEDIA UNIVERSALIS Corpus vol.12 (Encyclopaedia Universalis, Juillet, 1994) **EU94**

ENCYCLOPAEDIA UNIVERSALIS Corpus vol.5 (Encyclopaedia Universalis, Août, 2002) **EU02**

DICTIONNAIRE ENCYCLOPÉDIQUE DE LA BIBLE (Brepols 1987) **DEB**

DICTIONNAIRE ENCYCLOPÉDIQUE D'HISTOIRE - Michel MOURRE (Bordas, 1978) **MM**

LE PETIT LAROUSSE 1999 (Larousse – Bordas, 1998) **LPL**

DICTIONNAIRE HISTORIQUE DE L'ISLAM – D. & J. SOURDEL (PUF, 1996) **DHI**

ESQUISSE D'UN TABLEAU HISTORIQUE DES PROGRES DE L'ESPRIT HUMAIN - CONDORCET (Éditions sociales, 1793) **CO**

MAGAZINE « LE COURRIER DE L'UNESCO » **CU**

QUID – D. & M.FREMY (R. Laffont) **Quid**

MAGAZINE CIEL & ESPACE **C&E**

Site internet de l'université de géologie de Laval au Québec : www.ggl.ulaval.ca/personnel/bourque/intro.pt/planete_terre.html **UL**

# X – SIGLES ET ABRÉVIATIONS DIVERSES

## SIGLES BIBLIQUES

| | |
|---|---|
| ***AT*** | ***Ancien Testament*** |
| Gn. | Genèse |
| Ex. | Exode |
| Lev. | Lévitique |
| Nb. | Nombres |
| Dt. | Deutéronome |
| Jg. | Juges |
| 1Rs | 1er livre des Rois |
| 2Rs | 2ème livre des Rois |
| Is. | Isaïe ou Esaïe |
| Jr. | Jérémie |
| Ez. | Ézéchiel |
| Dn. | Daniel |
| Am. | Amos |
| Ps. | Les Psaumes |
| 1Chr. | 1er livre des chroniques |
| ***NT*** | ***Nouveau Testament*** |
| Mt. | Évangile selon Matthieu |
| Mc. | Évangile selon Marc |
| Lc. | Évangile selon Luc |

| | |
|---|---|
| Jn. | Évangile selon Jean |
| Ap. | L'Apocalypse de Jean |
| Ac. | Actes des Apôtres |
| 1Cor. | 1ère épître aux Corinthiens |
| 2Cor. | 2ème épître aux Corinthiens |
| Gal. | Galates |
| Rom. | Épître aux Romains |
| 1Jn. | 1ère épître de Jean |
| 1Tm. | 1ère épître à Timothée |
| Ph. | Épître aux Philippiens |
| Ti. | Épître à Tite |
| He | Épître aux Hébreux |

## REFERENCES AUX HADITHS

| | |
|---|---|
| B. : | Al-Bûkhârî |
| M. : | Muslim |
| T. : | At-Tirmidhî |
| Ab.D : | Abû Dâwûd |
| Ib.Mj | Ibn Mâja |

## AUTRES ABREVIATIONS

| | |
|---|---|
| Cf. | Voir |
| Chap. | Chapitre |
| fig. | figure |
| p. | page |
| Rq. | Remarque |
| s.d. | sans date |
| ss. | et suivants (es) |

TOB Traduction œcuménique
Trad. Traduction
v. verset

# TABLE DES MATIERES



## 1ère partie : mises au point



## 2ème partie : connaissance du prophète et du Livre

## Annexes

Imprimé en Asie

Conception : **BNT Graphe**
21, rue Moret - 75011 Paris